Eckart Preen

Destination Flutlicht

Aus dem Leben eines Groundhoppers

Fußballfibel

Bibliothek des Deutschen Fußballs

Herausgegeben von Marco Bertram und Frank Willmann

Der Autor:

Eckart Preen, geboren 1967 in Braunschweig (im Meisterjahr seines Lieblingsvereins BTSV Eintracht), ist seit 1990 am Niederrhein ansässig. Er ist gelernter Bankkaufmann sowie studierter Historiker und arbeitet seit 2007 als Geschäftsführer der Wirtschaftsförderung Krefeld sowie seit 2020 zusätzlich als Dezernent für Wirtschaft, Digitalisierung und Internationales. Eckart Preen ist verheiratet und hat eine Tochter. Seine wichtigsten privaten Interessen sind Fußball, Reisen, Fremdsprachen und Geschichte. Groundhopping ist für ihn die optimale Kombination all seiner Leidenschaften.

Abbildungsverzeichnis:

Alle Fotos: Eckart Preen

ISBN: 978-3-7308-1969-2

Die Deutsche Nationalbibliothek verzeichnet diese Publikation in der Deutschen Nationalbibliografie; detaillierte bibliografische Daten sind im Internet über http://dnb.d-nb.de abrufbar.

Verlag:

CULTURCON medien
Inh. Bernd Oeljeschläger
Melanchthonstraße 13, 10557 Berlin
Telefon 030 / 3439 8440
www.culturcon.de
Redaktion und Lektorat: Frank-Peter Hansen
Gestaltung und Satz: Kathrin Strahl, Berlin
Coverentwicklung: Marcus Gruber, Berlin
Druck: Florian Isensee Gmbh, Oldenburg

Vorwort

Warum fährt ein Familienvater mit seiner schulpflichtigen Tochter während eines Toskana-Urlaubs in eine völlig unbekannte Kleinstadt, während die Ehefrau in Florenz die weltberühmten Uffizien besucht? Weshalb begibt sich jemand aus ganz ähnlichen Gründen in die hintersten Winkel von Lissabon oder Istanbul, an die äußerste Peripherie von Buenos Aires oder Santiago de Chile oder gar in ein südafrikanisches Township? Wo besteht da die Verbindung?

Da ich auf zahllose Reiseziele und Erlebnisse dieser Art zurückblicken kann, kenne ich die verbindende Klammer dafür sehr gut: Der große Treiber all dieser Touren rund um den Erdball war das „runde Leder", der Lieblingssport nicht nur der Deutschen, sondern der meisten Menschen auf diesem Planeten. „König Fußball" eben.

Nachdem ich bestimmt seit meinem zehnten Lebensjahr unendlich viele Bücher über den Fußball und seine Anhängerschaft in diversen Sprachen gelesen habe und in einigen auch persönlich erwähnt worden bin, will ich nun erstmals selbst eines darüber schreiben. Allerdings soll es in diesem Buch nicht schwerpunktmäßig um die Geschehnisse auf den in aller Regel etwa 60 x 100 Meter großen Rasenrechtecken gehen. Es sollen auch nicht die berühmten oder weniger berühmten Spieler oder Trainer im Mittelpunkt stehen, habe ich sie doch nie als die alleinigen Protagonisten der Faszination Fußball gesehen, die mich persönlich an einem Samstag im August vor rund viereinhalb Jahrzehnten erfasst hat.

Fußballspiele hatte ich natürlich bereits vor jenem schicksalhaften Tag im Jahr 1977 im Fernsehen gesehen; immerhin sogar eine Welt- und eine Europameisterschaft, jeweils sogar mit einer deutschen Endspielteilnahme. Die eigentliche Faszination aber hat erst diese erste Begegnung mit jenem aus zwei überdachten Tribünen und zwei maroden Kurven sowie vier leicht angerosteten Flutlichtmasten bestehenden Ort in mir ausgelöst, den man „Stadion" nennt – und der in meinem Fall im Norden meiner Heimatstadt in Niedersachsen lag.

Heute ist jener Ort zwar für mich immer noch das, was ein Matrose seinen „Heimathafen" nennen würde, aber auf der anderen Seite auch nur eines von nahezu vierhundert Stadien, die ich in annähernd fünfzig Ländern der Welt besucht habe – und das zum Teil auch schon, bevor in Deutschland der Begriff des „Groundhopping" dafür aus dem Englischen übernommen wurde.

Stets war ich auf diesen Reisen auf der Suche nach neuen Aspekten dieser Faszination von einst, mag sie auch in den letzten Jahren unter der fortschreitenden Kommerzialisierung des Sports und zuletzt sogar unter einer globalen Pandemie erheblich gelitten haben.

Dabei habe ich meine große Leidenschaft für das runde Leder und dessen farbenfrohes und manchmal auch durchaus irritierendes Umfeld zumeist mit meinem ebenso ausgeprägten Interesse an fremden Ländern und deren Sprache und Geschichte sowie insbesondere ihrer Bevölkerung verbunden. Daher ist dieses Werk kein Buch allein über Fußball, sondern auch eine von den vielen dabei in aller Welt getroffenen Menschen geprägte Lebensgeschichte, die sicher weit über den Horizont der Stadien hinausgeht.

Es ist erst recht kein Buch über Fußballfans oder Groundhopper im Allgemeinen. Es erhebt daher auch keinerlei Anspruch auf Allgemeingültigkeit oder Objektivität. Es ist ganz im Gegenteil konsequent subjektiv, weil es nicht mehr und nicht weniger als meine persönliche Sichtweise der Erlebnisse und dabei gewonnenen Erkenntnisse beschreibt.

Diese Erlebnisse sind allerdings zu hundert Prozent authentisch und entsprechen durchgehend den Tatsachen oder zumindest meinen Erinnerungen an diese Ereignisse. Bei diesen Erinnerungen haben mir eine seit über vier Jahrzehnten akkurat geführte Statistik (natürlich mit sämtlichen Spieldaten, Ergebnissen und Zuschauerzahlen) sowie diverse Aufzeichnungen und von mir für Fanzines oder Ähnliches verfasste Artikel geholfen, die bis in die 1980er Jahre zurückreichen. Daher war mir eine wahrheitsgetreue und detailreiche Rekonstruktion vieler Erlebnisse selbst aus diesen lange zurückliegenden Zeiten möglich.

Das Buch gliedert sich in die drei geographischen Hauptteile Deutschland, Europa und Rest der Welt. Jeder dieser Teile enthält mehrere Kapitel, wobei ich im Deutschland-Teil vor allem meine Anfänge als Fußballfan seit dem Jahr 1977, die von meiner aktiven Beteiligung an der Fan-Szene geprägten 1980er Jahre in Westdeutschland, diverse Erlebnisse in der Endphase der DDR sowie die weitere Entwicklung nach der Wiedervereinigung bis zum Jahr 2019 beschreibe. Parallel dazu schildere ich auch meine mit dem

Fan-Dasein stets in einer engen Wechselbeziehung stehende persönliche Entwicklung von Schule über Ausbildung und Studium bis hin zu meinem heutigen Berufsleben in leitender Funktion.

Der ebenfalls diese kompletten vier Jahrzehnte umfassende Europa-Teil ist in neun geographisch klar voneinander abgegrenzte Kapitel aufgeteilt, innerhalb derer ich die Ereignisse weitgehend chronologisch darstelle. Erlebnisse in den nationalen Ligen und Fan-Szenen habe ich in etlichen Fällen (bspw. Benelux, Frankreich, Großbritannien und Italien) ergänzt um die ausführliche Schilderung der großen Turniere und zahlreicher einzelner Länderspiele im Gefolge der deutschen Nationalmannschaft. Hierbei thematisiere ich vielfach auch die negativen Begleiterscheinungen, die durch Hooligans der einen oder anderen Seite hervorgerufen wurden und die so manche Reise zu einem durchaus riskanten Unterfangen machten. Im Kapitel zu Italien gehe ich umfangreich auf die dortige Ultra-Bewegung der 1990er Jahre ein.

Im Rest der Welt-Teil schildere ich in ebenfalls neun Kapiteln einzelne Reisen in verschiedene Länder in Afrika, Nord- und Südamerika sowie Nah- und Fernost. Dabei behandle ich sowohl die Weltmeisterschaften 1994 in den USA und 2002 in Südkorea sowie den Afrika-Cup 1994 in Tunesien und den Confederations Cup 1999 in Mexiko, aber auch längere Aufenthalte in Südafrika und Lateinamerika sowie einige am Rande geschäftlich bedingter Reisen verfolgte Spiele in China, Japan und Israel zwischen 2015 und 2019.

Den drei geographischen Hauptteilen schließt sich ein vierter Teil an, in dem ich die Auswirkungen der Corona-Pandemie auf den Fußball und die Möglichkeiten des Groundhoppings darstelle, und der somit vor allem die Jahre 2020 und 2021 umfasst.

Im nachfolgenden Teil mit dem Titel „Ein vorläufiges Fazit" beantworte ich dann noch einmal zusammenfassend die wesentlichen Fragen, die mir im Laufe der Jahrzehnte immer wieder gestellt wurden und die sich zuvor bereits wie ein roter Faden durch das Buch gezogen haben: Warum wird man überhaupt Fußballfan und dann auch noch von einem speziellen (und in meinem Fall eher weniger erfolgreichen) Verein? Warum reist man dafür um die halbe Welt und was hat es mit dem Groundhopping auf sich? Welchen Preis zahlt man dafür? Und was bekommt man dafür zurück?

Im abschließenden Teil gebe ich schließlich noch einen Ausblick auf die weitere Entwicklung, sowohl zu meinen persönlichen Zielen und Ambitionen als Fußballfan und Groundhopper als auch im Hinblick auf die Zukunft des Fußballs und seiner Anhängerschaft im Allgemeinen – gerade in diesen besonderen Zeiten von Pandemie und Krieg, aber auch von fortschreitender Kommerzialisierung und einer Weltmeisterschaft in Katar als vorläufigem negativen Höhepunkt derselben.

Ich bin mir völlig im Klaren darüber, dass mein Buch bei einigen Menschen aus meinem erweiterten Umfeld durchaus eine gewisse Verwunderung oder gar Irritationen auslösen könnte, weil es ihr Bild, das sie sich von mir auf der Basis eher einseitiger Eindrücke gemacht haben, ins Wanken bringt. Wie kann ein langjähriger Geschäftsführer kommunaler Gesellschaften und leitender Mitarbeiter einer Stadtverwaltung einen wesentlichen Teil seiner Jugend in den Fanblöcken der Fußball-Bundesliga verbracht und darüber hinaus über Jahre hinweg enge Beziehungen zur italienischen Ultra-Szene gepflegt haben? Oder anders herum: Wie kann jemand nach über zwei Jahrzehnten in der Fan-Szene und als Groundhopper doch noch beruflich Karriere gemacht und eine Familie gegründet haben – und dafür erhebliche Kompromisse und Abstriche bei seinen Fußballtouren in Kauf genommen haben? Und warum stehen in manchen Kapiteln dieses Buches eher die geschichtlichen und landeskundlichen Aspekte im Vordergrund und nicht das „Hoppen" von einem Stadion zum anderen?

Für mich bedeutet dies keinen Widerspruch oder schließt sich gar gegenseitig aus. Ganz im Gegenteil, für mich hat jeder Mensch das Recht auf eine vielschichtige Persönlichkeit und scheinbar nicht ganz miteinander in Einklang stehende Interessen. Für mich war es nie etwas Ungewöhnliches, mich auf meinen Touren auch für die Museen, Kirchen und übrigen Sehenswürdigkeiten der von mir bereisten Städte und Länder zu interessieren und dafür auch mal das ein oder andere Fußballspiel weniger anzuschauen. Keineswegs selten habe ich im In- und Ausland nachmittags ein Stadion und abends eine Aufführung im Theater besucht – warum denn auch nicht?

Zuweilen habe ich mir dann anhören müssen, dass ich wohl ein eher „untypischer" Fußballfan sei. So ein Unsinn! Es gibt den „typischen" Fußballfan oder „typischen" Groundhopper genauso wenig wie den „typischen" Motorradfahrer oder Weizenbier-Konsumenten.

Häufig genug habe ich mich zudem im Laufe der Jahrzehnte darüber geärgert, wenn ich jemandem von einer spannenden Reise erzählt habe und anfangs auf großes Interesse gestoßen bin, dieses aber sofort erloschen war, kaum, dass ich erwähnt hatte, dass es sich beim Anlass meiner Reise um ein Fußballspiel oder ein ganzes Turnier handelte – als ob ich in dem Moment aufgehört hätte, ein ernst zu nehmender Gesprächspartner zu sein. Mich irritiert nichts so sehr wie die Klischees und das Schubladendenken, die in derartigen Sichtweisen zum Ausdruck kommen.

Diese Sichtweisen aufzubrechen und diesen Klischees zumindest ein bisschen entgegenzuwirken, war vielleicht sogar ein wesentlicher Teil der Motivation, aus der heraus ich dieses Buch geschrieben und schließlich den Entschluss gefasst habe, damit meine ganz persönliche Geschichte als Fußballfan und Groundhopper zu veröffentlichen.

Ich wünsche eine spannende Lektüre und freue mich über jegliches Feedback!

1. Deutschland

1.1. Die Anfänge (1977 – 1981)

Erster Stadionbesuch dank Familienausflug

„Danke Papa, dass Du mich damals mitgenommen hast!" Wer vor einigen Jahren den Fanshop eines höherklassigen Fußballvereins in Deutschland besucht hat, sah sich unweigerlich mit dieser Danksagung an das männliche Elternteil auf einem der zahlreichen Schals konfrontiert. Auch bei meinem Lieblingsverein (in den Farben blau und gelb) waren diese Schals für geraume Zeit äußerst beliebt. Sie wurden gerne gekauft und verschenkt. Ich habe meinem Vater vor vielen Jahren ebenfalls ein solches Exemplar zum Geburtstag geschenkt, als er schon Anfang siebzig war und der Grund dieses Dankes mehr als drei Jahrzehnte zurücklag.

Ganz genau war es der 27. August 1977, als ich zum ersten Mal ein Fußballspiel live im Stadion sah. Dies hatte ich in der Tat meinem Vater zu verdanken, der gemeinsam mit meinem Bruder Andreas und mir (sowie einem Bekannten mit dessen beiden Söhnen) die Fahrt in das rund 25 Kilometer von unserem Wohnort Salzgitter entfernte Eintracht-Stadion nach Braunschweig angetreten hatte.

Dort sahen wir vor rund 20.000 Zuschauern einen 2:0-Sieg unserer Löwen – seinerzeit noch eine Spitzenmannschaft der 1. Bundesliga – gegen Fortuna Düsseldorf. Verwöhnt von den Erfolgen der Vorsaison, als ein einziger Punkt zur Deutschen Meisterschaft gefehlt hatte und die zweite UEFA-Cup-Teilnahme hintereinander gelungen war, hatten wir auch nichts anderes als einen Heimsieg gegen den klaren Außenseiter aus dem Rheinland erwartet. Deswegen konnten wir die Heimreise zufrieden antreten, auch wenn ich als damals Zehnjähriger von meinem Stehplatz direkt unten am Zaun der Südkurve das Spiel nicht annähernd so gut hatte verfolgen können wie sonst im Fernsehen.

Beide Tore schoss übrigens ein gewisser Paul Breitner, der sich zwischen seinen langjährigen Stationen bei Real Madrid und Bayern München für eine Saison nach Niedersachsen verirrt hatte, aber dort genauso wenig glücklich wurde wie seine neuen Mannschaftskameraden um Nationaltorwart Bernd Franke mit ihm. Auf einem 3. Tabellenplatz der 1. Bundesliga, wie es am Abend meiner Stadionpremiere die Sportschau verkündete, habe ich meinen Verein jedenfalls weder im weiteren Saisonverlauf noch jemals danach wieder erleben dürfen. Dennoch hatte die Faszination Fußball mich an jenem Samstag im August vor fast einem halben Jahrhundert erfasst. Von da an war es in gewisser Weise vorgezeichnet, dass diese Faszination einen starken Einfluss auf mein Denken und Handeln ausüben würde, und dass ich eines Tages über einen reichen Erfahrungsschatz von Stadionerlebnissen auch weit außerhalb meiner Heimatstadt verfügen würde.

Konkurrierende Interessen und eine letztlich klare Priorität

Dabei dauerte es nach der Premiere anno 1977 noch etliche Jahre, bis ich meinen fußballerischen Horizont über das Stadion an der Hamburger Straße hinaus erweitern konnte. Den Rest der 1970er Jahre hindurch war ich schon froh, überhaupt alle paar Monate einmal dorthin zu kommen und dem ersten Heimspiel noch einige weitere folgen lassen zu können. Schließlich wohnten wir ziemlich ungünstig, so dass ich zwingend auf Mitfahrgelegenheiten angewiesen war, und außerdem spielte ich im Alter zwischen 10 und 13 Jahren selbst für einige Jahre im Fußballverein – der 2. D- bzw. C-Jugend von Borussia Salzgitter – und war alsbald als Stammspieler für die Wochenenden fest eingeplant. Darüber hinaus sammelte ich Briefmarken, insbesondere solche mit einem historischen Bezug, und gab mein Taschengeld auch hin und wieder für Musikkassetten und Langspielplatten aus, vorzugsweise der Beatles oder von Olivia Newton-John.

Es bedurfte somit noch einer zusätzlichen Initialzündung, um die Frage nach der Nummer Eins unter meinen Hobbys und Interessen zu klären. Ein 4:3-Sieg im Viertelfinale des DFB-Pokals gegen den Hamburger SV im Februar 1981 und die folgenden Monate mit dem dramatischen und letztlich erfolgreichen Kampf um den Wiederaufstieg in die 1. Bundesliga – mit einem 2:0 gegen Kickers Offenbach im Aufstiegsrückspiel Mitte Juni, erneut von meinem gewohnten Platz am Südkurvenzaun im restlos ausverkauften Stadion aus verfolgt – ließen die Prioritäten dann jedoch endgültig zugunsten meines Fan-Daseins kippen. Nun stand für mich fest, dass ich künftig nicht mehr nur bei den Heimspielen meinen Verein unterstützen wollte, sondern so bald wie möglich auch mein erstes Auswärtsspiel sehen musste.

Die Gelegenheit dazu kam gleich am 1. Spieltag der neuen Saison im August 1981, und es sollte der erste Schritt auf meinem Weg zum Reisenden in Sachen Fußball sein – und schließlich zum Groundhopper!

1.2. Westdeutschland (1981–1990)

Für den eigenen Verein quer durch die Republik

Die Stadt Hamburg nennt sich gern das „Tor zur Welt". Für mich persönlich ist das durchaus zutreffend, stand an jenem 8. August 1981 doch zum Start in die neue Saison in der 1. Bundesliga für meine Eintracht gleich das Auswärtsspiel in der Hansestadt auf dem Programm. So wurde das Hamburger Volksparkstadion für mich das „Tor zur weiten Fußballwelt", das erste Stadion außerhalb von Braunschweig – mal abgesehen von einem Freundschaftsspiel im österreichischen Klagenfurt während eines Wörthersee-Urlaubs im Sommer 1980. Nun also ein „richtiges" Auswärtsspiel, und das gleich in dieser WM-Arena von 1974.

Die erste Auswärtsfahrt ist sicherlich ein prägendes Erlebnis für einen jeden Fußballfan, ganz besonders, wenn man dabei in Gesellschaft vieler Gleichgesinnter reist und auf diese Weise erstmals in Kontakt zu den Leuten kommt, die „man einfach kennen musste". Fünfundzwanzig D-Mark kostete die Busfahrt, dazu kamen noch Eintrittskarte und Verpflegung – für mich damals viel Geld, aber ich sollte die Ausgabe nicht bereuen.

Mit 43.000 Zuschauern war es auch die bis dahin für mich größte Kulisse bei einem Fußballspiel, überstieg sie doch selbst das damals noch einigermaßen stattliche Fassungsvermögen des Eintracht-Stadions um annähernd zehntausend Plätze. Der Gästeblock war für damalige Verhältnisse mit rund 1.000 Fans recht ordentlich gefüllt, der Support durchaus lautstark, und doch war der Blick in die gegenüberliegende Westkurve mit ihrem berüchtigten Block E – zwei Jahre zuvor Ausgangspunkt eines Unglücks mit Dutzenden von Verletzten bei der letzten Meisterfeier des HSV – ziemlich Ehrfurcht gebietend.

Obwohl unsere Eintracht den großen Favoriten nur kurzzeitig mit dem 1:0-Führungstor geärgert und dann artig 2:4 verloren hatte, gestaltete sich der Rückweg zu unserem Bus durch den Volkspark als ziemlich unangenehm. Wir waren unklugerweise in kleinen Gruppen unterwegs, wobei viele Braunschweiger ihre Schals und Trikots unter den Jacken verbargen, während mein Bruder und ich angesichts der sommerlichen Temperaturen gar keine trugen und somit leicht als Gästeanhänger erkennbar waren. So gingen wir also zu zweit durch den Volkspark, als wir plötzlich merkten, dass wir von einer Gruppe von fünf oder sechs HSV-Fans verfolgt wurden. Offenbar einigten sie sich sogar schon darüber, wer von ihnen uns nun welche Fan-Utensilien abnehmen würde.

„Hey, der Rechte hat ja sogar schon Kratzspuren im Gesicht", sagte einer von ihnen und meinte damit mich, der ich wenige Tage zuvor einen Fahrradunfall gehabt hatte und eine in der Tat schon von weitem sichtbare orangefarbene Jodtinktur auf beide Wangen aufgetragen hatte. Klar, dass uns nun erst recht mulmig zumute wurde, aber einfach wegzulaufen wäre ebenso unsinnig wie demütigend gewesen. Also beschleunigten wir unseren Schritt nur unwesentlich und warteten auf eine günstige Gelegenheit, um uns abzusetzen. Diese kam dann tatsächlich, als sich an einer Weggabelung die von der Südtribüne strömenden Menschenmassen zwischen unsere Verfolger und uns schoben. Sofort legten wir einen kurzen Spurt ein und erreichten schon nach wenigen Minuten den Bus-Parkplatz. Hier waren nun wieder die Braunschweiger in der Überzahl, und die Gefahr war vorüber, aber es hatte nicht viel gefehlt, und wir hätten für unseren Leichtsinn, zu zweit in Gäste-Fankleidung durch den Hamburger Volkspark zu laufen, bezahlen müssen. Erste Auswärtsfahrt, erstes Lehrgeld – so konnte man die Erfahrungen dieses Nachmittags beschreiben.

Einige Monate später waren wir nicht mehr so naiv unterwegs, als wir erneut mit dem Fanbus auf Auswärtstour gingen, und das Ziel diesmal Dortmund hieß. Der erste Besuch im Westfalenstadion war für mich als damals Vierzehnjährigen mindestens genauso beeindruckend, auch wenn die Heimstatt des BVB damals noch um einen Rang niedriger war, somit lediglich 54.000 Zuschauern Platz bot, und kaum mehr als 22.000 dieser Plätze besetzt waren – Anfang der 1980er Jahre gar nicht mal eine so schlechte Resonanz auf das

Gastspiel eines Aufsteigers! Da dieser die gastgebende Borussia mit einem nie für möglich gehaltenen 2:1 düpierte, war anschließend beim Rückweg durch den dunklen Westfalenpark erst recht Vorsicht geboten – und das Verstecken der Fanschals dringend zu empfehlen. Lediglich gemeinsam mit meinem Kumpel Bernd, genannt „Baba", durchstreifte ich den dunklen Park, dabei ein betont missmutiges Gesicht aufsetzend, damit uns bloß niemand als Anhänger des überraschenden Siegers identifizieren konnte. Auf diese Weise erreichten wir unbeschadet unseren Bus und konnten auf der dreistündigen Rückfahrt ausgiebig den Sieg feiern.

Auch in den folgenden Jahren blieben Auswärtsspiele des eigenen Vereins häufig ziemlich gefährliche Angelegenheiten. Schließlich galt speziell für die Heimfans das Erstürmen der gegnerischen Kurve als äußerst erstrebenswert, den Gästen hingegen die Verteidigung des eigenen Territoriums als Minimalziel – und das in einer Zeit, in der noch nicht regelmäßig Hundertschaften der Polizei die Spiele sicherten und von zahlenmäßig ebenso starken Ordnungsdiensten flankiert wurden, auch weil noch nicht annähernd so viele Fans ihre Vereine zu Auswärtsspielen begleiteten wie ein Jahrzehnt später.

Dies war zumindest bei den meisten der von mir besuchten Auswärtsspiele der frühen 1980er Jahre der Fall, so auch bei meinen ersten Besuchen in den beiden rheinischen Metropolen, wobei ich das Müngersdorfer Stadion in Köln mit seinen hinter dem Gästeblock lauernden FC-Fans als deutlich unangenehmer im Vergleich zum Düsseldorfer Rheinstadion mit seiner klaren Blocktrennung empfand. Bei dem rund dreistündigen Aufenthalt in der Domstadt fühlte ich mich an die Lektüre des Buches Das bisschen Freiheit – die fremde Welt der Fußballfans von Ulrich Pramann erinnert, seinerzeit einer der Klassiker bzw. überhaupt eines der ersten Bücher über das Phänomen der Fankulturen, in dem der Autor auf der Basis von Umfragen auch eine „Hitliste der Gefährlichkeit in den Bundesligastadien" veröffentlicht hatte: Danach stand der 1. FC Köln auf dem vordersten Platz, noch vor dem FC Schalke 04, womit ein Besuch des Müngersdorfer Stadions also als besonders gesundheitsgefährdend eingestuft wurde.

Eine Ausnahme von dieser Regel der sehr überschaubar gefüllten Gästeblöcke stellte der Auftritt des BTSV Eintracht im Oktober 1982 im Münchener Olympiastadion dar. Beflügelt durch einen guten Saisonstart und zusätzlich motiviert durch das Oktoberfest, machten sich etliche hundert Fans schon am Freitagabend auf den Weg zum Braunschweiger Hauptbahnhof. Dort versammelte sich alles, was damals in der Braunschweiger Fan-Szene Rang und Namen hatte, allen voran die Alten Kameraden und die Schluckspechte – die ihrem Namen mal wieder alle Ehre machten. Ich selbst war mit meinen 15 Jahren zweifellos einer der jüngsten Mitreisenden und stand anfangs noch etwas unsicher am Rand, bis ich von einem der „Altvorderen" mit dem ersten Gerstensaft des Abends versorgt wurde. Gemeinsam starteten wir dann in das Abenteuer einer Auswärtsfahrt, die erst am Sonntagmorgen enden sollte und auch für mich zum bisher größten Erlebnis meiner freilich noch jungen „Fan-Karriere" wurde.

Schon der Empfang unseres Zuges am Hauptbahnhof der bayerischen Landeshauptstadt durch die Münchener Polizei war zumindest für mich recht ungewöhnlich, war es doch meine erste Auswärtsfahrt mit der Bahn. Etliche Stunden später vor der Nordkurve des Olympiastadions glänzte die Polizei dann allerdings durch Abwesenheit, da sie offenbar auch nicht mit dem „Besuch" des Gästeblocks durch eine mehrere Dutzend Personen starke Gruppe von Bayern-Fans gerechnet hatte. Diese hatten ihrerseits aber wohl auch nicht einen so umfangreichen Anhang aus Niedersachsen und dessen ausgeprägte Bereitschaft, den eigenen Block zu verteidigen, erwartet. Was folgte, war ein mehrminütiges Scharmützel in der Halbzeitpause, das am Abend auch auf dem Oktoberfest noch in vereinzelten Zusammenstößen seine Fortsetzung finden sollte.

Für die nächtliche Rückreise war also für ausreichend Gesprächsstoff gesorgt, wobei über das Spiel selbst am wenigsten gesprochen wurde – und dies trotz eines unerwarteten Punktgewinns unserer Mannschaft beim 1:1-Unentschieden. Alles in allem war die Auswärtsfahrt nach München eines der ersten ganz großen Erlebnisse meines Daseins als Reisender in Sachen Fußball. Daher an dieser Stelle „Danke, liebe Eltern, dass Ihr mich damals habt mitfahren lassen" – auch wenn ich es an Eurer Stelle nicht getan hätte.

Insgesamt hatten Auswärtsspiele für mich zu Beginn der 1980er Jahre noch immer Seltenheitswert, was zum einen an meinen begrenzten finanziellen Möglichkeiten lag, noch mehr jedoch an dem heute kaum noch vorstellbaren Samstagsunterricht in der Schule.

Lediglich der zweite Samstag des Monats war zu jener Zeit schulfrei, und dazu kamen natürlich die Samstage in den Ferien – kein Wunder, dass ich in jener Zeit jedes Jahr im Juni bei der Bekanntgabe des neuen Spielplans gleich auf die Termine der wichtigsten Auswärtsspiele schaute und diese dann entweder erleichtert oder enttäuscht zur Kenntnis nahm.

Im April 1983 fiel das Spiel im Bremer Weserstadion auf den dritten Samstag des Monats, womit es für mich eigentlich nicht in Betracht gekommen wäre. Da ich das Gastspiel beim SV Werder aber unbedingt miterleben wollte, beurlaubte ich mich an diesem Tag einfach selbst zwei Stunden eher, schrieb meinen Eltern noch einen Zettel, dass ich dank des unerwarteten Ausfalls dieser Stunden nun doch nach Bremen hätte fahren können und trat die Reise in die Hansestadt an. Die Quittung für meine „Notlüge" bekam ich einige Stunden später in Gestalt einer 0:6-Niederlage!

Das Weserstadion verkörperte seinerzeit die typische Bauweise eines Bundesliga-Stadions: zwei überdachte Tribünen auf den Längsseiten, die zwei unüberdachte Kurven miteinander verbanden, in denen sich in aller Regel das Fangeschehen abspielte. Braunschweig mit seinem überdachten Fanblock „Gegengerade", in dem auch ich seit einem 3:1 gegen Bayern München im September 1981 meinen Stammplatz hatte, stellte hier eine der wenigen Ausnahmen dar. Dieser auch als „Block C" bekannte Sektor war nämlich oberhalb der Sitzplätze der Gegentribüne angesiedelt – was sich für die Besucher der Sitzplätze manchmal recht unerfreulich auswirkte, wenn speziell bei einem Torerfolg mal wieder halbvolle Bierbecher und andere Gegenstände nach unten geworfen wurden.

Typisch waren hingegen unter anderem auch einige meiner nächsten neuen „Grounds", die ich im Gefolge meines Vereins bis Mitte der 1980er Jahre besuchte, wie die Bielefelder Alm und das Frankfurter Waldstadion, während das Ulrich-Haberland-Stadion in Leverkusen seinerzeit mit seiner erbärmlichen Wellblechtribüne selbst dem nicht gerade verwöhnten Anhang aus Braunschweig nur ein müdes Lächeln entlockte. Das Bochumer Ruhrstadion hingegen wirkte immerhin wie eine kleinere, aber fast genauso feine Ausgabe des benachbarten Dortmunder Fußballtempels.

Die Anfänge des „Groundhoppings“

Mit „Groundhopping“ im engeren Sinne hatten all diese Stadienbesuche der ersten Hälfte der 1980er Jahre jedoch noch nichts zu tun, stand für mich bis dahin doch stets die Unterstützung des eigenen Vereins ganz klar im Vordergrund und nicht der Besuch eines neuen Stadions. Das änderte sich erst mit dem Jahr 1985 – und das Zauberwort dafür hieß Tramper-Monats-Ticket! Mit diesem – mit zumindest anfangs 228 D-Mark äußerst preisgünstigen – Pass konnte man einen ganzen Monat ohne weitere Zuschläge (außer für Liegewagen) das gesamte Streckennetz der Deutschen Bundesbahn befahren. Die Osterferien 1985, damals noch satte drei Wochen lang, waren die optimale Gelegenheit zum erstmaligen Erwerb dieses Tickets und für zahlreiche gemeinsame Fahrten mit meinem Schulfreund Torsten – zum Glück ebenfalls Fußballfan.

Jetzt standen, wohlgemerkt neben der Besichtigung zahlreicher sehenswerter Städte, für etliche Wochen mal die Stadien als solche im Mittelpunkt und nicht mehr nur der Spielplan des eigenen Vereins. So kamen binnen weniger Wochen gleich etliche neue Grounds in meine langsam wachsende Sammlung, so das Duisburger Wedaustadion, der Aachener „Tivoli“ und das Wilhelm-Koch-Stadion des FC St. Pauli, allesamt mit Zweitligaspielen, sowie das Ludwigsparkstadion in Saarbrücken, in dem ich Ende März mein erstes Länderspiel – ein 6:0 gegen Malta – live verfolgen durfte.

Als ich im August das nächste Mal mit dem Tramper-Monats-Ticket unterwegs war, musste ich – nach dem Bundesligaabstieg der Eintracht im Juni – auch meinen eigenen Verein in Zweitligastadien begleiten. Insofern hieß es von nun an, sich an deutlich kleinere Grounds und zumeist nur noch vierstellige Zuschauerzahlen zu gewöhnen. Trotzdem reiste ich unverdrossen selbst an einem Mittwochabend nach Solingen, wo ich im Stadtteil Ohligs an einer S-Bahn-Station namens Vogelpark aussteigen musste, um das Stadion am Hermann-Löns-Weg zu erreichen. An einem Dienstagabend ging’s ins Stadion Niederrhein in Oberhausen.

Angesichts der Tatsache, dass ich in beiden Fällen anderntags morgens um acht wieder in Salzgitter in der Schule sein musste, waren diese Touren mit nicht unerheblichen Strapazen verbunden. Die pünktliche Rückkehr war nur durch die Benutzung des Ost-West-Expresses möglich, eine heutzutage schon längst nicht mehr existierende Direktverbindung von Paris nach Moskau. Glücklicherweise gab es in den Zügen der Deutschen Bundesbahn seinerzeit noch überwiegend Abteile mit herausziehbaren Sitzen, so dass man stets zwei davon zusammenschieben und dann einigermaßen komfortabel darauf schlafen konnte. Einen Liegewagen-Zuschlag habe ich somit in all den Jahren meiner Bahnreisen mit dem Tramper-Monats- oder auch dem Inter-Rail-Ticket nie bezahlt.

Immerhin konnte ich während der Sommertour auch noch etliche neue Erstligastadien sammeln, so das Südweststadion in Ludwigshafen, wo der SV Waldhof Mannheim damals seine Heimspiele austrug, das Stuttgarter Neckarstadion, wo meine Eintracht mal wieder zum frühestmöglichen Zeitpunkt aus dem DFB-Pokal herausflog, und die damals noch unter Städtisches Stadion am Valznerweiher firmierende Arena in Nürnberg. Da ich zu jener Zeit gerade kurz vor dem Abitur stand, und Geschichte eines meiner beiden Leistungskurs-Fächer war, verstand es sich von selbst, dass ich den Aufenthalt dort auch zu einer Besichtigung des ehemaligen Reichsparteitagsgeländes nutzte. Dies habe ich auf meinen Reisen stets versucht und meistens auch geschafft, meine große Fußball-Leidenschaft mit meinen sonstigen Interessen an Geschichte und Politik sowie – bei internationalen Touren – fremden Ländern und Sprachen zu verbinden.

Bei den restlichen Auswärtsspielen meiner Eintracht im Herbst 1985 ging die Tristesse der Sommermonate ohne Unterbrechung weiter: Sei es im Kasseler Aue-Stadion, im Karlsruher Wildparkstadion oder sogar beim Aufsteiger Viktoria Aschaffenburg im dortigen Stadion am Schönbusch – stets hieß das Ergebnis 1:2 oder auch „neuer Ground, keine Punkte". Diese Serie ging auch im neuen Jahr nahezu unvermindert weiter, als eine erneute Niederlage mit diesem Standardresultat im Kölner Südstadion gegen die Fortuna die Talfahrt meines Vereins vom Bundesligaabsteiger zum baldigen Drittligisten noch beschleunigte.

Auf der Transitstrecke nach Berlin

Die beiden einzigen Punktgewinne in fremden Stadien nach dem Remis in Oberhausen im September gelangen dann ausgerechnet an dem einzigen Ort, der in jener Saison gleich zwei Teams der 2. Bundesliga als Heimstätte diente: dem Berliner Olympiastadion. Von Braunschweig aus war dies damals zwar eines der am nächsten gelegenen Reiseziele, aber damit keineswegs eine der kürzesten Fahrten. Immerhin galt es, für rund 170 Kilometer durch das Territorium der Deutschen Demokratischen Republik zu reisen; auf der so genannten Transitstrecke, einer reinen Durchfahrtsschneise mit absolutem Abbiegeverbot und Tempo-100-Begrenzung, aber den berühmt-berüchtigten Inter-Shops als zwischenzeitlichem Unterhaltungsprogramm. Zuvor musste jedoch schon am Grenzübergang in Helmstedt-Marienborn der Reisepass auf ein langes Rollband gelegt werden, und man musste dann darauf vertrauen, dass er beim Erreichen des Kontrollpunktes auch wirklich den zumeist grimmig dreinblickenden DDR-Grenzpolizisten erreicht und sich nicht zwischenzeitlich in Luft aufgelöst hatte. Da etwa zwei Stunden später in Drewitz-Dreilinden nochmal eine ähnliche Prozedur zu überstehen war, konnte die insgesamt lediglich 220 Kilometer weite Fahrt selbst mit dem Auto – wie bei unserer ersten Reise im Oktober zum Spiel gegen Blau-Weiß 90 – locker vier Stunden dauern. Als wir Anfang Februar für die Partie bei Hertha BSC mit unserem Fanclub die Gunst der Stunde der gleichzeitig stattfindenden „Grünen Woche“ nutzten und mit einem Bus von Salzgitter aus anreisten, konnte man noch mindestens eine halbe Stunde pro Strecke hinzurechnen.

Das Spiel gegen Hertha fand bei geradezu arktischen Temperaturen statt. Kaum 3.000 Seelen – eine klassische Geisterkulisse – hatte sich im weiten Rund der Berliner Betonschüssel mit dem sehr speziellen historischen Hintergrund verloren. Auf der Rückfahrt wurden auch einige höherprozentige Alkoholika konsumiert, um wieder eine normale Körperwärme zu erlangen – und das einen Tag vor meiner ersten schriftlichen Abiturprüfung! Egal, meine Mitschüler hielten mich sowieso für verrückt, am Vortag dieses großen Ereignisses eine Auswärtsfahrt mit dem Eintracht-Fanclub anzutreten: „Du spinnst doch total, das Abi ist doch wohl wichtiger als so ein blödes Fußballspiel", sagten sie. Die 13 Punkte in der Englisch-Klausur waren jedoch eine durchaus passende Antwort darauf.

Drei Monate später konnte ich ein weiteres Mal das Olympiastadion besuchen, erneut per Bustour über die Transitstrecke, diesmal jedoch vor ausverkauften Rängen, handelte es sich doch um mein erstes live erlebtes DFB-Pokalfinale. In diesem fegte der FC Bayern München den VfB Stuttgart mit 5:2 vom Platz und ‚bedankte' sich damit auf bajuwarische Weise für die vor Wochenfrist von den Schwaben beim Gewinn der Deutschen Meisterschaft im Herzschlagfinale gegen Werder Bremen erhaltene Schützenhilfe.

Erster Groundhopper-Meilenstein: Bundesliga komplett

Auch wenn das Olympiastadion in jener Saison angesichts der Zweitklassigkeit der Berliner Teams keinen Beitrag dazu leisten konnte, so hatte ich noch vor dem Ende der Saison 1985/86 einen ersten Meilenstein im Leben eines Groundhoppers erreicht: die höchste Spielklasse des eigenen Landes „komplett" zu haben.

Neben meinen jeweils ersten Besuchen im Gelsenkirchener Parkstadion und beim Südwestderby zwischen Kaiserslautern und Mannheim am „Betzenberg" trugen dazu ausgerechnet zwei Spiele in meiner späteren Wahlheimat am Niederrhein bei: Mein erster Besuch an meinem zukünftigen Wohnort in Krefeld bescherte mir in dem damals noch Grotenburg-Kampfbahn genannten Stadion das Jahrhundertspiel zwischen Bayer Uerdingen und Dynamo Dresden im Viertelfinale des Europapokals der Pokalsieger, im Mönchengladbacher Bökelberg-Stadion konnte ich immerhin das Duell der beiden Borussias erleben und mich anschließend über das letzte Kreuzchen auf meiner Stadienliste der 1. Bundesliga freuen.

Eines davon, das erst im Vorjahr nach langer Abstinenz wieder erstklassig gewordene Niedersachsenstadion in Hannover, fiel indes mit dem Sommer 1986 prompt wieder aus der Bel Etage des deutschen Fußballs heraus. So konnte ich dort im September mein erstes Auswärtsderby miterleben, mit rund 50.000 Zuschauern, davon über sechstausend aus Braunschweig. Der „harte Kern" unter ihnen traf sich bereits am Nachmittag am heimischen Hauptbahnhof. Einen Sonderzug hatte man uns unklugerweise nicht zur Verfügung gestellt, wodurch sich die wenigen übrigen Reisenden mit einer wahren Invasion von Fußballfans, rund achthundert an der Zahl, konfrontiert sahen. Verängstigt rutschten sie in ihren Abteilen zusammen oder räumten gleich ganz das Feld, spätestens als der Zug sich der Landeshauptstadt näherte, und die anfangs schon euphorische Stimmung nun immer hitziger und aggressiver wurde. Ihren Höhepunkt erreichte sie dann, als der Zug auf dem vorgesehenen Gleis einrollte. Die Türen sprangen auf, und ein völlig entfesselter Mob strömte auf den Bahnsteig und skandierte die üblichen gegen den ewigen niedersächsischen Rivalen gerichteten Sprechchöre. Da die Polizei in großer Anzahl aufmarschiert war, um uns alle auf eventuelle Schlag- oder Wurfgegenstände zu kontrollieren, setzte sofort ein mächtiges Drängen und Schieben ein, bei dem auch mindestens zwei Beamte kurzzeitig umgerissen wurden. Der anschließende von den Ordnungshütern begleitete Marsch zum Stadion gestaltete sich etwas friedlicher, ebenso wie der Rückweg, als eine unglückliche 0:1-Niederlage die Euphorie gedämpft hatte.

Der Drittklassigkeit entgegen

Die übrigen Auswärtsspiele der neuen Saison hatten zumeist kleinere Gesamtkulissen als allein der blau-gelbe Gästeblock in Hannover, brachten aber immerhin noch etliche neue Grounds, so auch das Dreisamstadion des damals in der Hackordnung des deutschen Fußballs noch weit hinter dem BTSV Eintracht stehenden SC Freiburg.

Auf dieser wieder einmal per Nachtzug angetretenen Reise lernte ich den damaligen Schatzmeister des BTSV kennen, der von meinem Engagement als Fan so begeistert war, dass er mich einige Tage danach als Ehrengast auf die Haupttribüne zum ersten Heimspiel des neuen Jahres einlud. Es war eine seltene Würdigung der jahrelangen Aktivitäten, welche am Montag nach diesem Heimspiel im Februar 1987 sogar ihren Ausdruck in der Braunschweiger Zeitung fand: „Azubi in VIP-Loge“ stand dort in dicken Lettern – und der Artikel wurde auch gelesen, nicht zuletzt von meinen Kolleginnen und Kollegen in der Norddeutschen Landesbank, in der ich seit August 1986 meine Ausbildung zum Bankkaufmann machte. Hatte ich mich dort bis dahin noch erfolgreich zurückhalten können mit Erzählungen von meinen Wochenendaktivitäten, so hatte ich nun mein Image wie einen Schriftzug auf der Stirn kleben. „Sind

Sie auch einer von diesen Radikalen?", fragte mich einer der Kollegen mit einem süffisanten Lächeln schon in der Frühstückspause. Ansonsten waren die Reaktionen aber eher positiver, als ich dies aus meiner Zeit am Gymnasium kannte. Sportlich ging besagtes Heimspiel aus der ungewohnten Haupttribünenperspektive genauso verloren wie fast alle der verbleibenden Auswärtsspiele der Saison, so auch Mitte März bei meinem ersten Besuch im Stadion am Böllenfalltor des SV Darmstadt 98.

Lediglich Ende April reichte es nochmal zu einem Punktgewinn, allerdings beim abgeschlagenen Tabellenschlusslicht FSV Salmrohr. Dessen fernab aller Bahnlinien gelegene und daher von mir nur nach einem fast zweistündigen Fußmarsch am Sonntagvormittag vom nächstgelegenen Bahnhof erreichte Dorfplatz bedeutete trotz der euphemistischen Bezeichnung Salmtal-Stadion bereits einen Vorgeschmack auf das, was ab der kommenden Saison bei Auswärtsspielen auf uns zukommen sollte.

Ohne Punkte kamen wir hingegen im Mai von zwei weiteren Auftritten unserer Mannschaft in Süddeutschland zurück, die uns ins Stuttgarter Kickers-Stadion Degerloch und ins Ulmer Donau-Stadion führten. Zur letztgenannten Partie reisten wir mit mehreren Bussen an, welche in Anbetracht der akuten Abstiegsgefahr vom Verein sogar bezuschusst wurden. Treffpunkt für die Tour ins Schwabenland war das heimische Stadion, morgens um sechs Uhr – es wurde eine denkwürdige Fahrt. Trotz der sehr frühen Abfahrtszeit war die Stimmung an diesem Morgen anfänglich ebenso blendend wie das Wetter. Es dauerte nicht lange, bis die ohnehin schon ziemlich lauten Gesänge durch den Genuss der ersten Spirituosen noch an Phonstärke zunahmen. „Pinkelpause!", wurde schon nach einer halben Stunde das erste Mal durch den Bus gegrölt. Immer wieder dasselbe. Deshalb musste man bei diesen Bustouren eben auch stets so früh losfahren, weil jedes Mal einige Leute die Auswirkungen ihres Alkoholkonsums nicht in den Griff bekamen, und man folglich die Hälfte der Zeit an irgendwelchen Parkplätzen oder Autobahnraststätten verbrachte.

Mit dabei auf dieser Tour war auch ein Ausbildungskollege aus der Norddeutschen Landesbank, der die Eintracht erstmals zu einem Auswärtsspiel begleitete. Ansonsten ging er nur ab und an zu den Heimspielen in die Südkurve. Nun hatte er sich wegen der besonderen Tabellensituation von mir zur Fahrt nach Ulm überreden lassen. Angesichts unserer Mitreisenden, von denen zumindest eine ganze Reihe dem „harten Kern“ des Fanblocks Gegengerade zuzurechnen waren, merkte man ihm während der gesamten Fahrt eine gewisse Beklommenheit deutlich an.

„Ach was, so schlimm sind die doch alle gar nicht“, versicherte er mir tapfer, dass er seine Entscheidung zu der Reise nicht bereue. Ich war mir da nicht so sicher, zumal ich ihm leider zu sagen vergessen hatte, dass man für eine Auswärtsfahrt im Bus vielleicht etwas anders gekleidet sein sollte als in der Bank oder Berufsschule. Aber irgendwie hatte ich ganz selbstverständlich damit gerechnet, ihn zu diesem Anlass einmal nicht in Bundfaltenhose und College-Schuhen anzutreffen. Dadurch blieb ihm leider der eine oder andere spöttische Kommentar nicht erspart.

Kurz vor der Ankunft in Ulm trat dann der Organisator der Fahrt in Erscheinung, uns allen nur als „Hexe“ bekannt, weil er in früheren Jahren häufig kurz vor Spielbeginn in Gestalt einer Brockenhexe am Mittelkreis des Eintracht-Stadions die Fußballgeister beschworen hatte. Ganz normal konnte er auch jetzt noch nicht sein, meinte er doch unmittelbar vor dem Erreichen des Stadion-Parkplatzes allen Ernstes zu uns, er habe den gesamten weiteren Tagesablauf „mit der Ulmer Polizei abgesprochen“. Ein Murren ging durch die Reihen. Auch wenn die meisten Mitfahrenden sicher keine „Randale“ im Sinn hatten, wie kleine Kinder wollten wir uns natürlich trotzdem nicht behandeln lassen. Man merkte bereits, dass an diesem Tag noch „etwas in der Luft lag“.

Das Spiel selbst verlief ziemlich überraschend, da Eintracht ausnahmsweise einmal nicht mit 0:1, sondern mit 2:4 unterlag, aber gerade die beiden in der Schlussphase eingesteckten entscheidenden Gegentore erhitzten natürlich die Gemüter. Drei Leute von unserer Busbesatzung hatte man bereits während der Halbzeitpause aufgrund diverser tatsächlicher oder vermeintlicher Delikte festgenommen, nun drohte die Situation vollends zu eskalieren. Möglichst schnell wollte die Polizei die Gästefans nach dem Schlusspfiff in die bereitstehenden Busse hineintreiben, wobei sogleich Schlagstöcke zum Einsatz kamen. Als dies allein nichts fruchtete, ließ man eben die Hunde auf uns los, ohne Maulkörbe wohlgemerkt. Insgesamt vier Leute trugen Bissverletzungen davon und wurden daraufhin ins Krankenhaus abtransportiert, alle anderen wichen der Gewalt und konnten rechtzeitig in den Bus flüchten.

Arg dezimiert traten wir die Rückfahrt an, machten jedoch erst noch einen Abstecher zur örtlichen Polizeiwache, um die drei Übeltäter aus dem Gewahrsam abzuholen. Breit grinsend stiegen sie wieder in den Bus ein. Dass sie dadurch die entscheidende Phase des Spiels und somit den – zumindest für mich – eigentlichen Anlass der Reise verpasst hatten, schien sie auch kaum zu berühren: „Fußball interessiert uns nicht", schallte es durch den Bus – einer der Gesangsklassiker der Hooligan-Szene der 1980er Jahre. Mir hingegen war die Niederlage schon erheblich auf die Stimmung geschlagen, brachte sie uns doch dem Abstieg ein weiteres Stück näher.

Unser Busfahrer war indes ob des kleinen Umweges offenbar so verwirrt, dass er anschließend die richtige Autobahnauffahrt nicht mehr fand. Es war der Beginn einer weiteren Odyssee. Drei Stunden nach Spielende fuhren wir immer noch durch Baden-Württemberg und langsam wurden wir doch etwas ungeduldig. Dann, an einer Tankstelle, leistete sich der Fahrer den absoluten Höhepunkt. Er wollte plötzlich nicht mehr weiterfahren, weil ihm angeblich jemand von uns seinen silbernen Kugelschreiber gestohlen habe.

„Sehen wir so asozial aus, dass wir es nötig hätten, deinen Kuli zu klauen?", entfuhr es einem der Mitreisenden, dem seit Jahren zu den Wortführern der Braunschweiger Fan-Szene gehörenden „Jockel", während er nach vorn stürmte. Fasziniert von dem trotz der Erregung formvollendeten Konjunktiv beobachtete ich die Szene und stellte mich schon auf die nächste Eskalation ein. Es dauerte fast eine Viertelstunde, bis sich der Fahrer eines Besseren besann und wieder seinem Job nachging. Seine Orientierung – Navigationssysteme gab es nun mal im Jahre 1987 noch nicht – besserte sich hingegen kaum, so dass wir wohl noch einige weitere unnötige Schlenker bis zum Erreichen der Autobahn in die Rückfahrt einbauten. Erst nachts um halb drei trafen wir vollkommen fertig in Braunschweig ein, kaum mehr als fünf Stunden vor Beginn des nächsten Schulungstages in der Ausbildungsabteilung der Bank – wo auch ich dann wieder Bundfaltenhose trug.

In den Tiefen der Amateur-Oberliga

Eine 0:1-Niederlage beim FC St. Pauli bedeutete Mitte Juni den erstmaligen Absturz der Braunschweiger Eintracht in die Drittklassigkeit, damals noch die in acht regionale Staffeln aufgeteilte Amateur-Oberliga. Nun wurden die Dorfplätze und Bezirkssportanlagen zur Normalität, schon zum Auswärtsauftakt in Hamburg, als es eben nicht mehr in den Volkspark oder wenigstens zum Millerntor ging, sondern ins Stadion Marienthal des SC Concordia. Zumindest sportlich wurden die Reisen wieder erfreulicher: Ein 2:1 in der TSV-Kampfbahn von Havelse bedeutete Ende September meinen ersten Auswärtssieg nach sage-und-schreibe 32 (!) vergeblichen Anläufen. Schon im Oktober folgten weitere Siege beim Nachbarn Wolfenbütteler SV im mit 7.000 Zuschauern zum Bersten gefüllten Stadion an der Meesche sowie beim Bremer SV im Stadion am Panzenberg, im weiteren Saisonverlauf dann auch beim Lüneburger SK im Stadion Wilschenbrook sowie bei den beiden Göttinger Vereinen im Jahnstadion bzw. dem Stadion am Sandweg.

Weniger erfolgreich verliefen die Gastspiele beim VfB Oldenburg im „Stadion am Donnerschwee“ sowie insbesondere bei den Amateuren von Werder Bremen auf dem unsäglichen Platz 11 des Weserstadions – dennoch auch dies Erlebnisse, die man als Anhänger eines ewigen Erstligisten niemals haben würde, und die ich rückblickend nicht missen möchte. Trotz einer weiteren Niederlage ausgerechnet im Nachbarschaftsduell im Wolfsburger VfL-Stadion konnte die Eintracht souverän die Meisterschaft in der Oberliga holen und sich damit für die anschließende Aufstiegsrunde qualifizieren.

Diese begann mit einer Ernüchterung in Gestalt einer 0:1-Niederlage beim MSV Duisburg – und das, obwohl ich für dieses mitten in der Woche angesetzte Auswärtsspiel an der Wedau sogar meine am Vormittag stattfindende schriftliche Abschlussprüfung zum Bankkaufmann in der Braunschweiger Berufsschule extra eine halbe Stunde vor dem eigentlichen Ende abgegeben hatte, um gerade noch rechtzeitig den Zug Richtung Ruhrgebiet zu erreichen. An die entgeisterten Blicke meiner Sitznachbarn, die meinen vorzeitigen Aufbruch mit völliger Verständnislosigkeit quittierten, kann ich mich noch heute gut erinnern.

Ein Last-Minute-Heimsieg gegen Hertha BSC und ein 3:1 im Preußen-Stadion von Münster brachten die Hoffnung auf den Aufstieg zurück, der schließlich am 19. Juni mit einem 2:1 ausgerechnet in Wolfsburg realisiert werden konnte. Wir hatten es geschafft, waren der Amateur-Oberliga entkommen. Dass wir einige Jahre später für einen wesentlich längeren Zeitraum in die Welt der Dorfplätze und Bezirkssportanlagen zurückkehren sollten, konnte damals noch niemand ahnen.

Europameisterschaft 1988 – von Schwarzhändlern und einem verschenkten Heimvorteil

Parallel zur Aufstiegsrunde fand in diesem Sommer freilich noch ein weiteres sich über mehrere Wochen hinziehendes Ereignis statt, welches für mich zugleich den Beginn einer neuen Entwicklung in meinem Leben als Fußballfan markierte: die Europameisterschaft 1988 im eigenen Land.

Das Eröffnungsspiel am 10. Juni im Düsseldorfer Rheinstadion zwischen der DFB-Elf und Italien war der Auftakt einer fast auf den Tag genau zwanzig Jahre währenden Serie von live verfolgten Turnieren der deutschen Nationalmannschaft, die erst am 9. Juni 2008 im österreichischen Klagenfurt – nach sechs Europameisterschaften, fünf Weltmeisterschaften und dem zweimaligen Besuch des FIFA-Confederations-Cup – zu Ende gehen sollte. Dabei stand für mich stets das Internationale dieser Events im Vordergrund, die Möglichkeit, innerhalb weniger Tage oder auch Wochen Fußballfans aus ganz Europa oder der ganzen Welt kennenlernen und mich mit ihnen über ihre Fankulturen und ihre sonstigen Lebensumstände austauschen zu können. Aber natürlich hatten auch ausverkaufte große Stadien und die Ansammlung bekannter Spieler und Trainer und die Qualität der Fußballspiele selbst ihren Reiz.

Nachdem schon das Auftaktspiel und die Eröffnungsfeier in Düsseldorf diese spezielle Faszination von Turnieren entfaltet hatten, reiste ich anderntags auch ins ungeliebte Hannover, um dort den ersten Auftritt der Dänen gegen Spanien zu erleben, mit annähernd 40.000 Anhängern aus dem Norden, die zum Großteil mit den „Dynamite Expressen“ am Hauptbahnhof eingetroffen waren.

Den zweiten Auftritt von „Danish Dynamite“, am 14. Juni gegen die DFB-Mannschaft in Gelsenkirchen, verpasste ich leider, weil ausgerechnet an diesem Tag um die Mittagszeit meine mündliche Abschlussprüfung in der Bank auf der Agenda stand, womit die 17-Uhr-Partie im Parkstadion unerreichbar war. Da ich aber auch an diesem Tag nicht auf EM-Live-Fußball verzichten wollte, hatte ich schon frühzeitig ein Ticket für das Abendspiel zwischen Italien und Spanien in Frankfurt erworben. Problematisch war nur die „Logistik“, da ich nach der Prüfung keine Chance mehr hatte, mich irgendwo umzuziehen, sondern direkt zum Braunschweiger Hauptbahnhof aufbrechen musste. Also wählte ich in der Garderobe einen aus meiner Sicht halbwegs sinnvollen und somit auch Stadion-tauglichen Kompromiss – womit ich allerdings in der Ausbildungsabteilung der Bank für helles Entsetzen sorgte: „Herr Preen, das können Sie doch nicht machen – das sind alles gestandene Bankkaufleute da drinnen!“, kommentierten sie meine eher als bessere Freizeitkleidung wahrgenommene Auswahl. Also musste auf die Schnelle eine andere Lösung her, die in Gestalt eines von einem Ausbildungskollegen freundlicherweise geliehenen Anzugs sowie einer ansatzweise dazu passenden Krawatte organisiert wurde. Auch wenn der Anzug meines etwas korpulenteren Kollegen sicher ein bis zwei Nummern zu groß war, überstand ich darin mit einer akzeptablen Note die Prüfung und beendete erfolgreich diesen Abschnitt meines beruflichen Werdegangs.

Die EM brachte für mich im Folgenden noch den speziell von den Sicherheitskräften der NRW-Landeshauptstadt mit besonderer Anspannung erwarteten Klassiker zwischen England und den Niederlanden im Rheinstadion und das endgültige Ausscheiden der Three Lions nach einer weiteren Niederlage gegen die Sowjetunion in Frankfurt.

Genau diese beiden englischen Vorrundengegner sollten letztlich auch das Finale des Turniers bestreiten, die Sowjets nach einem unerwarteten 2:0 über Italien in Stuttgart und die Niederländer nach dem berühmten Last-Minute-Tor von Marco van Basten in Hamburg gegen Deutschland. Das eigentlich Bemerkenswerte an diesem Halbfinale im Volksparkstadion war indes die Verteilung der Fans auf den Rängen: Mindestens die Hälfte der 60.000 Zuschauer schien in orange gewandet zu sein und damit den eigentlich bei der DFB-Elf liegenden Heimvorteil für sich „gestohlen“ zu haben.

Nun, gestohlen waren die Tickets sicher nicht, wohl aber von deutschen oder sonstigen Karteninhabern geradezu massenhaft vor dem Stadion höchstbietend feilgeboten worden, womit sich die Präsenz der Fangruppen mit jedem verkauften Ticket mehr zugunsten der Oranje-Elf verschob. Ein unglaublicher Vorgang, der in der Fan-Szene für große Empörung sorgte und vielleicht auch dazu beitrug, dass die deutsche Mannschaft trotz eigener Führung noch mit 1:2 verlor und das Finale in München verpasste. Aus Groundhopper-Perspektive war die Europameisterschaft 1988 natürlich ein Flop, hatte ich doch sämtliche Stadien schon zuvor bei anderen Gelegenheiten besucht.

Im Vorfeld großer Veränderungen

Auch in der neuen Liga-Saison 1988/89 wurde es langsam immer schwieriger, noch neue Stadien in den beiden höchsten Spielklassen zu sammeln: Es gelang mir immerhin gleich zum Saisonauftakt bei meinem erstmaligen Besuch im Hindenburg-Stadion des SV Meppen (so hieß es damals tatsächlich!).

Im Herbst kam als weitere Schwierigkeit ein ganz anderer Umstand hinzu, nämlich der Beginn meiner Grundausbildung bei der Bundeswehr in Goslar. Diese ließ mich im letzten Quartal des Jahres insgesamt nur noch zwei Auswärtsspiele besuchen, das erste davon aber immerhin gleich am ersten Sonntag nach dem Dienstantritt – und dies ausgerechnet bei Hertha BSC! So benötigte ich schon nach wenigen Tagen eine Sondergenehmigung unseres Kompaniechefs, weil zu jener Zeit nun mal immer noch rund 170 Kilometer „Feindesland" zwischen den Grenzübergangsstellen lagen, und ich als Bundeswehrangehöriger plötzlich auch zu den „Geheimnisträgern" der Bundesrepublik Deutschland gehörte. Da unserem Hauptmann aber sicher klar war, dass man in Ostberlin ohnehin bestens über uns und unsere Kaserne Bescheid wusste, erteilte er sein Einverständnis und meiner Reise stand nichts mehr im Weg. Mit 2:0 brachte die Eintracht im Aufsteigerduell sogar einen Sieg mit nach Hause. Dennoch hätte ich die Tour beinahe bitter bereut, zog sich auf der Rückfahrt doch die Prozedur an der Grenze so lange hin, dass wir letztlich erst eine halbe Stunde vor dem sonntäglichen „Zapfenstreich" vor der Kaserne des Luftwaffenausbildungsregiments eintrafen, und ich somit gerade noch rechtzeitig wieder in der „Stube“ zum abendlichen „Durchzählen“ war.

Im neuen Jahr war ich nach Ableistung der Grundausbildung wieder freier in meiner Wochenendgestaltung und besuchte somit erstmals auch den Bieberer Berg in Offenbach, das Essener Georg-Melches-Stadion und das Bruchweg-Stadion in Mainz, wo kurz vor Saisonende rund 1.600 Zuschauer eine erbärmliche Kulisse für unser vorletztes Auswärtsspiel bildeten – die freilich zwei Wochen später im Lohrheidestadion von Wattenscheid noch unterboten wurde.

Zweitligafußball im Deutschland der 1980er Jahre, das war eben nur etwas für ziemlich Hartgesottene – weit entfernt von dem in späteren Jahrzehnten speziell vom Pay-TV als „beste 2. Liga aller Zeiten“ vermarkteten „Unterhaus“. Speziell, wenn bei einigen Vereinen gegen Saisonende so ziemlich „die Luft raus“ oder der Club sogar abgestiegen war, wurde man mit Geisterkulissen konfrontiert, die im Jahr 2020 jeden Virologen in Entzücken versetzt und behördliche Beschränkungen der Zuschauerzahlen obsolet gemacht hätten.

Zu jener Zeit war Italien in Europa das Maß aller Dinge, stellte mit der Serie A nicht nur die stärkste Liga des Kontinents, sondern hatte auch in der Serie B, der 2. Liga, deutlich höhere Zuschauerzahlen zu verzeichnen als nördlich der Alpen seinerzeit üblich. Insofern freute es mich besonders, dass ich Anfang Juni direkt von Wattenscheid aus nach Rom zu einem vierwöchigen Sprachkursaufenthalt abreisen konnte – aber dazu mehr an anderer Stelle dieses Buches.

Ändern sollte sich die Ödnis in deutschen Zweitligastadien in bemerkenswerter Weise zum Saisonauftakt 1989/90, als uns gleich das erste Auswärtsspiel ins Gelsenkirchener Parkstadion führte. Dort erwarteten 37.000 Zuschauer zweifellos ein ausgeglichenes, aber letztlich erfolgreiches Spiel der Knappen, nicht aber, dass die Eintracht den Gastgeber mit einem 5:1-Kantersieg demütigen würde.

Da ich bei jener Partie meinen italienischen Brieffreund Roberto, seinerzeit für zwei Wochen bei uns zu Gast und selbst Fußballanhänger, dabeihatte und unbedingt vermeiden musste, dass ihm etwas passierte, suchten wir schon beim Stande von lediglich 2:0 zehn Minuten vor Spielende den Weg zum Ausgang des Gästeblocks und traten rechtzeitig, bevor dieser von der „Gelsenszene“ unliebsamen Besuch erhielt, den Weg zur Straßenbahn an. Das Endergebnis konnten wir anhand der auf dem Weg wahrgenommenen weiteren Torschreie aus der Südkurve nur erahnen und erfuhren es – anno 1989 mangels Internet oder gar Smartphone – erst eine Stunde später am Hauptbahnhof.

Noch heute unterhalte ich mich manchmal mit Roberto, mit dem ich auch nach über drei Jahrzehnten immer noch in Kontakt stehe, schmunzelnd über jenen Abend in Gelsenkirchen – auch für ihn ein einmaliges Erlebnis, mag auch die Qualität des Spiels nicht an die üblichen Darbietungen seines Lieblingsvereins Juventus Turin herangereicht haben.

Motiviert durch den sensationellen Saisonauftakt, fuhr ich auch in den folgenden Wochen und Monaten zu sämtlichen Auswärtsspielen, auch wenn es mir nur noch wenige neue Grounds einbrachte. So reiste ich an einem Mittwochabend erstmals nach Unterhaching ins damalige Stadion an der Grünauer Allee und im November zum Pokalspiel ins Willi-Sachs-Stadion nach Schweinfurt, wo mit einem 2:0-Sieg der Sprung ins Viertelfinale gelang – erstmals nach vielen Jahren.

Die eigentlich historische Dimension dieses Tages war aber keineswegs die Qualifikation meines Vereins für die Runde der letzten Acht im westdeutschen Pokalwettbewerb, sondern das Datum als solches: Es war der 11. November 1989 – der erste Samstag nach dem Mauerfall in Berlin und der Grenzöffnung zwischen Ost und West!

Besagter Roberto aus Italien, der immerhin in Florenz damals unter anderem Deutsch studierte, hatte es schon im Juni im Rahmen einer Seminararbeit über die aktuelle Situation in der DDR vorhergesagt, dass die akute Krise des Ostberliner Regimes diesmal die letzte sein könnte – und mich damit in Erstaunen versetzt, der ich eher dem Ausspruch von Erich Honecker von Anfang 1989 glaubte, die Mauer werde „auch in 50 oder 100 Jahren" noch Bestand haben.

Erste Anzeichen, dass Roberto Recht behalten könnte, gab es für mich erst mit den Grenzöffnungen in Ungarn im August und dann mit der Zustimmung der Ostberliner Führung zur Ausreise der in die Prager Botschaft Geflüchteten Ende September. Im Oktober verfolgte ich dann nahezu ständig die Sendungen des bei uns seit jeher bestens zu empfangenden DDR-Fernsehens und staunte über die sich immer stärker überschlagenden Meldungen in der Aktuellen Kamera: von der Nicht-Intervention der Sicherheitskräfte bei der Leipziger Montagsdemo am 9. Oktober, über den Rücktritt von Erich

Honecker Mitte des Monats bis hin zur Großdemonstration auf dem Alexanderplatz am 4. November und schließlich dem folgenschweren Versprecher von Günther Schabowski am Abend des 9. November, welcher binnen Stunden sämtliche Dämme brechen ließ.

Die Folgen davon sahen auch wir dann zwei Tage später bei der besagten Busfahrt nach Schweinfurt, als wir auf der Autobahn und an den Raststätten diversen Trabis und ihren Insassen begegneten. Die Stimmung war allenthalben ausgelassen und fröhlich, die Begegnungen von gegenseitigem Interesse und positiver Anteilnahme geprägt – es sollte nicht allzu lange so bleiben.

Die mögliche fußballerische Auswirkung dieser historischen Umwälzung nahm auf jener Busreise in geradezu prophetischer Weise Dirk aus der Braunschweiger Weststadt, Mitglied unseres (wenige Monate zuvor gegründeten) Fanclubs „Braunschweig Family", vorweg, als er zu uns sagte: „Mein Gott, Jungs, denkt nur: die Auswärtsspiele!"

Noch fanden diese ausschließlich im Westteil des Landes statt und verliefen in den folgenden Wochen und Monaten alles andere als erfreulich: Schon eine Woche nach dem Sieg in Schweinfurt verspielte Eintracht mit einem 0:1 im Städtischen Stadion Bayreuth, das wir nach stundenlanger Busreise im dichten Schneetreiben des damals arbeitsfreien Buß- und Bettages erreichten, die Herbstmeisterschaft in der 2. Liga. Es war einer jener Tage, an denen auch ich mich spätestens auf der Rückfahrt fragte, ob ich diesen Feiertag nicht sinnvoller hätte verbringen können.

Ende März bedeutete ein 0:2 im Bremer Weserstadion schließlich das Ende des Traumes vom erstmaligen Einzug ins DFB-Pokalfinale. Damit war diese so großartig begonnene Saison eigentlich gelaufen, was mich aber nicht davon abhielt, auch alle übrigen Heim- und Auswärtsspiele bis zum Saisonfinale Mitte Mai zu besuchen. Damit gelang es mir letztlich zum ersten Mal, kein einziges der Pflichtspiele meines Vereins verpasst zu haben – und das dank des Erreichens des Pokalhalbfinales bei immerhin 43 Spielen seit Ende Juli.

Einen letzten großen Höhepunkt dieser Saison bedeutete das Gastspiel bei Hertha BSC Ende April, stand doch Berlin immer noch ganz unter dem Eindruck von Mauerfall und neuen Perspektiven. Unseren besonderen Gast auf dieser Busreise schien aber vor allem die Perspektive der Vergangenheit zu faszinieren, nicht zuletzt das Olympiastadion selbst mit seiner ob der besonderen Architektur noch immer kaum zu leugnenden Reminiszenz an den Nationalsozialismus und die Olympischen Spiele von 1936. Immerhin war dieser Gast Ausländer, aus Frankreich noch dazu, und darüber hinaus von Beruf Journalist und für die bekannte Tageszeitung Le Monde tätig. In diesem Fall recherchierte er aber in eigener Sache für ein von ihm geplantes Buch über Fankulturen in ganz Europa.

Ich hatte den Kontakt über meinen italienischen Freund Fabio (siehe das Kapitel über Italien) bekommen, den ich zwar zu jener Zeit auch erst seit wenigen Monaten kannte, der mich aber für eine hinreichend gute Adresse hielt, um sie seinem französischen Bekannten Philippe Broussard für das Kapitel über Deutschland zu empfehlen. Ich sandte ihm zunächst zehn eng beschriebene englischsprachige Schreibmaschinenseiten über die Entwicklung der Fan-Szene in Deutschland seit Anfang der 1980er Jahre und schlug ihm dann telefonisch vor, doch mal die authentische Erfahrung einer gemeinsamen Auswärtsfahrt mit unserem Fanclub zu machen.

So machte sich Philippe auf die Reise nach Braunschweig, kam am Morgen des Spiels zum verabredeten Treffpunkt und bestieg mit uns gemeinsam den Bus in die alte Reichshauptstadt. Dort konnten wir einige Stunden später nur eineinhalb der beiden Halbzeiten des Spiels gegen die Hertha verfolgen, bedeutete uns die Polizei doch schon rund zwanzig Minuten vor dem Abpfiff, dass man uns jetzt zu unserem Bus zurück eskortieren müsse, weil man andernfalls nicht mehr für unsere Sicherheit garantieren könne. Die starke Präsenz von Berliner Hooligans im unmittelbaren Nebensektor zum Gästeblock schien diese Maßnahmen auch tatsächlich zu rechtfertigen. Da das Ergebnis des Spiels keine große Bedeutung mehr für uns hatte, lehnten wir uns nicht dagegen auf, sondern traten den geordneten Rückzug an. In drei großen Mannschaftswagen der Polizei wurden wir direkt hinter der Kurve abgeholt und auf kürzestem Wege zu unserem Bus zurückgefahren, der sich sofort danach Richtung Braunschweig in Bewegung setzte.

Einige Monate später konnte ich die Erlebnisse dieses Tages und vieles mehr in französischer Sprache in dem Buch „Génération Supporter“ nachlesen, das Philippe mir druckfrisch zusandte. Zu diesem Zeitpunkt war das Land, durch das wir noch einmal auf der Transitstrecke hatten durchreisen müssen, bereits Geschichte.

1.3. Deutsche Demokratische Republik (1985 – 1990)

Bildungsreisen in eine andere Welt

Reisen bildet, so sagt man. Vor allem aber helfen einem Reiseerfahrungen dabei, sich von anderen Ländern und Kulturen ein eigenes Bild zu machen, anstatt nur auf die Berichterstattung in Medien zu vertrauen oder gängigen Klischees zu glauben. Das mag in erster Linie für weit entfernte Länder auf anderen Kontinenten gelten – es galt bis Ende der 1980er Jahre aber auch für den Ostteil unseres eigenen Landes, der seinerzeit noch unter Deutsche Demokratische Republik firmierte.

Mit dem Fernsehen der DDR war ich dank der Nähe meines Wohnortes Salzgitter zur innerdeutschen Grenze praktisch aufgewachsen, hatte schon als Kind die Spiele der DDR-Oberliga verfolgt, bevor man samstags auf die „Sportschau" umschalten musste, und später dann als politisch interessierter junger Mensch auch häufig die Propagandasendung „Der schwarze Kanal" gesehen.

Dort erklärte stets am Montagabend ein gewisser Karl-Eduard von Schnitzler, auch „Sudel-Ede" genannt, seinem Publikum die Welt – und die sah etwa so aus: Alkoholismus und Verwahrlosung waren ausschließliche Phänomene kapitalistischer Staaten, Rechtsextremismus und Neonazis gab es nur in der BRD, und alle Menschen zwischen Ostsee und Erzgebirge drückten dem DDR-Serienmeister BFC Dynamo mindestens bei Europapokalspielen fest die Daumen. Schon meine ersten drei Live-Fußballerlebnisse in der DDR zeigten mir deutlich genug, dass keine dieser Behauptungen den Tatsachen entsprach.

Auf Stadiontour in der „Hauptstadt der DDR"

Mein erster Stadionbesuch jenseits des „Eisernen Vorhangs" war im Oktober 1985, als wir mit einer fünfköpfigen Gruppe aus unserem damaligen Fanclub das Auswärtsspiel unserer Eintracht bei Blau-Weiß 90 Berlin zu einem Wochenendaufenthalt einschließlich Besuch im Ostteil der Stadt und einem Fußballspiel dort nutzten. Auf dem Programm stand die Partie zwischen dem 1. FC Union und der BSG Wismut Aue. Nachdem wir an der Grenzübergangsstelle am S-Bahnhof Friedrichstraße die Prozedur mit Passkontrolle und Zwangsumtausch hinter uns gebracht hatten, fanden wir uns in einer völlig anderen Welt wieder, die nichts mehr mit dem bunten Leben zwischen Ku-Damm, KaDeWe und Europa-Center zu tun hatte, sondern durch graue Tristesse geprägt war.

Nach einem Besuch der wichtigsten Sehenswürdigkeiten machten wir uns vom Alexanderplatz aus auf den Weg zum Stadion. Schon am Bahnsteig begegnete uns ein erster Union-Fan mit einem langen rot-weißen Strickschal. Er war sturztrunken, aber dennoch ganz friedlich und bat uns beim Einsteigen in die S-Bahn, ihm an der richtigen Haltestelle Bescheid zu sagen. Etwas belustigt entgegneten wir, dass er sich uns von dort aus gern anschließen könne, wir würden schon irgendwie hinfinden. Dies gelang dann auch ganz gut und ohne größere Umwege, da wir richtigerweise am Haltepunkt Wuhlheide und nicht erst in Köpenick ausstiegen, obwohl man auch damals schon immer vom 1. FC Union als den Köpenickern sprach.

Im Stadion an der Alten Försterei selbst schien dann ebenfalls ein Großteil der rund 8.000 Zuschauer schon zur Mittagszeit diverse Flaschen Berliner Pilsener intus zu haben, einige Fans waren offenbar nur noch in eingeschränktem Maße fähig, dem Spielgeschehen zu folgen. Von der Stimmung auf den Rängen waren wir in jedem Fall begeistert, auch das Spiel selbst wusste durchaus zu gefallen, und wir freuten uns am Ende über einen 3:0-Sieg der Gastgeber, denen ich seit jenem Tage in großer Sympathie verbunden geblieben bin.

Dies konnte ich von dem anderen der beiden Vereine in der „Hauptstadt der DDR" natürlich nicht behaupten. Der BFC Dynamo steuerte im März 1988 gerade seiner 10. Meisterschaft in Serie entgegen, als ich erstmals ein Heimspiel des „Stasi-Vereins" besuchte. Ich trat die Fahrt gemeinsam mit Dirk aus Braunschweig an, der sich mit seinem Brieffreund Matthias aus Leipzig treffen wollte, war doch an jenem Tag der 1. FC Lok beim BFC zu Gast. Auch ich hatte mich mit meinem Brieffreund, mit Vornamen ebenfalls Dirk, aber aus Bernau östlich von Berlin stammend, verabredet und lernte ihn bei dieser Gelegenheit auch erst persönlich kennen. Der Treffpunkt an der Weltzeituhr am Alexanderplatz führte somit jeweils zwei Fußballanhänger aus Ost und West zusammen, die ihre Abneigung gegen den BFC Dynamo verband – obwohl Dirk sogar eine Dauerkarte für den Friedrich-Ludwig-Jahn-Sportpark besaß!

„Ich gehe immer nur hin, um sie wenigstens ab und zu mal verlieren zu sehen", bekannte er freimütig. An diesem Tag hatte er mal wieder Glück: Der 1. FC Lok Leipzig, seinerzeit größter Konkurrent um die Meisterschaft und im Vorjahr sensationell Europapokalfinalist, entführte mit einem 2:0 die Punkte in die Messestadt. Am späteren erneuten Titelgewinn der von Stasi-Boss Erich Mielke protegierten Hauptstädter änderte dies aber auch nichts. Zu allem Überfluss holte der BFC im Jahr 1988 sogar das Double aus Meisterschaft und Pokal – und Letzteres erlebten wir sogar persönlich mit. Eine Woche nach dem DFB-Pokalfinale im Olympiastadion zwischen Eintracht Frankfurt und dem VfL Bochum begab ich mich mit dem einen Dirk erneut nach Berlin, um im Ostteil der Stadt den anderen Dirk zu treffen. Er hatte für den Abend sogar eine Bowling-Bahn am Alexanderplatz gebucht, kamen doch noch etliche seiner Union-Freunde hinzu, mit denen wir einen sehr netten Abend verbrachten.

Da lagen die Fußballerlebnisse des Nachmittags schon hinter uns: ein 2:0-Sieg des BFC im Finale um den FDGB-Pokal gegen den FC Carl-Zeiss Jena an einem mit 40.000 Zuschauern ausverkauften Endspielort, welcher sich Stadion der Weltjugend nannte – was für ein bombastischer Name für diese nur einen Steinwurf von der Berliner Mauer entfernte Sportarena, in der nur den höchsten Parteibonzen ein überdachter Sitzplatz angeboten wurde, während die „Weltjugend" und alle anderen Unterprivilegierten häufig genug im Regen dort ausharren mussten.

An diesem Tag blieb uns ein Schauer erspart, wenngleich die Temperaturen keineswegs frühsommerlich waren. Wir saßen auf der Gegentribüne, mit den Anhängern des krassen Außenseiters aus Jena zu unserer Linken, während wir einen wirklich geschlossenen Fanblock des BFC vergeblich suchten. Verwundert war ich aber vor allem darüber, dass Dirks Freunde eher mit den Hauptstädtern sympathisierten: „Der BFC ist zwar ein Stasi-Klub, aber die Scheiß-Thüringer als Pokalsieger, das muss ja nun auch nicht sein."

Sehr interessant, offenbar hatte also die auf die Unterdrückung aller regionalen Eigenständigkeiten orientierte Politik der SED-Führung mit der Einteilung des Landes in Bezirke die alten Rivalitäten zwischen Preußen auf der einen und Sachsen und Thüringen auf der anderen Seite zumindest im Fußball keineswegs auslöschen können.

Das einheitliche Nationalgefühl, welches Honecker und Konsorten ihrer Jugend mit Sprechchören wie „DDR – unser Vaterland" so gern eingetrichtert hätten, war ohnehin stets nur ein Wunschtraum, so viel war ebenfalls klar.

Wie weit man davon entfernt war, sahen wir dann nach dem Spiel – in der sogenannten „3. Halbzeit" am Alexanderplatz. Dort jagten BFC-Skinheads, einige davon sogar in den damals in rechten westdeutschen Kreisen beliebten „Bomberjacken", eine Gruppe bemitleidenswerter Jena-Anhänger durch die Straßen, bis schließlich eine Abteilung von Volkspolizisten dem Treiben ein Ende machte – ein für mich bemerkenswerter Vorfall, der freilich keine zwei Jahre später zur Normalität werden sollte.

Im Jahr 1989 besuchte ich noch zwei weitere Spiele in Ostberlin, jeweils einmal bei Union und dem BFC, und traf mich in beiden Fällen mit Dirk aus Bernau. Ich half ihm stets ein bisschen, seine Kasse für künftige Fußballreisen oder andere Zwecke aufzubessern, indem ich ihm fast jedes Mal irgendwelche Souvenirs aus dem Westen mitbrachte, Vereinswimpel oder Stadionprogramme aus der Bundesliga. Auf den Tauschmärkten vor den Stadien der DDR-Oberliga wurden diese teilweise zu horrenden Preisen gehandelt und brachten den Anbietern zuweilen binnen weniger Stunden nahezu einen halben Monatslohn ein. Selbstverständlich waren gerade die Programmhefte als Druckerzeugnisse aus dem Westen auf der „Liste der verbotenen Gegenstände" aufgeführt und durften somit nicht über die Grenze gebracht werden. Aber zum Glück bin ich nie so ernsthaft darauf kontrolliert worden, wie die Grenzbeamten hinter der Glasscheibe dreinblickten.

Am 12. August, als der BFC gegen Rot-Weiß Erfurt 2:2 spielte, warf die politische Wende schon ihre Schatten voraus. Diesmal hatte ich sogar meinen Freund Roberto aus Italien mit dabei, für den dieser Tag natürlich ein Abenteuer bedeutete, welches er so in seinem Heimatland nie hätte erleben können. Das galt nicht nur für den Stadionbesuch selbst, wenngleich der in unmittelbarer Nähe der Berliner Mauer gelegene Jahn-Sportpark schon eine spezielle Atmosphäre ausstrahlte: Auch an diesem Tag war er von Volkspolizisten übersät, die penibel darauf achteten, dass bloß niemand einen allzu intensiven Blick nach „Westberlin" hinüber riskierte. Auf der Tribüne musste ich Roberto dann erklären, dass es hier unter

Strafe verboten war, irgendwelche negativen Bemerkungen über den BFC Dynamo von sich zu geben. Dirk bestätigte meine Aussagen kopfnickend.

Er hatte uns diesmal übrigens zu meiner Überraschung per Auto direkt an der Friedrichstraße abgeholt. Seinen Wartburg habe er von einem Freund geschenkt bekommen, der in den Westen geflohen sei, erzählte er uns gleich. Später deutete er dann auf ein Gebäude in einer Seitenstraße und sagte „da sind sie drin" – auf unsere anfängliche Begriffsstutzigkeit ergänzte er, dass es sich um die Ständige Vertretung der Bundesrepublik handele, wo ja seit einigen Tagen etliche DDR-Bürger Zuflucht gesucht und politisches Asyl beantragt hatten. Als wir uns am Abend nach dem Spiel an der Friedrichstraße verabschiedeten, sagte er voll bitterem Sarkasmus: „Ich komme noch mal kurz mit rüber zum Kurfürstendamm."

Mehr als ein Vierteljahrhundert später habe ich meiner Tochter Carolin von diesem Vorfall erzählt, als wir bei einem Besuch im längst vereinigten Berlin den Tränenpalast besichtigten, jenes Museum, das so gut wie kein anderes die Geschichte der Teilung am Kristallisationspunkt S-Bahnhof Friedrichstraße nachzeichnet. Dirk hat sie leider nie kennengelernt; er kam Anfang November 1989 als einer der letzten Flüchtlinge über die Tschechoslowakei in den Westen, und wir trafen uns 1991 nochmal, als ich ihn zu einer Busreise zum EM-Qualifikationsspiel der deutschen Nationalelf in Wales einlud, aber danach haben wir uns leider aus den Augen verloren.

Länger hielt der Kontakt zu meinem anderen DDR-Brieffreund Uwe aus Magdeburg. Mit ihm stand ich schon seit 1984 in Korrespondenz, als ich auf eine von ihm im Stadionprogramm der Eintracht aufgegebene Anzeige geantwortet hatte. Leider war die Verbindung zwei Jahre später abgerissen, weil er aufgrund seines Dienstes in der Nationalen Volksarmee sämtliche Westkontakte aufgeben musste. Erst im November 1989 klingelte bei uns eines Abends das Telefon, und er meldete sich und lud unsere ganze Familie zu einem Besuch in Magdeburg ein.

Von Rostock bis Leipzig – Groundhopping im Osten kurz nach der Wende

Mein erstes Fußballspiel in der DDR außerhalb von Ostberlin fand ebenfalls in Magdeburg statt. Die Eintracht gastierte im Februar 1990 zu einem Freundschaftsspiel in der Partnerstadt. Freundschaftlich war die Atmosphäre im mit 23.000 Zuschauern bestens gefüllten Ernst-Grube-Stadion jedoch keineswegs: Die fröhliche Stimmung der ersten Wochen nach der Grenzöffnung war inzwischen bereits verflogen, und wir bekamen dies sogar unmittelbar zu spüren, als einige FCM-Fans meinten, die Fahne unseres Fanclubs „Braunschweig Family" in Brand stecken zu müssen. Mit einem beherzten Einsatz wurde das edle Tuch gerade noch rechtzeitig den Flammen entrissen. Direkt neben uns in der Kurve gerieten zudem Braunschweiger und Magdeburger Hooligans in heftiger Weise aneinander, so dass es fast erstaunlich ist, dass einige Jahre später eine Fanfreundschaft zwischen den beiden Vereinen begründet wurde, die noch heute existiert.

Anfang März machte ich mich gemeinsam mit Dirk von Braunschweig aus auf die Reise, um den 1. FC Magdeburg auch noch einmal in einem Punktspiel der DDR-Oberliga zu begutachten. Beim morgendlichen Umstieg auf dem Magdeburger Hauptbahnhof waren wir bereits völlig entsetzt über den Verwahrlosungszustand einiger FCM-Anhänger, die sich mit billigem Fusel in die richtige Stimmung für die Auswärtsfahrt nach Rostock brachten. Im dortigen Ostseestadion erlebten sie jedoch einen unrühmlichen Nachmittag, als sie von den heimischen Krawallbrüdern, mittlerweile verstärkt um Gruppierungen aus der Bundesliga, förmlich aus dem Stadion hinausgeprügelt wurden und quer über das Spielfeld die Flucht antraten. Dies alles geschah ohne jegliches Eingreifen der Ordnungshüter, die offenbar knapp vier Monate nach dem Fall von Mauer und Stacheldraht keinerlei Respekt mehr im Lande genossen.

Bis zum Saisonende besuchte ich noch einige weitere Spiele der DDR-Oberliga, einmal auch gemeinsam mit Uwe in Magdeburg, zudem das Derby zwischen Chemie Halle und Lok Leipzig im Kurt-Wabbel-Stadion und schließlich einen 4:1-Heimsieg von Stahl Brandenburg über Dynamo Dresden im Stadion der Eisenhüttenwerker. Da war es bereits Mitte August und die neu gestartete

Liga in dem in Auflösung befindlichen Staat in Oberliga Nordost umbenannt – sechs Wochen später war die Deutsche Demokratische Republik Vergangenheit.

1.4. Gesamtdeutschland (1990 – 2019)

Neuer Wohnort, neue Perspektiven

Als in der Nacht zum 3. Oktober 1990 über dem Reichstag die Feuerwerksraketen in den Himmel stiegen, hatte ich mich vom Ort des Geschehens schon weit entfernt – nicht nur geographisch, sondern auch emotional. Hatten mir der Fall der Berliner Mauer am 9. November 1989 und die gemeinsam mit Freunden aus Salzgitter und zwei netten Mädchen aus Thüringen verbrachte Silvesterfeier am Brandenburger Tor noch Freudentränen in die Augen getrieben, so registrierte ich das Verschmelzen der beiden deutschen Staaten ein Dreivierteljahr danach mit einer mir selbst etwas eigenartig anmutenden nüchternen Distanz.

Vielleicht wurde dieses Gefühl auch dadurch verursacht, dass sich mein eigenes Leben in den Wochen zuvor erheblich verändert hatte, und in der Tat eine größere Distanz zwischen dem Geschehen in Berlin und der ehemaligen DDR und meinem Wohnort lag. Schließlich hatte ich diesen Anfang September in die Rhein-Ruhr-Region verlegt: Unzufrieden mit meinem Angestelltendasein in der Norddeutschen Landesbank, wohin ich nach Beendigung meiner Bundeswehrzeit Anfang 1990 zurückgekehrt war, hatte ich mich nun doch noch zur Aufnahme eines Studiums entschieden und mir hierfür die Universität-Gesamthochschule Duisburg ausgesucht. Schon bald machte ich dort die Erfahrung, dass für meine aus dieser Region stammenden Mitstudierenden die DDR gedanklich viel weiter entfernt war als beispielsweise die nahen Niederlande. So war es irgendwie bezeichnend, dass ich am 3. Oktober in einem Fanbus befreundeter Anhänger von Bayer Leverkusen zum UEFA-Cup-Spiel im niederländischen Enschede saß.

In den beiden deutschen Bundesligen waren für mich natürlich keine neuen Grounds mehr zu holen, so dass ich das neue geographische Umfeld gleich in den ersten Monaten eher für die Erweiterung meiner Sammlung in der NRW-Drittklassigkeit nutzte.

Angesichts der seit geraumer Zeit bestehenden Freundschaft zum Fanclub „Schwarz-Gelb 81“ fuhr ich zu mehreren Auswärtsspielen der gerade aus der 2. Bundesliga abgestiegenen Aachener Alemannia und lernte auf diese Weise das Stadion am Hohen Busch in Viersen, das Stadion Menzenberger Straße in Bad Honnef und das Stadion am Hünting in Bocholt kennen. In der Rückrunde konnte ich immerhin noch das bergische Derby zwischen Remscheid und Wuppertal im Stadion Lennep verfolgen.

Erst in der Saison 1991/92 orientierte ich mich auch wieder Richtung Osten, hatte man doch zu Saisonbeginn insgesamt acht Teams der früheren DDR-Oberliga in die beiden Bundesligen integriert. So waren auch dort endlich wieder neue Grounds möglich: Gleich zu Saisonbeginn besuchten wir mit etlichen Leuten aus Nordrhein-Westfalen das Rudolf-Harbig-Stadion in Dresden beim 1:0 der Dynamos über den VfB Stuttgart. Bei herrlichem Wetter spazierten wir einige Stunden durch die wieder aufblühenden Straßenzüge von „Elbflorenz“, bevor wir am Nachmittag die hässliche Seite der sächsischen Hauptstadt kennenlernen sollten: Dutzende von einheimischen Skinheads, die meisten noch im Teenager-Alter und sogar erschreckend viele Mädchen, belagerten den gegnerischen Fanblock, breiteten sich auf Reichskriegsflaggen aus und skandierten nationalistische Parolen. Es war wirklich erschütternd: Nach Jahren der weitgehenden Entpolitisierung der Fan-Szene in Deutschland kam gewissermaßen durch die „Hintertür“ der gerade erst zur Bundesliga zugelassenen Ostvereine rechtes Gedankengut in die Stadien zurück.

Im Herbst war ich dann auch noch im Ernst-Abbe-Sportfeld in Jena sowie im Bruno-Plache-Stadion in Leipzig zu Gast, wo man den 1. FC Lok mittlerweile in VfB Leipzig umbenannt hatte, und wo es trotz eines Derbys gegen Halle zum Glück keine Negativerlebnisse wie in Dresden gab.

Ende Juli hatte es sogar bereits ein Wiedersehen mit dem Friedrich-Ludwig-Jahn-Sportpark gegeben, diesmal kurioserweise jedoch mit einem Auswärtsspiel der Eintracht bei Hertha BSC. An das torlose Remis selbst habe ich keinerlei Erinnerung, wohl aber an meine eigene sportliche Aktivität an jenem Nachmittag. Schließlich fand dort ein Vorspiel der beiden Fanmannschaften statt, in dem ich als rechter Verteidiger selbst einmal in den Farben blau und gelb auflaufen durfte und meinen Beitrag zum 3:1-Auswärtssieg leistete. „0:0 – in Berlin trafen nur Braunschweigs Fans", überschrieb anderntags sogar die Bild-Zeitung ihre Berichterstattung zu dem gruseligen Zweitliga-Kick!

Mitte November waren wir in Mannheim beim Spiel gegen die Fans des SV Waldhof weniger erfolgreich, zogen uns aber immer noch besser aus der Affäre als im Anschluss unsere Profis bei der 2:5-Niederlage im Stadion am Alsenweg. Diese Niederlage leitete endgültig den Sturz in den Abstiegsstrudel ein, aus dem unsere Mannschaft sich in den nächsten Monaten nicht mehr befreien konnte. Auf der Zielgeraden der Saison mussten wir an einem Mittwochabend auch noch ein herbes 0:4 im Sportforum Chemnitz gegen den CFC erleben, und vier Wochen später waren wir dann endgültig aus der 2. Bundesliga abgestiegen.

Auf Norddeutschlands Dorfplätzen unterwegs

Der erneute Absturz in die Drittklassigkeit brachte auch die Rückkehr der Auswärtsspiele des eigenen Vereins auf den Sportanlagen in der norddeutschen Provinz mit sich – und das diesmal gleich für etliche Jahre, konnte doch am Saisonende im Mai 1994 zwar die Aufstiegsrunde erreicht, diese jedoch anders als 1988 nicht erfolgreich abgeschlossen werden: Schon zum Auftakt mussten wir im Augsburger Rosenaustadion eine 0:1-Niederlage erleben und auch wenn es im nächsten Auswärtsspiel einen 2:1-Sieg im Hermann-Löns-Stadion des damaligen TuS Paderborn-Neuhaus gab, war letztlich der erste Platz dieser Aufstiegsrundengruppe an Fortuna Düsseldorf vergeben.

Immerhin firmierte die dritthöchste Spielklasse im Norden ab dem Sommer 1994 als Regionalliga Nord, umfasste aber weiterhin nur die Landesverbände von Schleswig-Holstein, Hamburg, Bremen und Niedersachsen – dies sollte noch für weitere sechs Jahre der Radius bleiben, in dem sich die Auswärtsreisen meines Vereins abspielten.

So lernte ich allein zwischen Sommer 1994 und Ende 1996 so bemerkenswerte Grounds wie den Sportplatz Vorhornweg des SV Lurup Hamburg, den Zollinlandplatz des FC Bremerhaven, das Kickers-Stadion von Emden, das Borgweg-Stadion des VfL 93 Hamburg, das Stadion an der Friedensstraße des SV Wilhelmshaven, das Günther-Volker-Stadion des TuS Celle und, als absolute Krönung, das Hasetal-Stadion des VfL Herzlake kennen.

Zu meinem Entsetzen konnte die Eintracht nicht ein einziges dieser Spiele gewinnen, lediglich von zwei NFV-Pokalspielen in Hannover kehrten wir in diesem Zeitraum siegreich aus dem Eilenriedestadion bzw. dem Stadion am Bischofsholer Damm zurück.

Die seltenen Highlights in jener Zeit waren die Spiele gegen die großen Aufstiegsrivalen im Marschweg-Stadion von Oldenburg, im Stadion an der Lohmühle in Lübeck und insbesondere die nahezu alljährliche Fahrt an die Bremer Brücke in Osnabrück. Erst im Jahr 1997 brachte der Abstieg von Hannover 96 in die Regionalliga gleich zwei Spiele im Niedersachsenstadion vor jeweils fast 28.000 Zuschauern – eine zu jener Zeit in einer dritten Liga außergewöhnliche Kulisse.

Anno 1997 hatte ich meine Fußballreisen innerhalb Deutschlands indes schon merklich reduziert, was weniger an der sportlichen Tristesse meines eigenen Vereins lag, sondern vielmehr an der Tatsache, dass ich seit einiger Zeit in einer festen Beziehung lebte. Meine Freundin interessierte sich allenfalls für die großen Turnierspiele der Nationalmannschaft, deren EM-Finalsieg 1996 wir in einem Duisburger Kino gemeinsam erlebten, nicht aber für den Vereinsfußball, geschweige denn die Regionalliga Nord.

Trotzdem begleitete Kira mich zumindest vereinzelt mal ins Stadion, so auch nach unserem Umzug in unsere erste gemeinsame Wohnung in Düsseldorf, als die Eintracht im Mai 2002 bei der Fortuna anzutreten hatte, und wir die Fahrt dorthin – gemeinsam mit meinem Freund Marcus aus Köln und seiner Freundin Carola – mit der Straßenbahn antreten konnten. Selbst für mich war an diesem Freitagabend noch ein neuer Ground möglich, fand die Begegnung doch im Paul-Janes-Stadion von Flingern statt. Eine besonders gute Idee war dies angesichts der Brisanz der Begegnung indes nicht, spielte doch die Fortuna gegen den Abstieg in die 4. Liga, während unsere Eintracht sehr aussichtsreich im Kampf um die Rückkehr in die 2. Bundesliga im Rennen lag, und somit zahlreiche Fans aus Braunschweig anreisten. Während ich mit Marcus in den Stehplatz-Fanblock hinter dem Tor ging, hatten wir für die beiden Frauen Tickets für die Tribüne gekauft, damit ihnen „bloß nichts passiert“.

Vom Anpfiff weg entwickelte sich eine denkwürdige Partie, in der alle fünf Treffer auf der von uns aus anderen Seite des Platzes fielen: Schon nach sieben Minuten lag die Fortuna mit 2:0 in Front, und der Traum vom Wiederaufstieg schien für uns ausgeträumt. Doch in der zweiten Halbzeit drehte unser brasilianischer Stürmer Daniel Teixeira mit einem Hattrick die Begegnung zu einem nie mehr für möglich gehaltenen 3:2-Sieg. So war es kein Wunder, dass die Polizei uns nach dem Schlusspfiff für mehr als eine halbe Stunde im Block festhielt, und wir von dort aus erlebten, wie aufgebrachte Fortuna-Fans Leuchtkugeln in den Himmel schossen und auf die Braunschweiger Fans warteten. Dank meiner Ortskenntnis konnte ich mit Marcus schließlich auf Schleichwegen eine etwas weiter entfernt gelegene U-Bahn-Station erreichen, von wo aus wir zu unserem Treffpunkt in einem Café in der Oststraße fuhren. Dort waren Kira und Carola noch sichtlich bewegt von ihren Erlebnissen im Stadion, welches sie bereits bei Halbzeit angesichts der selbst auf der Tribüne für alle nicht in rot-weiß gekleideten Fans ungemütlichen Atmosphäre verlassen hatten. „Aber dann habt ihr ja sämtliche Tore von Eintracht verpasst", sagten Marcus und ich nahezu zeitgleich. Nun ja, manchmal sollte die Gesundheit eben Priorität haben.

Während Eintracht zwei Wochen später nach einem 2:1-Last-Minute-Krimi gegen Wattenscheid tatsächlich nach neun Jahren wieder in die 2. Bundesliga zurückkehrte, konnte die Fortuna den Abstieg in die Viertklassigkeit nicht mehr abwenden. Dort, in der Oberliga Nordrhein, erlebte ich gleich eines der ersten Auswärtsspiele der Düsseldorfer, als Anfang September ein 3:2 beim Bonner SC im Sportpark Nord gelang. Den sofortigen Wiederaufstieg schaffte die Fortuna trotzdem nicht. Erst im Frühjahr 2004 durfte man an meinem damaligen Wohnort in der NRW-Landeshauptstadt die Rückkehr in die Regionalliga Nord feiern.

Der Siegeszug der „Arenen"

Schon wenige Wochen nach dem Start der neuen Saison begann auch in Düsseldorf ein neues Zeitalter: Hatte man zum Saisonauftakt noch in Flingern gespielt, so erfolgte nun der Wechsel in das zur „Multifunktionsarena" umgebaute ehemalige Rheinstadion. Ich erlebte gleich die Premiere dort vor über 38.000 Zuschauern gegen den 1. FC Union Berlin im September 2004 und war im März 2005 ein weiteres Mal dort zu Gast, als man die Spielstätte im Stadtteil Stockum bereits in LTU-Arena umgetauft hatte – es sollte nicht die letzte Namensänderung bleiben, und es war charakteristisch für dieses erste Jahrzehnt des neuen Jahrtausends.

Zu diesem Zeitpunkt hatte ich bereits mehrere dieser „Arenen" besucht, die überall die alten Traditionsstadien zu verdrängen begonnen hatten: In Gelsenkirchen versuchte der FC Schalke 04 bereits ab dem Sommer 2001, das Trauma der „Meisterschaft der Herzen" im letzten Spiel im alten Parkstadion durch den Wechsel in die hyper-moderne Arena Auf Schalke zu bekämpfen, in der ich meine persönliche Premiere im Oktober freilich bei einem müden 0:0-Länderspiel gegen Finnland erlebte. Zwei Jahre später war bei einem weiteren Besuch dort sogar das Dach geschlossen – Hallenfußball wie einst bei der WM 1994 in Detroit, furchtbar!

Doch auch vom Duisburger Wedaustadion und dem Gladbacher Bökelberg galt es sich in diesen Jahren zu verabschieden, an ihre Stelle traten die MSV-Arena bzw. der Borussia-Park, die ich beide schon im Jahr 2004 erstmals besuchte. Handelte es sich in Duisburg lediglich um einen schrittweise vollzogenen Umbau, der bei mehreren aufeinanderfolgenden Besuchen gewissermaßen einen „Abschied auf Raten" von dem alten und mir besonders vertrauten Stadion ermöglichte, so war der Neubau in Mönchengladbach ein völliger Bruch mit der Tradition. Da er auch noch an einem ziemlich ungünstig gelegenen Ort im Westen der Stadt erfolgte, der sowohl bei der Anreise mit dem ÖPNV wie auch dem eigenen Auto einen erheblichen zeitlichen Mehraufwand bedeutete, habe ich seitdem nur noch sehr selten in Mönchengladbach vorbeigeschaut, während ich am Bökelberg relativ häufig zu Gast war.

Auch andernorts schossen die neuen Fußballtempel mit ihrem stets ähnlichen Erscheinungsbild, das von einem Verzicht auf Kurven und Laufbahnen geprägt war, wie Pilze aus dem Boden. Schon im März 2004 besuchte ich etwas widerwillig die Volkswagen-Arena in Wolfsburg, um auch diesen Ground zumindest in meine Sammlung aufnehmen zu können. Auch in München gehörte das Olympiastadion, in dem immerhin Endspiele von Welt- und Europameisterschaft stattgefunden hatten, ab 2005 der Vergangenheit an und wurde durch die neue Allianz-Arena ersetzt, die ich schon bald jeweils einmal in rot und blau in den Abendhimmel von Fröttmaning hatte aufleuchten sehen, wenn die Bayern bzw. der TSV 1860 dort antraten.

Köln-Müngersdorf und das Hamburger Volksparkstadion hingegen wurden ebenso wie das Stadion in Duisburg lediglich umgebaut, waren als Rhein-Energie-Stadion bzw. AOL-Arena aber auch kaum noch wiederzuerkennen. Dasselbe galt für die das frühere Waldstadion verdrängende Commerzbank-Arena in Frankfurt, die Mercedes-Benz-Arena in Stuttgart auf dem Areal des alten Neckarstadions oder die neue Arena Magdeburg an der Stelle des alten Ernst-Grube-Stadions.

Einige Jahre später sollten selbst in Paderborn mit der Paragon-Arena (später Benteler-Arena) und in Aachen mit dem Neuen Tivoli derartige Arenen entstehen, die zwar neue Anlaufpunkte und „Sammelgegenstände“ für Groundhopper wie mich bildeten, aber die Tradition des 20. Jahrhunderts immer weiter auslöschten – und im Falle Aachens wegen der Kostenexplosion auch zum Sargnagel eines traditionsreichen Vereins wurden.

Confederations-Cup und Weltmeisterschaft

Der Siegeszug der Arenen war nicht zuletzt durch die im Jahr 2000 an Deutschland vergebene Fußball-Weltmeisterschaft 2006 ausgelöst worden. Diese Entscheidung des Weltfußballverbandes, deren zweifelhaftes Zustandekommen erst viele Jahre später ans Licht der Öffentlichkeit kommen sollte, wurde im Land des dreifachen Weltmeisters jubelnd aufgenommen und setzte einen Wettlauf um die für eine Berücksichtigung als Spielstätte würdigsten Standorte und Stadien in Gang.

Die Konsequenz daraus waren dann eben diese neuen Arenen, von denen freilich einige – wie der Mönchengladbacher Borussia-Park – letztlich doch nicht als WM-Spielort ausgewählt wurden. In Leipzig wurde hingegen kein neues Stadion aus dem Boden gestampft, sondern das bestehende Zentralstadion lediglich erheblich modernisiert, so dass es sich bei meinem Besuch anlässlich des Confed-Cup-Spiels zwischen Brasilien und Griechenland im Juni 2005 in völlig neuem Gewand präsentierte – ebenso wie die Stadt selbst, die ich seit annähernd zehn Jahren erstmals wieder besuchte.

Es blieb für mich der einzige neue Ground der beiden Turniere, obwohl ich bei Confed-Cup und WM insgesamt immerhin zehn Spiele live verfolgen konnte. Auch ansonsten war die stets als „Sommermärchen" titulierte Weltmeisterschaft 2006 für mich persönlich nur ein müder Abklatsch früherer Turniere, kein Vergleich zu den Jahren 1990 in Italien, 1994 in den USA oder 2002 in Südkorea oder auch den Europameisterschaften speziell in Schweden und Portugal. Es ist eben nicht dasselbe, ob man wochenlang Urlaub nimmt, zu einem Turnier reist und für den gesamten Zeitraum die spezielle Atmosphäre des Gastgeberlandes auf sich wirken lassen kann, oder ob man während dieser Zeit arbeitet und lediglich punktuell zu einzelnen Spielen in zudem allzu vertraute Stadien reist.

Allerdings konnte ich während der WM 2006 eine andere, ebenfalls sehr spannende Erfahrung machen, nämlich als Mitorganisator eines mehrwöchigen Public Viewing-Events zu fungieren. Ich war seinerzeit seit zwei Jahren Geschäftsführer einer Gesellschaft für Wirtschaftsförderung, Stadtmarketing und Tourismus in Dinslaken am Niederrhein und als solcher auch für Stadtfeste und sonstige Großveranstaltungen zuständig. Schon bald nach dem Confed-Cup, als das erste Mal die Welle der Fußballbegeisterung durch das Land geschwappt war, hatte es eine Anfrage des Pächters der Stadthalle nach einer eventuellen Kooperation im Hinblick auf die WM gegeben. Schon bald war ein Team weiterer Unterstützer von Stadtwerken und Sparkasse koordiniert, und man machte sich gemeinsam ans Werk.

Das Ergebnis einige Monate später konnte sich durchaus sehen lassen: Die so genannte „DIN-Arena" bot nicht nur alle Spiele der deutschen Nationalelf sowie das Finale auf Großleinwand, sondern auch eine maßgeblich von mir konzipierte Ausstellung zur Geschichte der Weltmeisterschaften und an jedem Abend ein WM-Quiz mit attraktiven Preisen. Zumeist wurde dieses dann auch von mir moderiert und stieß auf großes Interesse der praktisch jedes Mal mit rund 800 Gästen ausverkauften Halle – lediglich für die Spiele gegen Polen in Dortmund und gegen Schweden in München musste ich mich vertreten lassen, war ich doch in diesen beiden Fällen live im Stadion dabei.

Zum Finale war die Halle dann leider nur noch zur Hälfte gefüllt, da die deutsche Beteiligung daran vier Tage zuvor ausgerechnet durch die „Squadra Azzurra" verhindert wurde – zweifellos der bitterste Moment auch für die „DIN-Arena", die trotzdem noch über viele Jahre zu jedem großen Turnier ein Comeback erlebte, obwohl ich selbst die Stadt Dinslaken schon ein Jahr nach der WM 2006 verließ.

Unterklassiger Fußball als Flucht vor dem Kommerz

Die Weltmeisterschaft im eigenen Land bedeutete auch einen weiteren erheblichen Schub in der zunehmenden Kommerzialisierung des Fußballs. Der durchgestylten Event-Tempel mit ihren Systemgastronomien und Kartenzahlungen zunehmend überdrüssig, trat ich zu jener Zeit die Flucht in die unteren Ligen mit ihren an das vergangene Jahrhundert erinnernden Stadien an.

In Düsseldorf suchte ich mehrfach den Sportplatz Feuerbachstraße zu den Oberligaspielen von TuRu 1880 auf, in Dortmund das traditionsreiche Stadion Rote Erde, wo die Amateure des BVB spielten, und auch in Essen und Mülheim an der Ruhr gab es mit dem Stadion Uhlenkrug bzw. dem Stadion am Blötterweg des VfB Speldorf noch neue Grounds zu entdecken.

Auch meine Eintracht begleitete ich nun besonders gern in ähnlich unprätentiöse Stadien, wie bereits im August 2005 in das Stadion der Freundschaft in Cottbus, sowie später in das Ahlener Wersestadion oder das Stadion Oberwerth in Koblenz. Dort waren wir in diesen Jahren nach der WM 2006 jeweils gleich mehrfach zu Gast – im Frühjahr 2011 dann auch endlich mal erfolgreich. Gerade diese beiden Auswärtssiege ebneten endgültig die Rückkehr in die 2. Bundesliga, aus der die Eintracht im Sommer 2007 abgestiegen war, und in die sie nun vier Jahre später zurückkehrte.

Groundhopping trotz Vaterfreuden

Dennoch musste ich in diesem neuen Jahrzehnt meine Fußballreisen erst einmal deutlich einschränken, war ich doch Ende März 2010 Vater geworden. Unsere Tochter Carolin wirbelte unser gewohntes Leben für einige Jahre heftig durcheinander und beanspruchte natürlich auch am Wochenende sehr viel Zeit und Aufmerksamkeit, so dass ich meine Stadionbesuche weitgehend auf den eigenen Verein und einige Spiele an Rhein und Ruhr beschränkte.

Erst nach dem sensationellen Wiederaufstieg meiner Eintracht in die 1. Bundesliga im Frühjahr 2013 forcierte ich die Aktivitäten wieder und begleitete den BTSV auch erneut zu weiter entfernten Auswärtsspielen. Neue Grounds gab es dabei nur noch selten zu entdecken, so immerhin die coface-Arena in Mainz, eines jener am Reißbrett entstandenen und an die Peripherie der Stadt platzierten Beispiele völlig austauschbarer Stadionarchitektur.

Nach dem postwendend erfolgten Wiederabstieg setzte ich meine Auswärtstouren trotzdem weiter fort und konnte im Herbst 2014 mit dem AUDI Sportpark in Ingolstadt und der Volksbank-Arena in Frankfurt – dem Traditionsstadion des FSV Frankfurt am Bornheimer Hang, das man völlig unverständlicherweise auch mit dem Namen „Arena" versehen hatte – gleich noch zwei neue Grounds „machen".

Eine weitere Arena durfte ich im Februar 2016 besuchen, wenngleich die Red Bull Arena in Leipzig eigentlich nur das „neu gebrandete" Zentralstadion war, das sich seit Confed-Cup und WM kaum verändert hatte. Dennoch war diese Arena mit ihren unzähligen Werbebanden für den unerträglich süßen Energy Drink des Vereinssponsors geradezu das Sinnbild der immer weiter fortgeschrittenen Kommerzialisierung des Fußballs.

Immerhin war die Partie bei RB Leipzig zugleich Carolins erstes Auswärtsspiel unserer Eintracht, nachdem sie im April 2015 in Braunschweig beim Heimspiel gegen den TSV 1860 München ihre Stadionpremiere gefeiert hatte – mit einem 2:0-Sieg, genau wie ich knapp 38 Jahre zuvor! In Leipzig gab es indes das genau umgekehrte Resultat, mit dem Eintracht noch bestens bedient war.

In den darauffolgenden Jahren begleitete mich Carolin mehrfach auch in fremde Stadien, und manchmal machten wir sogar einen Wochenendtrip daraus, wie 2018 nach Darmstadt, als wir bei Eintracht-Fan Uwe und seiner Frau (und Lilien-Fan) Gerdi eingeladen waren. Neue Grounds waren in den Jahren der Zweitklassigkeit nur noch selten möglich, so das Dallenbergstadion in Würzburg oder das Hardtwaldstadion in Sandhausen, schließlich auch die Continentale-Arena in Regensburg.

Erst der erneute Abstieg in die 3. Liga brachte diesbezüglich neue Optionen mit sich, so im Frühjahr 2019 das FRIMO-Stadion der Sportfreunde Lotte und schließlich noch im September desselben Jahres den Sportpark Höhenberg, wo ich gemeinsam mit Carolin einem torlosen Unentschieden gegen Viktoria Köln beiwohnte.

Um meiner Tochter auch mal ein größeres Stadionerlebnis zu bieten, hatte ich einige Wochen zuvor Tickets für die im kommenden Sommer stattfindende Europameisterschaft bestellt. Obwohl es sich um die erste „paneuropäische" EM der Geschichte handelte, waren immerhin vier Spiele in der Münchener Allianz-Arena angesetzt – und für eines dieser Spiele wurden uns dann tatsächlich zwei Tickets zugelost. Anfang Dezember erfuhren wir bei der Auslosung, dass wir das zweite Spiel der deutschen Nationalelf gegen Titelverteidiger Portugal erwischt hatten. Die deutsche Mannschaft gegen das Team von Cristiano Ronaldo am 20. Juni in München – was für eine tolle Aussicht zum Wechsel in das neue Jahrzehnt! Doch es sollte leider anders kommen.

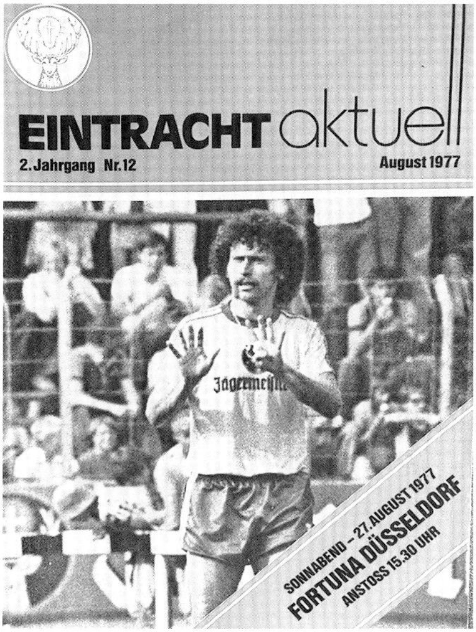

Programmheft BTSV-F95, 1977.

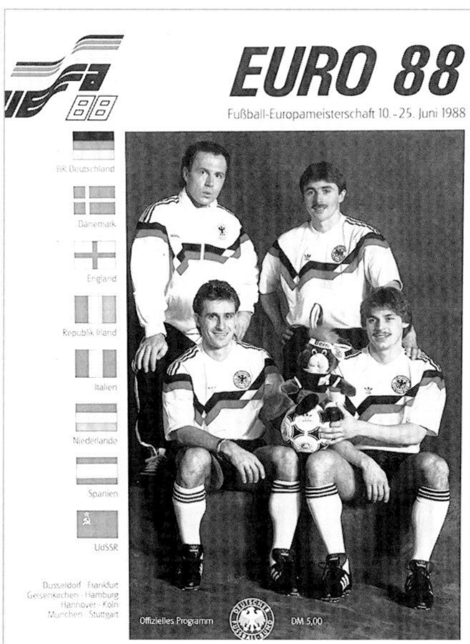

Programmheft EURO 88.

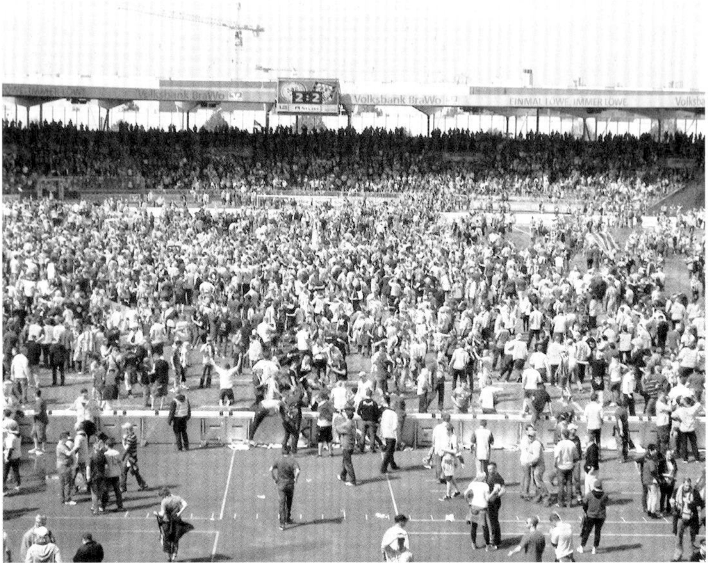

Eintracht-Aufstieg 2013, Stadion.

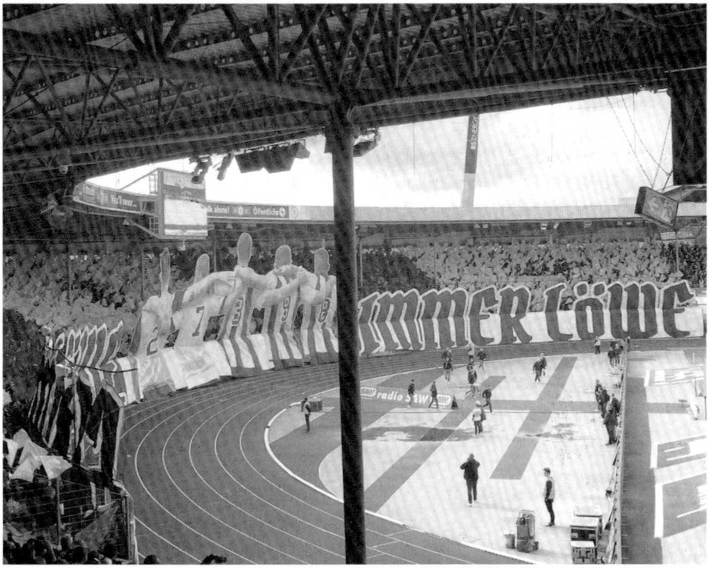

Choreographie Eintracht-Stadion 2019.

2. Europa

2.1. Die Alpenrepubliken (1980 – 2008)

Fußball am Ufer des Wörthersees

Mein erstes Fußballspiel im Ausland war zugleich das erste überhaupt fern meiner Heimatstadt Braunschweig – und zudem das bis heute einzige Auswärtsspiel mit meinem Verein außerhalb Deutschlands. Im Sommer 1980 war die Braunschweiger Eintracht gerade zum zweiten Mal aus der 1. Bundesliga abgestiegen, aber mit bekannten Spielern wie Bernd Franke und Danilo Popivoda immer noch ein gern gesehener Gast selbst internationaler Freundschaftsspiele. So hatten mein Bruder und ich die Möglichkeit, während eines Urlaubs in Pörtschach am Wörthersee einfach mal eines Abends die eigene Mannschaft spielen sehen zu können, nach einer lediglich halbstündigen Autofahrt in die Hauptstadt Kärntens. Austria Klagenfurt hieß der Gastgeber, auf einer sehr bescheidenen Sportanlage, die meiner erst Jahrzehnte später dank der Europlan-App betriebenen Recherche zufolge aber schon damals den Namen Wörthersee-Stadion getragen haben muss. Mit 4:2 setzte sich die Eintracht gegen den Gastgeber recht souverän durch, vor – wie meine persönliche Statistik für dieses Spiel ausweist – etwa 1.500 Zuschauern. Darunter befand sich unsere gesamte Familie – es war das einzige Mal, dass selbst meine Mutter den Weg in ein Fußballstadion fand; noch viele Jahre später schwärmte sie von der „wunderbaren Atmosphäre“ an jenem Sommerabend.

Eine völlig andere Stimmung herrschte bei meiner Rückkehr nach Klagenfurt knapp 28 Jahre später, als ich erneut mit meinem Bruder zusammen im – freilich nicht mehr wiederzuerkennenden – Wörthersee-Stadion war, diesmal aus Anlass des Auftaktspiels der deutschen Nationalmannschaft bei der Europameisterschaft 2008 gegen Polen. Rund 30.000 Zuschauer waren dabei, darunter auch sicherlich etliche hundert deutsche und polnische Hooligans, ohne dass es allerdings zu größeren Zusammenstößen gekommen wäre. Wir hielten uns von diesen Gruppierungen erfolgreich fern, freuten uns über den 2:0-Sieg der deutschen Elf und genossen einige schöne Tage in Pörtschach, in derselben Ferienwohnung wie dereinst mit unseren Eltern – die sich im Gegensatz zum Stadion in Klagenfurt überhaupt nicht verändert hatte!

Auf Stadiontour in der Walzermetropole

Sicherlich gehen einem beim Namen „Wien“ unendlich viele andere Assoziationen durch den Kopf, bevor man das erste Mal an Fußball denkt: Walzerhochburg, K.u.K-Hauptstadt, Spanische Hofreitschule, Prater mit Riesenrad oder auch Schloss Schönbrunn und natürlich Sisi! Dennoch ist die österreichische Hauptstadt ein gutes Pflaster auch für Groundhopper – und das nutzte ich bereits im Sommer 1986 erstmals. Wien war damals eine der letzten Stationen einer mehrwöchigen Reise mit dem Inter-Rail-Ticket, die mich bis nach Neapel, Athen und Istanbul geführt hatte. Damit verglichen kam Wien mir unglaublich ruhig und sauber vor, als ich nach einer mehr als zweitägigen Bahnreise vom Bosporus über den Balkan in der Donaumetropole eintraf. Nach einer Besichtigung der wichtigsten Sightseeing-Hotspots hatte ich hier am Abend tatsächlich die Chance, auch noch ein Fußballspiel zu besuchen, obwohl es erst Ende Juli war und in den meisten Ländern Europas – auch wegen der erst Ende Juni beendeten WM in Mexiko – der Ball noch ruhte. Die Partie konnte sich in mehrfacher Hinsicht sehen lassen, immerhin war Österreichs Vorzeigeclub Rapid Wien im Einsatz, noch dazu im schmucken Gerhard-Hanappi-Stadion, und das in einem Derby gegen Admira/Wacker. Die Kulisse war mit rund 3.500 Zuschauern recht bescheiden, das Spiel hingegen übertraf mit einem rassigen 4:4 alle Erwartungen.

Im Abstand von jeweils rund drei Jahren konnte ich noch zwei weitere Hauptstadt-Grounds in Österreich erlangen, wenn auch in sehr unterschiedlicher Qualität: Im September 1989 kam ich erneut gerade von einer Balkan-Tour zurück, als ich in Wien noch einen Fußballstopp einlegte und im seinerzeit noch Praterstadion genannten größten Stadion des Landes ein überraschendes 1:0 von Austria Wien im UEFA-Cup gegen Ajax Amsterdam sah – vor immerhin 12.000 Zuschauern, darunter einige mir gut bekannte Groundhopper aus Deutschland, die ich auf dem Weg zum Stadion in der Straßenbahn traf! Im Mai 1992 hingegen war nur eine Mini-Kulisse von 800 Unentwegten zugegen, als Vienna Wien im Stadion Hohe Warte gegen den Grazer AK gewann – für mich erneut ein Zwischenstopp, diesmal auf dem Rückweg vom Derby in Bratislava.

Erst im Sommer 2008 war ich dann erneut vor einem Fußballstadion in Wien, dem mittlerweile nach der Trainer-Legende Ernst Happel benannten Nationalstadion. Deutschland stand im Endspiel der Europameisterschaft gegen Spanien, und meine Frau und ich standen vor dem Eingang, umringt von Tausenden von Fans und einigen wenigen Schwarzhändlern. Deren Preisvorstellungen konnten und wollten wir jedoch nicht nachgeben, meine absolute Schmerzgrenze von 500 Euro für zwei Tickets ließ sich nicht realisieren, und so drehten wir enttäuscht ab und verfolgten die Partie in einem nahgelegenen Biergarten – angesichts des Spiels und des Ergebnisses zumindest im Nachhinein auch die bessere Entscheidung!

Auf den Spuren der WM 1954

Jede große Fußballnation hat ihre Heldensagen und Mythen. Ist es im Mutterland des Fußballs zuvorderst der erste (und bislang einzige) Gewinn des World Cup durch die Three Lions 1966 in Wembley, so ist es in unserem eigenen Land mehr als alles andere ebenfalls der erstmalige (aber zum Glück nicht einzige) Triumph bei einer Weltmeisterschaft, zwölf Jahre zuvor beim Turnier in der Schweiz.

Den Begriff „Wunder von Bern“ kennen hierzulande auch weniger fußballaffine Menschen und selbst der Name des Stadions der schweizerischen Hauptstadt dürfte den meisten davon halbwegs geläufig sein, ebenso wie das Resultat und der Gegner im Finale an jenem 4. Juli 1954. Dass dieses Finale jedoch durch ein 6:1 über Österreich erreicht wurde und dieses Spiel im St. Jakob-Park von Basel stattfand, wissen nur wenige.

Mehr als ein halbes Jahrhundert danach waren beide Städte selbstverständlich auch wieder unter den Spielorten der von der Schweiz und Österreich gemeinsam ausgerichteten Europameisterschaft, aber auf die Spuren von 1954 hätte man sich bei dieser Gelegenheit nicht mehr begeben können, waren doch die ursprünglichen Stadien dem Erdboden gleichgemacht und durch moderne Fußballarenen ersetzt worden. Wohl dem, der schon in den 1980er Jahren das Groundhopping für sich entdeckt hatte und dadurch in beiden Fällen bei den jeweiligen Besuchen noch die Wochenschau-Bilder von 1954 vor dem geistigen Auge Revue passieren lassen konnte.

Speziell in Basel schien sich im Stadion seit damals fast gar nichts verändert zu haben, als ich im April 1986 beim Länderspiel der deutschen Nationalelf gegen die Schweiz das St. Jakob-Stadion besuchte. Ehrlich gesagt war ich sogar ziemlich entsetzt, dass in dieser „Bruchbude“ ein Länderspiel stattfinden sollte: schiefe Treppenstufen, Auf- und Abgänge, die nicht im Entferntesten den europäischen Sicherheitsrichtlinien (ein Jahr nach dem Unglück im Brüsseler Heysel-Stadion!) entsprachen, und das völlige Fehlen von Absperrungen zwischen den Stehplatz-Blöcken – all das waren gerade in Anbetracht von rund 10.000 Anhängern aus Deutschland unter den 25.000 Zuschauern ideale Voraussetzungen für eine neuerliche Fußball-Tragödie!

Ganz so schlimm wurde es zum Glück nicht, doch die Geschehnisse an jenem Abend dürften die Verantwortlichen anschließend durchaus in Erklärungsnot gebracht haben. Schon während der ersten Halbzeit rottete sich der gewaltbereite Teil der Gästefans im Stadion zusammen und begab sich zur gegenüberliegenden Kurve, wo die Schweizer ihren Block errichtet hatten. Niemand stellte sich dem wohl mehrere hundert Leute umfassenden Mob in den Weg, der sich schließlich ebenso ungehindert wie unbemerkt unter die Einheimischen mischte, um dann aus heiterem Himmel plötzlich loszuschlagen. Wahllos prügelten die Eindringlinge um sich, während die noch Sekunden zuvor friedlich ihre Fahnen schwenkenden Eidgenossen in wilder Panik die Flucht ergriffen. In alle Richtungen stoben sie auseinander, während sich zumindest einige der heimischen Fans gegen die Einnahme ihres Territoriums zu wehren begannen. Nach einigen Minuten beruhigte sich die Lage wieder, aber auch wenn ich das Ganze aus etwas größerer und sicherer Entfernung hatte verfolgen können, hatte ich mich für einige Augenblicke an die Fernsehbilder des Europapokalfinales zwischen Liverpool und Juventus aus dem Vorjahr erinnert gefühlt. Das „Freundschaftsspiel“ gewann die DFB-Elf übrigens mit 1:0, aber das war in der Tat nur noch Nebensache.

Wesentlich ruhiger und entspannter ging es im Mai 1988 zu, als ich dann tatsächlich das Endspielstadion von 1954 besuchen konnte – und das, obwohl im Wankdorf-Stadion an jenem Nachmittag erneut ein Finale auf dem Programm stand. Allerdings handelte es sich „nur“ um das schweizerische Pokalendspiel, und auch die Favoritenrollen waren noch klarer verteilt als dereinst zwischen Ungarn und Deutschland. Diesmal sollte die große Sensation denn auch ausbleiben, die Grashoppers Zürich setzten sich vor immerhin 33.000 Zuschauern souverän mit 2:0 gegen den Außenseiter aus Schaffhausen und seinen tapferen Anhang durch. Mehr als die Partie zog mich das Stadion selbst in seinen Bann, mit seiner charakteristischen großen Uhr, deren Zeiger damals so unendlich langsam vorangeschritten sein müssen, nachdem Helmut Rahn das 3:2 erzielt hatte und noch mehr als sechs Minuten zu spielen waren.

In der französischen und italienischen Schweiz

Ebenso friedlich wie beim Pokalendspiel in Bern ging es bei all meinen übrigen Stadienbesuchen in der Schweiz zu. Im Herbst 1987 besuchte ich innerhalb weniger Wochen Heimspiele des damaligen Serienmeisters Xamax Neuchatel, der in seinem kleinen, aber feinen Stadion mit dem wohlklingenden Namen Stade de la Maladière den FC Sion mit 3:0 abfertigte, sowie von Servette Genf, die im Stade des Charmilles nicht über ein 2:2 gegen den FC Luzern hinauskamen – und das, obwohl sie einen gewissen Karl-Heinz Rummenigge, damals im Spätherbst seiner aktiven Laufbahn, in ihren Reihen hatten.

Meine Lieblingsregion in der Schweiz ist zweifellos das Tessin – herrliches Wetter, wunderschöne Landschaft, besonders gutes Essen und eine Sprache, die ich besser verstehe als das Schwyzerdütsch zwischen Bodensee und Vierwaldstätter See. Auch in den Stadien dieses Landesteils geht es in der Regel sehr entspannt und geradezu familiär zu, so in jedem Fall beim 1:1 des AC Bellinzona gegen den FC St. Gallen im Stadio Comunale Ende 1988. Doch selbst als ich ziemlich genau sieben Jahre später bei einem UEFA-Cup-Spiel von Inter Mailand beim FC Lugano zu Gast war, platzte die Gästekurve zwar aus allen Nähten, ebenso wie das mit 11.000 Zuschauern gefüllte Stadio Comunale Cornaredo insgesamt, doch waren die gefürchteten „Interisti“, von einigen Rauchbomben abgesehen, diesmal sehr zurückhaltend – und das, obwohl das Spiel mit einem für sie enttäuschenden 1:1 endete. Weniger friedlich war an diesem Abend das Wetter, ging doch praktisch mit dem Schlusspfiff ein ohrenbetäubendes Gewitter über den Tessiner Alpen nieder, mit einem kaum jemals zuvor erlebten Platzregen, vor dem es auf dem Rückweg zum Bahnhof überhaupt keinen Schutz gab, so dass ich zwei Stunden später klitschnass und bis auf die Haut durchweicht in der Jugendherberge in Como eintraf – aber auch das gehört nun mal zu den Erlebnissen eines Groundhoppers.

Ein zusätzlicher Länderpunkt im Fürstentum

Das Jahr 1992 stellte zweifellos den Höhepunkt meines bisherigen Groundhopper-Lebens dar: die unvermeidliche Frühjahrstour nach Italien, kurz darauf eine ausgiebige Türkei- und Osteuropa-Reise, im Sommer dann ein mehrwöchiger Skandinavien-Aufenthalt rund um die EM in Schweden und schließlich noch die Olympischen Spiele in Barcelona (siehe die entsprechenden Kapitel in diesem Buch) – ich nahm so ziemlich alles mit, was die internationalen Spielpläne hergaben.

Dabei kam mir zugute, dass ich mich noch in der Frühphase meines Studiums befand und es seinerzeit noch keine Anwesenheitspflicht und keine „Credit Points" gab, sondern das Prinzip der Selbstverantwortung galt. Also nahm ich mir die Auszeiten, wenn ich sie brauchte, und zog die Zügel wieder an, wenn es nötig war. Im Jahr 1992 standen die Auszeiten eindeutig im Vordergrund.

So war es nicht ganz zufällig, dass auch der „Länderpunkt" Liechtenstein in dieses Jahr fiel. Mitte August machte ich mich gemeinsam mit einigen Groundhopping-Kollegen aus verschiedenen Teilen Deutschlands auf den Weg ins Fürstentum. Die hochsommerlichen Temperaturen sorgten dort für einen kostengünstigen Schlafplatz im Freien; auf einer Wiese am Stadtrand von Vaduz campierten wir mit Schlafsäcken und Iso-Matten. Der Anlass unserer Tour lag da bereits hinter uns, ein Heimspiel des FC Vaduz in der Qualifikation zum Europapokal der Pokalsieger gegen die ukrainische Mannschaft von Schwarzmeer Odessa, die den Gastgebern mit einem 5:0-Auswärtssieg vor lediglich 1.000 Zuschauern im Rheinpark Stadion die Grenzen aufgezeigt hatte.

Mag auch das Stadion selbst kaum mehr als eine bessere Bezirkssportanlage gewesen sein, der Blick auf die Bergkette der Liechtensteiner Alpen und eine hoch über der Stadt gelegene Burg, die wohl auch der Fürstenfamilie gehörte, waren wahrlich spektakulär und lenkten gleich mehrfach von dem einseitigen Geschehen auf dem grünen Rasen ab.

2.2. Frankreich (1985 – 2016)

Erstes Auslandserlebnis auf der anderen Rheinseite

Für mein erstes Meisterschaftsspiel im Ausland benötigte ich nicht einmal eine gesonderte Fahrkarte. Immerhin war ich im März 1985 gemeinsam mit meinem Schulfreund Torsten mit dem Tramper-Monats-Ticket unterwegs, das uns an einem Dienstagmittag auch nach Kehl am Rhein brachte. Ob die Fahrt über den berühmten Grenzfluss nach Frankreich wirklich noch durch den (einige Wochen zuvor bezahlten) Pauschalbetrag abgedeckt war, weiß ich bis heute nicht, aber da die Hauptstadt des Alsace im Laufe der Geschichte gleich mehrfach zu Deutschland gehört hatte, nahmen wir dies als hinreichende Legitimation, das Streckennetz der Bundesbahn etwas weiter nach Westen auszudehnen.

Auf der anderen Rheinseite angekommen, besichtigten wir das eindrucksvolle Straßburger Münster ebenso wie das pittoreske Fachwerkviertel La Petite France, bevor es am Abend ins Stade de la Meinau ging. Dieses war uns natürlich noch bestens bekannt als Spielort der Europameisterschaft im Vorjahr, war aber mit lediglich 6.000 Zuschauern nur sehr spärlich besetzt. Immerhin konnte der Großteil der Besucher zufrieden nach Hause gehen, setzte sich Racing Straßburg doch mit 2:1 gegen Olympique Lille durch.

Einige Jahre später erlebte ich das Stade de la Meinau, das mich immer ein wenig an das von mir ebenfalls sehr geschätzte Bochumer Ruhrstadion erinnerte, auch mal im ausverkauften Zustand. Dies konnte auch nicht groß verwundern, war Straßburg doch als Schauplatz des Endspiels um den Europapokal der Pokalsieger ausgewählt worden. In meinem ersten Europacupfinale setzte sich der belgische Außenseiter KV Mechelen vor 40.000 Zuschauern mit 1:0 gegen Ajax Amsterdam durch.

Tagestouren in die Hauptstadt – Rückenschmerzen inbegriffen

Die übrigen Spielorte der Ligue 1 sind natürlich nicht ganz so leicht zu erreichen wie Straßburg. Eine Fahrt in die Hauptstadt war zu jener Zeit aber immerhin mindestens einmal im Monat direkt von meinem Wohnort Salzgitter aus per Bus möglich – und zwar auch in der Billig-Variante „freitagabends losfahren, sonntagmorgens zurück sein".

Dies reichte gerade so eben, um neben einer ausgiebigen Besichtigung der gängigen Sehenswürdigkeiten von Paris am Abend auch noch ein Spiel im Parc des Princes zu besuchen, um dann noch rechtzeitig zur Abfahrt wieder am Treffpunkt zu sein. Ich machte diesen auch in meinem damaligen jugendlichen Alter schon recht anstrengenden Kurztrip, der in den nicht gerade wahnsinnig komfortablen Bussen ordentlich auf den Rücken ging, in der zweiten Hälfte der 1980er Jahre gleich dreimal mit – ohne dass ich dabei auch nur einen Sieg von Paris St. Germain gesehen hätte! Im September 1986 unterlag PSG sogar im Derby gegen Racing Paris vor 30.000 Zuschauern mit 1:2. Bei den beiden anderen Spielen gegen Auxerre und Bordeaux in einem ebenfalls bei Weitem nicht ausverkauften Stadion erreichte der Hauptstadt-Club auch nur ein Remis – heutzutage geradezu undenkbar bei dem mit arabischen Ölmillionen zum Serienmeister gepushten Verein.

An der Peripherie des Hexagons

Für andere Spielorte in Frankreich musste ich indes noch deutlich weitere Reisen auf mich nehmen, so dass ich dies in der Regel mit ohnehin geplanten Touren mit dem Inter-Rail-Ticket verband – so bereits erstmals im November 1987, als ich gleich noch zwei weitere Stadien der EM 1984 besuchen konnte.

Schon die Anreise auf die Iberische Halbinsel, auf der ich diesmal den Großteil meines Urlaubs verbringen wollte, nutzte ich zu einem Abstecher ins westfranzösische Nantes. An die Stadt als solche habe ich praktisch überhaupt keine Erinnerungen, was an dem schmuddeligen Wetter, vielleicht aber auch den übermächtig eindrucksvollen weiteren auf dieser Reise besuchten Städten wie Lissabon, Sevilla oder Barcelona gelegen haben mag. In puncto Stadion konnte Nantes aber locker mithalten, suchte doch die Architektur des Stade de la Beaujoire mit ihren geschwungenen Tribünendächern seinerzeit in ganz Europa ihresgleichen. Das Spiel selbst, ein 1:1 zwischen dem FC Nantes und dem SC Toulon vor 11.000 Zuschauern, wurde diesem Rahmen allerdings nicht so ganz gerecht.

Zwei Wochen später war eher das Gegenteil der Fall, als ich in die Rückfahrt aus Spanien noch einen Stopp in Marseille einbaute und dort in dem deutlich weniger eindrucksvollen und nahezu vollständig offenen Stade Vélodrome ein rassiges Spitzenspiel zwischen den beiden Topclubs Olympique Marseille und Girondins Bordeaux erlebte. Die knapp 30.000 Zuschauer machten einen Höllenlärm und tauchten das unweit der Meeresküste gelegene Stadion mit ihren bengalischen Fackeln in ein atemberaubendes Licht. Der Siegtreffer für die Gastgeber, seinerzeit das Team von DFB-Stürmerstar Rudi Völler, fiel in der Schlussminute und löste einige weitere Salven von Feuerwerksraketen aus.

Dass Fußball in Südfrankreich nicht zwingend großartige Atmosphäre verheißt, erlebte ich in den beiden Jahren darauf, als ich erneut längere Reisen ans Mittelmeer zu Spielbesuchen in der Ligue 1 nutzte. War schon das Spiel von OGC Nizza gegen Racing Lens trotz eines 3:0-Sieges der Hausherren im Stade du Ray nicht unbedingt ein atmosphärisches Highlight, so war die Stimmung im Nouveau Stade Louis II von Monaco im September 1989 sogar von einer erstaunlichen Sterilität gekennzeichnet, und das sogar bei einem ebenfalls glatten 3:0 in einem Europapokalspiel gegen Belenenses Lissabon. Eindrucksvoll war eher der Blick auf das nahe des Hafens gelegene Stadion mit seiner durchaus charakteristischen Architektur von der Steilküste darüber – so habe ich es zumindest in Erinnerung.

Wesentlich stimmungsvoller ging es bei den beiden anderen Spielen zu, die ich zwischen 1989 und 1992 noch in Frankreich erlebte. Im April 1989 konnte ich gemeinsam mit Dirk aus Braunschweig den Wiederaufstieg von Olympique Lyon in die Ligue 1 live miterleben, auch wenn das Spiel vor 23.000 Zuschauern im Stade Gerland gegen den hierzulande völlig unbekannten Club Olympique Alès torlos endete – die anschließende Invasion des Rasens ließen sich die begeisterten OL-Fans dadurch nicht nehmen.

Im April 1992 schließlich war ich erneut mit Dirk unterwegs, der mittlerweile unter seinem Spitznamen „Teamchef" in der Groundhopping-Szene bundesweit bekannt war und es bis heute geblieben ist. Zusammen waren wir diesmal in Nordfrankreich, in der Bergarbeiterregion nahe der belgischen Grenze. Der dort beheimatete Club Racing Lens galt schon damals als der „FC Schalke 04 Frankreichs“ – und konnte dies an jenem Abend vor 25.000 lautstarken rot-gelben Fans im Stade Félix Bollaert eindrucksvoll untermauern. Der 1:0-Sieg über den ungeliebten Hauptstadt-Club von Paris St. Germain passte da natürlich bestens ins Bild.

Nach dem Spiel in Lens sollte sage und schreibe ein Vierteljahrhundert vergehen, bis ich erstmals wieder ein Spiel der Ligue 1 in Frankreich erlebte. Einen gemeinsamen Urlaub mit der Familie in Lothringen nutzte ich im April 2017 zum Besuch der Partie des FC Metz gegen Caen, ein 2:2 vor 16.000 Zuschauern im Stade Saint-Symphorien – ein Spiel, von dem mir vor allem der lauthals besungene Stürmer Cheikh Diabaté in Erinnerung geblieben ist. Das Spiel in Metz bedeutete jedoch keineswegs das Ende einer fünfundzwanzigjährigen Stadion-Abstinenz in Frankreich für mich – schließlich hatte ich in der Zwischenzeit gleich drei große internationale Turniere in unserem westlichen Nachbarland besuchen können.

Eine Weltmeisterschaft im Land des Michel Platini – mit begrenztem Spaßfaktor

Schon seit Monaten hatte ich mich darauf gefreut: meine dritte Weltmeisterschaft, bei der ich live vor Ort dabei sein würde – und das, im Gegensatz zu 1994 in den USA, wieder in einem traditionellen Fußball-Land! Das Eröffnungsspiel sah ich mir noch ganz allein in meinem möblierten Zimmer in Bielefeld an, in dem ich berufsbedingt seit Anfang des Jahres unter der Woche lebte, bevor ich stets am Wochenende nach Duisburg zurückkehrte, um dort meine Freundin zu treffen und in der Wohnung nach dem Rechten zu sehen.

Wenige Tage nach dem Auftakt zwischen Brasilien und Schottland ging es dann aber los nach Frankreich – diesmal mit dem Wohnmobil! Dessen bis dahin dreiköpfige Besatzung aus der Braunschweiger Region holte mich in Duisburg ab, und alle drei waren ebenfalls voller Vorfreude: Fahrer Matthias sowie meine alten Weggefährten Leo und Michael, mit denen ich schon mehrere sportliche Großereignisse gemeinsam besucht hatte.

Diesmal waren wir leider nur sehr spärlich und zudem ungleichmäßig mit Eintrittskarten ausgestattet; während ich über den DFB wenigstens Tickets für die beiden deutschen Vorrundenspiele gegen die USA und den Iran erhalten hatte, waren meine Freunde gänzlich leer ausgegangen. Dies konnte auch gar nicht allzu sehr verwundern, waren doch diesmal im Ausland nur sehr wenige Karten in den Verkauf gekommen. Michel Platini, einstiger Kapitän der Équipe Tricolore und jetzt Chef des WM-Organisationskomitees, hatte eine „WM für die Franzosen" ausgerufen – und dies war die Konsequenz daraus! Offenbar hatte er trotz seiner zahlreichen als Spieler im Ausland verbrachten Jahre noch nie etwas von Weltoffenheit und Gastfreundschaft gehört, obwohl es mit hospitalité durchaus ein französisches Wort dafür gibt. Der eigentliche Skandal aber war, dass der Weltfußballverband dieses Spiel mitspielte, welches für uns im Verlauf unserer zweiwöchigen Reise erhebliche Auswirkungen haben sollte.

Bei der Partie zwischen Kroatien und Jamaika hatten wir noch Glück: Das mir noch wohlbekannte Stade Félix Bollaert war zwar mit 40.000 Zuschauern nahezu ausverkauft, dennoch gab es auf dem Schwarzmarkt hinreichend Tickets zu akzeptablen Preisen, so dass wir alle gemeinsam den 3:1-Sieg des europäischen Favoriten erleben konnten. Die Fans aus der Karibik bedienten mit Rastalocken und Reggae-Musik alle gängigen Klischees und sorgten für eine tolle Stimmung auf den Rängen. So traten wir in der Nacht sehr zufrieden mit diesem gelungenen Auftakt die Weiterreise nach Paris an.

Dort verging uns am Abend die gute Laune recht bald, präsentierte sich der Schwarzmarkt vor dem Parc des Princes doch diesmal von einer ganz anderen Seite. Bei einer geschätzten Relation von 1:10 zwischen Angebot und Nachfrage erreichten die Preisvorstellungen Schwindel erregende Höhen, so dass schnell klar wurde, dass ich an diesem Abend als Einziger aus unserer Gruppe in den Genuss des ersten Auftritts der DFB-Elf kommen würde. Obwohl diese durch zwei Treffer von Jürgen Klinsmann die USA mit 2:0 besiegte, konnte auch ich mich nicht wirklich darüber freuen, sondern verbrachte die erneute nächtliche Weiterfahrt eher mit einem schlechten Gewissen meinen Freunden gegenüber.

Es sollte nicht die letzte Erfahrung dieser Art bei dieser WM bleiben, wobei uns das Schicksal verpasster Spiele in den übrigen Fällen wenigstens alle gleichermaßen traf. In Bordeaux und Toulouse reichte es jeweils nur zu einer Besichtigung der zweifellos sehenswerten Städte, doch sowohl das Spiel zwischen Belgien und Mexiko als auch die Partie zwischen England und Rumänien fanden mangels Tickets ohne uns statt. Besonders bitter war, dass in beiden Fällen jeweils Dutzende japanische Fußballtouristen uns dank ihrer anderen finanziellen Möglichkeiten die wenigen überhaupt verfügbaren Tickets vor der Nase wegschnappten. So wurde es letztlich eine „WM der Franzosen und Japaner", wie wir enttäuscht feststellen mussten.

Etwas entschädigt wurden wir durch den gemeinsamen Besuch des letzten deutschen Vorrundenspiels im schönen Montpellier gegen den Iran, gelang dort doch auch meinen drei Wohnmobilmitreisenden ein zwar nicht ganz billiger, aber zumindest noch bezahlbarer Erfolg auf dem Schwarzmarkt. Der 2:0-Sieg vor über 35.000 Zuschauern im Stade de la Mosson war weiterer Balsam für unsere Fanseelen.

Als letzte Etappe stand nochmals Paris auf dem Programm, wo es für die Partie zwischen Rumänien und Tunesien erwartungsgemäß sogar noch Tickets zum Normalpreis vor dem Stadion gab. Das Spiel war zwar ebenso erwartungsgemäß recht dürftig und endete schiedlich-friedlich 1:1, aber ein mit 75.000 Zuschauern gefülltes Stade de France war durchaus ein Erlebnis und wenigstens noch ein positiver Ausklang dieser ansonsten enttäuschenden WM-Tour 1998.

Turnierland Frankreich – es geht auch anders

Fünf Jahre später erlebte ich binnen 24 Stunden gleich noch zwei weitere Spiele im Stade de France. Allerdings war das Nationalstadion in Saint-Dénis, vor den Toren der französischen Hauptstadt, in beiden Fällen nur etwa zur Hälfte besetzt, hieß der Anlass doch diesmal lediglich FIFA Confederations Cup.

Obwohl die deutsche Mannschaft in diesem Sommer 2003 gar nicht daran teilnahm, hatte ich mich relativ kurzfristig zu einem einwöchigen Aufenthalt entschlossen. Irgendwie hatte ich die Enttäuschung der WM 1998 noch nicht ganz verwunden und wollte nun auch ein positiveres Fußball-Erlebnis in Frankreich genießen. Problemlos konnte ich für sämtliche der von mir ausgewählten Spiele im Vorfeld Tickets über das Internet bestellen, so eben auch die beiden Spiele in Saint-Dénis, von denen mir vor allem der

1:0-Sensationssieg von Kamerun über Weltmeister Brasilien, mit Tausenden begeisterter afrikanischer Fans auf den Rängen, in guter Erinnerung geblieben ist.

Die übrige Zeit verbrachte ich indes im Südosten des Landes, in der ehemaligen Textilhochburg Saint-Étienne. Dies war für mich schon damals aus beruflichen Gründen ein nicht unerheblicher Umstand, arbeitete ich doch seit einigen Jahren bei der Wirtschaftsförderung in Mönchengladbach, immerhin neben meinem späteren Wohn- und Arbeitsort Krefeld eines der beiden traditionsreichen Zentren der Textil- und Bekleidungsbranche am Niederrhein. Allerdings war Saint-Étienne auch auf der Fußballlandkarte keineswegs unbekannt, sondern eine von Frankreichs Top-Adressen und anno 1976 immerhin Finalgegner des FC Bayern im Europapokal der Landesmeister gewesen. Gleich drei Spiele schaute ich mir im Stade Geoffroy-Guichard an, darunter ein stimmungsvolles 2:1 von Gastgeber Frankreich über Japan vor 33.000 Zuschauern sowie ein 2:2 zwischen Brasilien und der Türkei, welches für den Weltmeister das Ausscheiden aus dem Turnier bedeutete – und das trotz eines 1:0-Sieges im Spiel zuvor gegen die USA, welches ich ebenfalls live vor Ort im nahegelegenen Lyon verfolgt hatte.

So hatte ich diesmal tatsächlich sechs Spiele an sechs aufeinanderfolgenden Tagen gesehen, zudem in Lyon zum Sommeranfang noch die Fête de la Musique mit diversen Konzerten auf zahlreichen öffentlichen Plätzen miterlebt – ungleich zufriedener als 1998 trat ich diesmal die Rückreise an.

EM 2016 – direkt vom Klassentreffen zur Europameisterschaft

Dreizehn Jahre später erlebte ich nochmals ein Turnierspiel in Frankreich mit: Nach WM und Confed-Cup fehlte mir in unserem Nachbarland nur noch eine Europameisterschaft zur Komplettierung der Sammlung. Das Turnier im Sommer 2016 bot dafür die beste Gelegenheit, zumal gleich das erste Spiel der deutschen Mannschaft wenige Kilometer hinter der belgischen Grenze stattfand. Problematisch war nur die Terminierung: Sonntag, der 12. Juni – und somit genau einen Tag nach meinem dreißigjährigen Abitur-Jubiläum!

Das bedeutete angesichts der beiden Schauplätze Salzgitter und Lille durchaus eine gewisse organisatorische Herausforderung, die aber dank eines Nachtzuges gemeistert werden konnte. Um Punkt Mitternacht verließ ich das Treffen mit meinen ehemaligen Mitschülerinnen und Mitschülern, die auf diese Weise beruhigt feststellen konnten, dass ich mich seit unseren gemeinsamen Zeiten im Gymnasium nicht allzu sehr verändert hatte. Ich nahm den letzten Bus nach Braunschweig und fuhr um kurz nach zwei Richtung Ruhrgebiet ab. Um Viertel nach sechs landete ich nach einer kurzen und durchwachten Nacht in Essen – gerade rechtzeitig, um ein Frühstück einzunehmen und mich dann zum Treffpunkt am Busparkplatz hinter dem Hauptbahnhof zu begeben.

Schließlich hatte ich mich diesmal für eine gemeinsame Tour mit der „Sektion Ruhrgebiet" des Fan-Clubs Nationalmannschaft entschieden, dem ich etliche Jahre zuvor beigetreten war. Organisator Daniel nahm uns freundlich in Empfang und händigte die Fahrscheine aus, dann konnte es auch schon bald losgehen. Ich kam gleich mit einigen Gladbach-Fans ins Gespräch, die zu meiner freudigen Überraschung auch mit dem Namen meines Fanclubs – rund zwei Jahrzehnte nach dessen aktivster Zeit – noch etwas anzufangen wussten, auch wenn sie die „Braunschweig Family" unzutreffender Weise als Hooligans einordneten. Ein solcher war ich sicher zu keinem Zeitpunkt gewesen, auch wenn ich mich in der Vergangenheit vielleicht nicht ganz so schnell von einer solchen Reisegruppe abgesondert hätte, wie ich es an diesem Tag gleich nach der Ankunft in Lille tat. Ich wollte unbedingt das Spiel am Abend im Stadion sehen und nicht durch irgendeinen ungünstigen Umstand von der Polizei in „Sippenhaft" genommen werden – erfahrungsgemäß konnte hierfür im Extremfall schon ein im Restaurant scheppernd zu Bruch gegangenes Bierglas ausreichen.

So streifte ich für etliche Stunden allein durch die sehenswerte nordfranzösische Stadt und besuchte unter anderem das Museum zu Ehren ihres berühmtesten Sohnes, des ehemaligen Staatspräsidenten Charles de Gaulle. Am späten Nachmittag fand ich mich dann aber selbstverständlich rechtzeitig vor dem Stade Pierre Mauroy ein, in dem die DFB-Elf schließlich vor rund 43.000 Zuschauern mit 2:0 einigermaßen souverän die Ukraine besiegte. Zufrieden machten wir uns nach dem Schlusspfiff auf die Rückreise nach Essen, ich zudem mit einem weiteren neuen Ground im Gepäck – und meinem immerhin dritten Turnier in Frankreich. Mal schauen, vielleicht gibt es ja ein Wiedersehen beim Olympischen Fußballturnier 2024.

2.3. Die Benelux-Länder (1986 – 2020)

Groundhopping in den Niederlanden – lange Zeit besser inkognito

Seit dem Jahr 2007 bin ich als Wirtschaftsförderer in Krefeld am Niederrhein tätig – kaum mehr als dreißig Kilometer von der niederländischen Grenze entfernt. Mit unseren westlichen Nachbarn verbindet uns ein sehr enges und herzliches Verhältnis. Es gibt seit einigen Jahren sogar einen gemeinsamen Ratsausschuss der Partnerstädte Krefeld und Venlo, und gemeinsam haben wir auch schon zahlreiche Veranstaltungen für Unternehmen von beiden Seiten der Grenze organisiert.

Das alles macht es heutzutage fast unglaublich, dass es auch mal ganz anders war und es eine Zeit gab, in der man speziell als Fußballanhänger aus Deutschland in den Niederlanden besser inkognito unterwegs war. In den späten 1980er Jahren reiste ich zumeist ganz allein in unser Nachbarland, was den Vorteil hatte, dass ich mich mit niemandem unterhalten musste, und somit nicht als Deutscher auffiel. Die anti-deutschen Ressentiments vieler Niederländer waren selbst vier Jahrzehnte nach dem Krieg zumindest in Fußballstadien noch recht stark ausgeprägt, und so behielt ich meine Herkunft lieber für mich – egal ob in Enschede (bei einem 0:4 gegen Feyenoord im Stadion Diekmann) im April 1986 oder im darauffolgenden Jahr, als ich Spiele in Utrecht (Stadion Galgenwaard), Eindhoven (Philips-Stadion) oder Kerkrade (wo Roda damals noch im Sportpark Kaalheide antrat) besuchte, schließlich auch in den folgenden Jahren in Groningen (Stadion Oosterpark) oder Tilburg (wo ich im Gemeentelijk Sportpark ein 3:2 von Willem II über Ajax erlebte).

Besonders heiß her ging es freilich schon damals in den beiden großen Randstad-Metropolen Amsterdam und Rotterdam – besonders, wenn Ajax und Feyenoord aufeinandertrafen. Dies hatte dann aber immerhin den Vorteil, dass die Anhänger der beiden Clubs so sehr mit ihrer Rivalität untereinander beschäftigt waren, dass sie sich nicht für Besucher aus dem großen östlichen Nachbarland interessierten. Dreimal habe ich dieses Derby gesehen, in drei verschiedenen Stadien – und stets mit dem besseren Ende für Ajax. Besonders in Erinnerung geblieben ist mir die Partie im alten

Ajax-Stadion De Meer im November 1987, als die israelischen Fahnen im Fanblock des Jodenclub Ajax auf der anderen Seite des Stadions PLO-Flaggen der Feyenoord-Anhänger provozierten. Doch auch im mit 52.000 Zuschauern gefüllten Olympisch Stadion von Amsterdam war die Atmosphäre im April 1989 nicht weniger hitzig und von Leuchtkugeln und sonstigen Feuerwerkskörpern geprägt, ebenso wie ein Jahr später im Feyenoord-Stadion De Kuip in Rotterdam. Bei jenem Spiel ereignete es sich auch, dass ein junger Rotterdamer bei einem Besuch eines Schnellrestaurants in der Innenstadt auf meine von ihm erkannte deutsche Herkunft hin meinte, mit dem Hitler-Gruß reagieren zu müssen – anno 1990!

Die Zeit zwischen 1988 und 1992 war der Höhepunkt der gegenseitigen Anfeindungen zwischen niederländischen und deutschen Fans am Rande von großen Fußballspielen – schließlich trafen die beiden A-Nationalmannschaften in diesem kurzen Zeitraum immerhin fünfmal in wichtigen Pflichtspielen aufeinander, so auch Ende April 1989 bei dem von mir besuchten WM-Qualifikationsspiel in Rotterdam. Da gerade dort natürlich schwere Ausschreitungen zu befürchten waren und man seinerzeit aus diversen Erzählungen wusste, dass bei solchen Anlässen auch Sachbeschädigungen an parkenden Autos mit „feindlichen" Nummernschildern häufig vorkamen, hielten wir uns genauestens an die gemeinsam mit den Eintrittskarten gelieferten Wegbeschreibungen und stellten unseren Wagen in einem überdachten Parkhaus am Stadtrand ab.

Von hier aus ging es dann mit getrennten Bussen zum Stadion, die Holländer auf der einen Seite, wir auf der anderen. Kaum am Stadion angekommen, musste man sich allerdings fragen, was dies nun gebracht haben sollte, ließ man uns doch nun ohne jegliche Kontrollen aussteigen und ungehindert durch die Gegend laufen. Man spürte förmlich, was für ein hohes Maß an Aggressivität in der Luft lag, auch wenn sich diese vorläufig nur in einigen Rempeleien äußerte. Um gar nicht erst in eine mögliche Eskalation verwickelt zu werden, passierten wir schon zwei Stunden vor dem Anpfiff die Einlasskontrollen. Diese waren dann wieder durch eine fast exzessive Genauigkeit gekennzeichnet. Mir wurde sogar ein ganz gewiss nicht als Wurfgegenstand, sondern eher als vitaminreiches Gegenmittel zu Fritjes und Frikandeln mitgeführter Apfel konfisziert. Ehe ich mich versah, landete der saftige Granny Smith in hohem Bogen in der Mülltonne!

Danach waren wir dann mit rund 6.000 Deutschen über drei Stunden im Gästeblock des „De Kuip" wie in einem Käfig eingesperrt und mussten die Schmähgesänge der Oranje-Fans über uns ergehen lassen: „Oh, wat zijn die Moffen stil", lautete der beliebteste Gassenhauer des Abends, trotz eines aus meiner Sicht eindrucksvollen Gesangsduells, das wir uns in hoffnungsloser numerischer Unterlegenheit mit den Heimfans lieferten. Nach dem Spiel waren wir schließlich nicht nur über das 1:1-Remis froh, sondern auch darüber, trotz des von zahlreichen Leuchtkugeln aufgehellten Rotterdamer Abendhimmels, unbeschadet wieder unsere Autos erreicht zu haben.

Selbst das am Vorabend im Stadion De Koel von Venlo verfolgte Aufeinandertreffen der beiden U-21-Teams war seinerzeit übrigens ein nicht völlig gefahrloses Unterfangen – kein Vergleich zu den jederzeit freundlichen Empfängen in der Grenzstadt ein Vierteljahrhundert danach!

Fußball, Fritten und leckeres Bier – Stadionerlebnisse in Belgien

Wesentlich entspannter waren im Vergleich dazu die meisten meiner Stadionbesuche in Belgien – und das, obwohl gleich die erste von mir besuchte Partie im März 1987 das Aufeinandertreffen der beiden Top-Teams aus Anderlecht und Brügge war, bei dem der RSC sich vor 25.000 Zuschauern im Constant VandenStock-Stadion mit 1:0 durchsetzte. Von der anderen bei diesem ersten Belgien-Aufenthalt verfolgten Partie in Antwerpen ist mir nur noch der abbruchreife Zustand des Bosuil-Stadions in Erinnerung geblieben, zumal das Spiel gegen Racing Jet Brüssel 0:0 endete.

Torreicher ging es im April 1989 beim Derby in Brügge zu, welches der favorisierte FC mit 4:2 gegen Cercle gewann, in der zu meinem Erstaunen als Olympiastadion firmierenden Spielstätte, die viele Jahre und mindestens eine Modernisierung später als Jan-Breydel-Stadion auch Spielort bei der Europameisterschaft 2000 werden sollte.

Auch in den folgenden Jahren, insbesondere nach meinem Umzug an den Niederrhein im Herbst 1990, fuhr ich oft und gern nach Belgien, wusste unser Nachbarland doch stets auch kulinarisch zu überzeugen, auch wenn es manchmal aus zeitlichen oder finanziellen Gründen doch nur zu einer Portion Fritten als Begleitung zum leckeren Bier reichte. Fußballerisch standen die Partien nicht immer auf höchstem Niveau, wenn ich in Flandern (beispielsweise dem Jules Ottenstadion des KAA Gent, dem Regenboogstadion von Waregem oder dem Ground Achter de Kazerne des früheren Europapokalsiegers KV Mechelen) unterwegs war. Gerade in so kleinen Orten wie Aalst (Het Pierre Cornelisstadion) oder Ekeren (Veltwijk Park) waren auch die Stadien aus deutscher Perspektive alles andere als erstligawürdig. Trotzdem machten die Besuche mir auch dort immer viel Spaß, ebenso wie in der Wallonie im Stade Mambourg des SC Charleroi oder auch in der Hauptstadt Brüssel, wo ich im Januar 1993 das Derby zwischen dem RWD Molenbeek und dem RSC Anderlecht im Stade Edmond Machtens besuchte.

Bei diesem Spiel, in dem viele Jahre später im Kontext des islamistischen Terrorismus zu trauriger Berühmtheit gelangten Stadtteil Molenbeek, wurde ich von Michael aus Herne begleitet, in der Groundhopping-Szene schon seit langem unter dem Namen „Captain" bekannt und Anhänger von Wattenscheid 09. Er war an diesem Tag gewissermaßen mein „Pate" für meinen Eintritt in die „Vereinigung der Groundhopper Deutschlands". Deren Regularien sahen vor, dass man nur bei einem Spiel im Ausland und im Beisein eines bereits der „VdGD" angehörenden „Hoppers" Mitglied werden konnte. Da ich im Gegensatz zu ihm zwei Monate zuvor die Fahrt zum Römer Derby verpasst hatte, bei der einige der übrigen Extremfans aus allen Teilen Deutschlands die Vereinigung aus der Taufe gehoben hatten, gab er mir nun die Weihe, und ich konnte mit der immer noch sehr niedrigen Mitgliedsnummer „015" eintreten. Als Mitglied bekam man für einen überschaubaren Jahresbeitrag mehrfach pro Saison den sogenannten „Europlan" zugesandt, eine Sammlung von aktuellen Spielplänen aus ganz Europa, die in der Vor-Internet-Ära ungemein wertvoll war, etliche Jahre später aber ebenso wie der Groundhopping-Informer durch eine digitale Variante abgelöst wurde.

Für mein nächstes Spiel in Brüssel hätte ich keinen Europlan benötigt, waren doch Länderspielansetzungen stets lange genug im Voraus bekannt und auch gegen kurzfristige Verlegungen gefeit. Es war im August 1995, als ich die deutsche Nationalelf zum bereits zweiten Mal nach Brüssel begleitete, diesmal aber nicht ins Anderlechter Stadion, sondern ins Stade Roi Baudouin. Mag dieses auch seit damals erheblich modernisiert und nach dem König umbenannt worden sein, es war eben zugleich das alte Heysel-Stadion, Ort einer der größten Katastrophen in der Geschichte des Weltfußballs. Etwas mehr als zehn Jahre waren seit jenem unglückseligen Europacup-Finale vergangen, und doch lag die Erinnerung über jener Partie, welche die DFB-Elf vor 33.000 Zuschauern wieder einmal gewann, diesmal mit 2:1. Ich hatte das Spiel gemeinsam mit meinem belgischen Freund Yannick aus Eupen gesehen, erstaunlicherweise so wie ich Anhänger von Eintracht Braunschweig und seit Jahren Mitglied unseres Fanclubs, bei Länderspielen aber stets Fan der belgischen Mannschaft, die er auch schon zu vielen Spielen ins Ausland begleitet hatte. Angesichts unserer langjährigen Freundschaft war ich besonders froh, dass es diesmal im Umfeld des Stadions weitgehend ruhig blieb und die deutschen Fans nicht aus der Rolle fielen.

Randale im Großherzogtum – Fremdschämen inklusive

Dass dies bei Länderspielen gerade im angrenzenden Ausland keineswegs selbstverständlich war, hatte ich ja schon oft genug mitbekommen – so auch bereits Ende Oktober 1990 in Luxemburg. Zu diesem EM-Qualifikationsspiel reiste ich mit einigen befreundeten Aachener Alemannia-Fans an, auch dem damals in der Szene sehr bekannten „AC-Robert" vom Fanclub „Schwarz-Gelb 81". Gemeinsam erkundeten wir die schöne Innenstadt, bevor es am Abend ins Stade Municipal ging, wo wir auch meine Freunde aus Braunschweig trafen, welche bereits die Fahne der „Braunschweig Family" äußerst fernsehgerecht am Zaun unserer Kurve platziert hatten.

Doch auch die zu mehreren hundert angereisten deutschen Hooligans fanden an diesem Abend eine hervorragende Bühne zur Selbstdarstellung, von der sie dann auch reichlich Gebrauch machten. Zunächst einmal stürmten sie, da natürlich nicht im Besitz von Eintrittskarten, die Tore des kleinen Stadions, was wir vom obersten Rand der Kurve sehr gut beobachten konnten. Dann zerlegten sie eine Würstchenbude, pöbelten deren Besitzer bzw. Pächter an, traten die Senfbehälter um und begannen schließlich, die Würstchen bis in den Innenraum des Stadions hineinzuschmeißen. Hatte diese Szene ja durchaus noch einen gewissen Unterhaltungswert, so war spätestens, als kurz darauf die ersten Teile der Bude selbst hinterher flogen, nur noch Fremdschämen angesagt.

Das Spiel selbst wurde denkbar knapp mit 3:2 gewonnen, was für den amtierenden Weltmeister auch eher peinlich war, aber dennoch einen ersten Schritt auf dem Weg zur erfolgreichen Qualifikation für die EM 1992 bedeutete.

Europameisterschaft 2000 – unterschiedliche Erlebnisse bei den beiden Co-Gastgebern

Für das europäische Finalturnier acht Jahre später qualifizierte sich die deutsche Mannschaft ebenso problemlos und reiste dank des Triumphes von Wembley anno 1996 sogar als Titelverteidiger in die beiden westlichen Nachbarländer, welche das Turnier im Sommer 2000 gemeinsam ausrichteten.

Meine erste Station war das niederländische Arnheim, wo Italien auf die Türkei traf, und das in einem der spektakulärsten Stadien dieser EM: Anstelle des alten Stadions mit dem unaussprechlichen Namen Nieuw-Monnikenhuize, wo ich vor einigen Jahren ein Heimspiel von Vitesse gesehen hatte, zelebrierte man in der Grenzstadt am Niederrhein nunmehr in dem top-modernen Gelredome den Fußball des neuen Jahrtausends – herausfahrbares Spielfeld und verschließbares Dach inklusive! Für letzteres war zum Glück an diesem Nachmittag Mitte Juni das Wetter viel zu schön; das Spiel war ebenfalls sehr ansehnlich und endete vor 28.000 Zuschauern 2:1 für Italien.

Ich erlebte bei diesem Turnier noch zwei weitere Siege der Italiener, in Eindhoven gegen Schweden und im Viertelfinale in Brüssel gegen Rumänien, womit ich die Squadra Azzurra ein gutes Stück auf ihrem Weg in das – letztlich gegen Frankreich knapp verlorene – Endspiel begleitete.

Davon konnte die deutsche Mannschaft bei dieser EM nur träumen: Als Titelverteidiger angereist, schied sie erstmals nach vielen Jahren bei einem Turnier sang- und klanglos schon in der Vorrunde aus. Konnten wir zum Auftakt im Stade Sclessin von Lüttich dank eines Sonntagsschusses von Mehmet Scholl wenigstens noch ein 1:1 gegen Rumänien erleben, stand die DFB-Elf einige Tage später nach einem 0:1 gegen England im Stade du Pays du Charleroi bereits mächtig unter Zugzwang. Dabei hatte ein älterer Engländer, den ich im Zug nach Charleroi kennenlernte, mir gegenüber noch seine große Bewunderung für die deutsche Nationalmannschaft zum Ausdruck gebracht: Eleven finals, sagte er geradezu ehrfurchtsvoll, sicher auch mit Blick auf die dürftige Bilanz seiner eigenen Mannschaft. An diesem Abend hatten die Three Lions dank eines Kopfballtreffers von Alan Shearer die Nase vorn und sorgten mit dafür, dass die DFB-Elf noch zwei Jahre länger auf ihr zwölftes Endspiel warten musste. Ein peinliches 0:3 gegen Portugal wenige Tage darauf in Rotterdam besiegelte das Vorrunden-Aus, doch diese Partie erlebte ich zum Glück bereits wieder vor dem heimischen Fernseher.

Weitere Grounds in Benelux

Seit der Europameisterschaft 2000 habe ich zwar noch eine ganze Reihe von Spielen in den Benelux-Staaten gesehen, aber nur noch wenige neue Grounds dabei sammeln können.

Im April 2005 konnte ich immerhin das im Laufe der Zeit insgesamt dritte Heimspiel-Stadion von Ajax Amsterdam erleben, als ich erstmals die weit vor den Toren der Metropole gelegene Amsterdam Arena beim Heimspiel gegen De Graafschap besuchte.

Deren Heimstätte in Doetinchem, unweit der deutschen Grenze, suchte ich im März 2007 gemeinsam mit einigen meiner neuen Arbeitskollegen und Geschäftspartner in Krefeld auf und machte dabei erstmals Bekanntschaft mit dem Business-Bereich eines ausländischen Stadions, des schmucken Stadion De Vijverberg. Mit 11.000 Zuschauern war es bei diesem Zweitligaspiel fast ausverkauft, stand doch De Graafschap kurz vor dem Wiederaufstieg, dem die Mannschaft mit einem 2:1 gegen den FC Emmen noch ein Stück näherkam.

Im Sommer 2012 war ich dann erstmals nach über zwanzig Jahren wieder in Luxemburg zu Gast und erlebte ein Europapokal-Qualifikationsspiel des Top-Clubs Jeunesse Esch gegen die slowenische Mannschaft Olimpija Ljubljana vor lediglich 1.000 Zuschauern in einem Stadion mit dem merkwürdigen Namen Stade Op der Grenz in Esch-zur-Alzette.

Im Grenzgebiet zwischen Deutschland und den beiden Nachbarländern war ich zuletzt noch diverse Male unterwegs, insbesondere mehrfach in Venlo, wo ich seit 2012 dank einer Business-Partnerschaft mit dem VV Venlo nahezu Stammgast bin und nicht nur mehrere Auf- und Abstiege, sondern auch zwei Umbenennungen des Stadions De Koel (in Seacon-Stadion und covebo-Stadion) miterleben durfte. Mit dem VVV haben wir aber auch schon mehrfach bei Unternehmerabenden Geschäftsleute aus den beiden Partnerstädten zusammengeführt.

Als Groundhopper war ich in den letzten Jahren nur noch selten in Benelux auf Tour, immerhin aber im August 2017 zu einem besonderen Anlass: Gemeinsam mit Frau und Tochter reiste ich nach Enschede und erlebte dort in dem neuen Stadion De Grolsch Veste das Endspiel um die Europameisterschaft der Frauen zwischen den Niederlanden und Dänemark. In einem begeisternden Spiel, das eine absolute Werbung für den Frauenfußball war, setzten sich die Gastgeberinnen vor 30.000 Zuschauerinnen und Zuschauern (ja, bei dieser Gelegenheit wähle ich einmal diese politisch korrekte, aber bei allzu häufigem Gebrauch etwas nervige Formulierung) mit 4:2 durch.

Deutschsprachig ging es im belgischen Eupen zu, wo ich im August 2018 im Kehrweg-Stadion eine 1:4-Heimpleite gegen Charleroi mit verfolgte. Ebenfalls nur einen Steinwurf hinter der Grenze erlebte ich im Januar 2020 schließlich erneut einen Auswärtssieg, diesmal von Vitesse Arnheim mit 3:1 im Fortuna Sittard Stadion gegen den gleichnamigen Gastgeber.

Diese Partie sollte für mich eigentlich der Auftakt zu einem für das Jahr 2020 geplanten intensiveren Groundhopping im Grenzgebiet sein. Schließlich fehlten mir dort noch immer so verhältnismäßig leicht erreichbare Stadien wie jene in Genk oder Sint Truiden, in Maastricht oder Nijmegen. Nach dem Motto „kann man ja immer noch mal hinfahren", hatte ich diese stets zurückgestellt – nun wollte ich dem Besuch in Sittard in den nächsten Monaten weitere neue Grounds folgen lassen. Ein vom chinesischen Wuhan ausgehendes Virus hat dies leider zumindest vorläufig vereitelt…

2.4. Großbritannien und Irland (1986–2018)

Ein erster Schnupperkurs in Europas Fußball-Hauptstadt

Die „Welthauptstadt des Fußballs" mag in Argentinien liegen und Buenos Aires heißen (wie Groundhopping-Kollege Michael Stoffl es in seinem 2021 erschienenen Buch „In 90 Minuten um die Welt" durchaus zutreffend festgestellt hat) – in Europa ist es zweifellos London! In der britischen Hauptstadt muss man als Stadionsammler einfach gewesen sein, vorzugsweise mehrfach und am besten über einen ziemlich langen Zeitraum hinweg, um all die Veränderungen, denen gerade der englische Fußball und seine Stadien seit Mitte der 1980er Jahre unterworfen sind, mitzubekommen.

Ich hatte das Glück, in der Tat schon Ende 1986 erstmals auf die Insel reisen zu können, als vieles noch so völlig anders war als heute: Stadien mit Stehplätzen, bezahlbare Eintrittspreise und ein Fußball, der noch nicht von Investoren aus Katar oder Saudi-Arabien geprägt war. In besonderer Weise trifft dies heute für Manchester City zu, die anno 1986 noch im hinteren Mittelfeld der Division One (was damals tatsächlich noch die 1. Liga war, gab es doch seinerzeit keine Premier League) zu finden waren – und mein erstes Live-Fußballerlebnis auf der Insel darstellten.

Gemeinsam mit meinem BTSV-Freund Andreas aus Salzgitter war ich am Morgen des Spieltags, wenige Tage nach Weihnachten, an der Liverpool Street Station eingetroffen, nach einer achtstündigen Fährüberfahrt von Hoek van Holland nach Harwich ziemlich übernächtigt. Nachdem wir ein preiswertes Hotel am Earl´s Court gefunden und uns kurz dort ausgeruht hatten, machten wir uns schon auf den Weg zum Stadion. Immerhin war dieses einer der am schwierigsten zu erreichenden Grounds in London, musste doch Gastgeber Charlton Athletic wegen der Sperrung des eigenen Stadions in den Selhurst Park von Crystal Palace ausweichen. Vor lediglich 8.000 Zuschauern in einem weitgehend offenen und zugigen Stadion wurden die Citizens – heutzutage geradezu unglaublich – im Londoner Nieselregen mit 5:0 deklassiert. Kein Wunder, dass wir in der Gästekurve, umringt von den Supporters aus dem Norden, an diesem Nachmittag so häufig wie nie zuvor das „F*CK"-Wort hörten.

Deutlich gesitteter und zudem überdacht ging es bei den beiden nächsten Spielen auf unserer Reise zu, so am Neujahrstag im Boleyn Ground von West Ham United (auch als Upton Park bekannt), die vor 17.000 Zuschauern Leicester City mit 4:1 vom Platz fegten, oder bei der 0:1-Heimniederlage von Queens Park Rangers gegen Everton im Rangers Stadium an der Loftus Road. Faszinierend war in beiden Fällen, dass man am Eingang zum Stadion einfach drei einzelne Pfundstücke in einen Schlitz zu werfen hatte, um dann durch ein Drehkreuz das Stadion betreten zu können. Drei Pfund, umgerechnet etwa neun D-Mark oder knapp fünf Euro, das war selbst für damalige Verhältnisse enorm günstig und ist mit heutigen Bedingungen nicht mehr ansatzweise zu vergleichen.

Dasselbe traf jedoch auch für die übrigen Sehenswürdigkeiten in London zu, die wir bei diesem achttägigen Aufenthalt extrem ausgiebig in Augenschein nahmen: Egal, ob Madame Tussaud´s, der Tower mit den Kronjuwelen oder der London Dungeon – alles war damals noch nicht annähernd so überlaufen und überteuert wie einige Jahre später, und ich bin dankbar, all dies erlebt haben zu dürfen, ohne dass es meine Reisekasse völlig überfordert hätte. Im Gegenteil, die damaligen Preise ließen sogar noch hinreichenden Spielraum für Shopping-Touren durch die Carnaby Street mit der World of Football als besonderem Anziehungspunkt sowie für das ein oder andere Pint in einem der unzähligen Pubs als abendlichem Ausklang.

Deutlich höher war der Eintrittspreis nur beim letzten Spiel dieser Tour, aber immerhin bekamen wir diesmal wenigstens eine Eintrittskarte als Souvenir und darüber hinaus das Nord-Londoner Derby zwischen Tottenham und Arsenal geboten. Von der Tube-Station Seven Sisters aus machten wir uns auf einen mehrere Kilometer langen, von berittener Polizei gesäumten Fußmarsch zur White Hart Lane, die mit knapp 40.000 Zuschauern nahezu ausverkauft war. Unser Tribünenplatz war den Eintritt von diesmal immerhin satten 14 Pfund absolut wert, das Spiel und die Stimmung waren es erst recht. Insbesondere der ekstatische Jubel im Arsenal-Block nach den beiden Toren zum 2:1-Auswärtssieg ist mir bis heute in Erinnerung geblieben.

Begeistert von diesen Erlebnissen kehrten wir zurück in die Heimat, wo ich mich sogleich wieder der Lektüre des großartigen und reich bebilderten Buches von Desmond Morris mit dem deutschen Titel „Das Spiel“ widmete, das ich kurz zuvor geschenkt bekommen hatte. In diesem beschreibt der bekannte britische Verhaltensforscher die Gruppendynamik englischer und europäischer Fanblöcke als neuzeitliches „Stammesverhalten“ und belegt seine These mit vielen Beispielen aus unterschiedlichen Ländern. Sein Buch zählte damals sicher zu den wichtigsten internationalen Werken über das Phänomen „Fußballfans“.

Mit dem Brit-Rail-Pass quer durch das Vereinigte Königreich

In den folgenden Jahren war ich regelmäßig auf der Insel unterwegs und erweiterte kontinuierlich meine Stadion-Sammlung und meinen Erfahrungsschatz im britischen Fußball. Zumeist nutzte ich dafür den monatlichen Pauschalpreis der britischen Eisenbahnen, ging es doch häufig auch in den Norden Englands und bis hoch nach Schottland.

Im August 1987 war ich gemeinsam mit Dirk aus Braunschweig auf Tour und konnte gleich am ersten Tag den Goodison Park in Liverpool besuchen, wo der FC Everton Norwich City mit 1:0 besiegte. Bei lediglich 32.000 Zuschauern war der Zutritt zum Stadion kein Problem gewesen – ganz im Gegensatz zu der Situation bei den nächsten beiden Spielen, und das trotz deutlich weniger imposanter Kulissen: Im Oakwell Ground des FC Barnsley machten wir erstmals die Erfahrung eines All-Ticket-Games – angesichts des Gegners Leeds United mit seinen als besonders gewalttätig verschrienen Fans hatte die Kommune verfügt, dass alle Eintrittskarten bereits im Vorfeld erworben werden mussten und man nicht einfach per Münzeinwurf das Drehkreuz passieren konnte. Dasselbe passierte uns zwei Tage später erneut im Fratton Park von Portsmouth, wo der Chelsea FC zu Gast war. In beiden Fällen hatten wir jedoch enormes Glück und profitierten von der Freundlichkeit eines Vereinsverantwortlichen – in Barnsley drückten wir ihm das Eintrittsgeld einfach in die Hand und durften unsere Plätze einnehmen, in Portsmouth wurde sogar auf eine Bezahlung verzichtet: „You will be my guests tonight“, sagte uns der ältere Herr – phänomenal und noch heute eines Dankes würdig!

Beeindruckend war am darauffolgenden Abend natürlich auch unser erstmaliger Besuch des Old Trafford in Manchester – allerdings mehr wegen der Architektur des heutzutage auch als Theatre of Dreams bekannten Stadions und der immerhin 43.000 Zuschauer, weniger wegen des Spiels, das gegen Arsenal leider torlos blieb.

Danach ging es erstmals nach Schottland, zunächst zum Sightseeing nach Edinburgh, dann als Kontrastprogramm nach Glasgow. Auch diese Stadt ist selbstverständlich ein absolutes „Muss“ für jeden Groundhopper und frühestens dann erfolgreich in den eigenen Erfahrungsschatz aufgenommen, wenn man beide der großen Vereine mit ihrem so unterschiedlichen Anhang besucht hat. Der Spielplan wollte es, dass ich zunächst die Glasgow Rangers erleben durfte, die trotz des bescheidenen Gegners aus Falkirk an diesem Nachmittag rund 30.000 Zuschauer im Ibrox Park begrüßen konnten. Ich deckte mich schon vor dem Spiel mit Souvenirs ein, unter anderem einer Musikkassette (ja, so etwas gab es damals noch!) mit patriotischen Liedern der protestantischen und dem britischen Königreich treu ergebenen Blues: „Follow Glasgow Rangers, follow them all – we´ll beat the Celtic“, so lautete der Refrain eines dieser Lieder.

Einige Jahre später wagte ich dann natürlich auch den Perspektivwechsel und war bei einem Heimspiel der katholisch und irisch geprägten Grün-Weißen im Celtic Park zu Gast, immerhin sogar im UEFA-Cup gegen Germinal Ekeren aus Belgien – ebenfalls ein stimmungsvolles Erlebnis, auch wenn ich dort leider keine Kassetten mit dem musikalischen Gegenprogramm fand!

Die absoluten Höhepunkte britischer Fußballatmosphäre sollte für mich jedoch der April 1988 bringen, und in beiden Fällen war der Millwall FC beteiligt: Im alten Stadion The Den, mitten in den Londoner Docklands und unweit der Tube Station New Cross Gate gelegen, spielten die Lions damals ihre Heimspiele – und wehe denen, die als Auswärtsfans in die Nähe der „Höhle“ kamen.

Wir waren zu viert aus Deutschland unterwegs und behielten unsere Herkunft lieber auch für uns, wagten uns dann aber mitten auf die Heimtribüne hinter dem Tor und verfolgten von hier aus den 2:1-Sieg über Aston Villa. Den typischen Millwall-Roar habe ich heute noch in den Ohren: „No one wants us, no one wants us, no one wants us – we don’t care, we are Millwall, super Millwall, we are Millwall – from The Den!”

Wenige Tage danach waren wir erneut von den Fans aus dem Londoner Arbeiterviertel umringt, diesmal jedoch auf der Gästetribüne des Stadions Elland Road in Leeds, wo auch United sich dem Millwall FC auf dessen Weg zum sensationellen Aufstieg in die 1. Liga mit 1:2 geschlagen geben musste. Trotzdem bin ich noch heute voller Bewunderung für die Stimmung auch auf der anderen Seite des schönen Stadions: Was die Anhänger von Leeds United unter den knapp 25.000 Zuschauern an jenem Abend an inbrünstiger Unterstützung für ihr Team zelebrierten war absolute Weltklasse!

Mit dem Baseball Ground von Derby County und dem heute längst dem Erdboden gleichgemachten Stadion Plough Lane des

FC Wimbledon, seinerzeit auf dem Zenit seiner Vereinsgeschichte und einige Wochen später F.A.-Cup-Sieger, gelangen auf dieser Reise noch zwei weitere neue Stadionpunkte.

Anstrengende Kurztrips an die Themse

Für meine beiden nächsten Fußballerlebnisse auf der Insel musste ich ungleich größere Anstrengungen auf mich nehmen, war doch jeweils die zur Verfügung stehende Zeit auf ein einziges Wochenende begrenzt: In beiden Fällen beförderte mich deshalb mal wieder einer dieser berüchtigten Nachtbusse von Rainbow Tours in eine europäische Hauptstadt, wobei die Kurzreisen nach London stets noch viel anstrengender waren als die nach Paris, war doch immerhin noch dieser lästige Ärmelkanal zu durchqueren, wofür es damals leider noch keinen Euro-Tunnel gab. So machte ich mich Anfang September 1988 ganz allein und über Silvester dann noch einmal gemeinsam mit Dirk auf die Reise, um auch Arsenal und Chelsea mal auf eigenem Platz antreten zu sehen.

Wesentlich eindrucksvoller als das müde 1:1 der Blues an der Stanford Bridge gegen West Bromwich Albion am letzten Tag des Jahres war die noch in den Spätsommer fallende Partie der Gunners gegen Aston Villa im Highbury Stadium. Dieses dürfte auch Nicht-Fußball-Fans bekannt sein, sofern sie sich zumindest zu einem Kinobesuch haben hinreißen lassen, als der unvergleichliche Film „Fever Pitch", basierend auf dem Buch von Nick Hornby, über die Leinwand flimmerte. Dieses mitten in einem Wohngebiet und unmittelbar an der Tube Station Arsenal gelegene Stadion spielt darin schließlich eine Hauptrolle, neben dem Protagonisten Paul natürlich, der wahrscheinlich an jenem Nachmittag auch im Stadion weilte und sich nach dem Abpfiff mal wieder in seinem Pessimismus bestätigt fühlte, dass „Arsenal nie wieder Meister wird". Immerhin hatte das Team diesmal sogar einen 0:2-Rückstand aufgeholt, woraufhin die Arsenal-Fans die höhnischen „Two-nil, two-nil"-Schlachtrufe der Villa-Supporters mit dem Gesangsklassiker „You´re not singing anymore" gekontert hatten. Am Ende sangen dann aber doch die Gästefans aus Birmingham, denen noch der 3:2-Siegtreffer gelungen war.

Ein Dreivierteljahr später hatte Arsenal es dennoch geschafft und war erstmals nach 18 Jahren wieder englischer Meister geworden, mit dem entscheidenden Tor in Liverpool in letzter Sekunde – allein für diese Szene muss man den Film „Fever Pitch" einfach gesehen haben!

Groundhopping in der britischen Provinz und zwei unvergessliche Abende in Wembley

Die beiden London-Touren hatten für mich den Nachteil, dass ich damit die wichtigsten unter den Grounds der Hauptstadt alle schon besucht hatte und mir neue Reiseziele auf der Insel suchen musste.

In den folgenden Jahren brachte ich es noch auf ein knappes Dutzend weiterer Stadien in England und Wales, darunter schon zwischen 1989 und 1991 einige zumindest zu jener Zeit traditionelle Erstligastadien wie die Carrow Road von Norwich City, den City Ground von Nottingham Forest (mit einem 2:0 über Manchester United) oder auch die Bramall Lane in Sheffield, wo United den FC Everton besiegte. Doch zuweilen war ich auch in Viertliga-Grounds wie an der Gresty Road von Crewe Alexandra unterwegs, wo man immerhin so begeistert über die Anreise eines Gastes aus Deutschland war, dass man mir den Eintrittspreis für das Spiel gegen Mansfield erließ.

Das Jahr 1991 brachte aber auch gleich zwei Auswärtsspiele der deutschen Nationalelf auf der britischen Insel. Anfang Juni ging es zum EM-Qualifikationsspiel gegen Wales nach Cardiff. Gemeinsam mit dem befreundeten HSV-Fanclub „Kap der guten Hoffnung" hatten wir von der „Braunschweig Family" zu dieser Partie einen Bus gechartert, welcher von Hamburg aus startete und mich fast in Sichtweite meines Studentenwohnheims in Duisburg aufsammelte. Anhänger von etwa zehn verschiedenen Vereinen waren an Bord, ohne dass es deshalb im Verlauf der Fahrt zu irgendwelchen Reibereien gekommen wäre. Stuttgarter und Bayern-Fans saßen ebenso friedlich nebeneinander wie Lauterer und Mannheimer – die sonstigen Rivalitäten ruhten, wenn man gemeinsam die Nationalelf unterstützte. Ärger gab es erst am Spieltag selbst mit einigen Walisern in einem Pub unweit des Stadions, was ich jedoch erst anschließend erfuhr, da ich mich zu diesem Zeitpunkt bereits im Arms Park befand. Dieser erwies sich an diesem Abend als schlechtes Pflaster für die deutsche Elf, die erst ihren Spieler Thomas Berthold durch Platzverweis und dann auch prompt die Partie selbst mit 1:0 verlor.

Nicht ganz ungefährlich war drei Monate später natürlich auch das Auswärtsspiel gegen England, auch wenn es sich hier um ein Freundschaftsspiel handelte. Elektrisiert von der Aussicht, endlich mal ein Spiel im berühmten Wembley Stadium zu sehen, nahmen wir die Tour mit einigen Freunden aus Braunschweig und Salzgitter diesmal sogar mit dem Auto auf uns. Ich bewundere unseren Fahrer Willi noch heute dafür, wie er unseren Wagen zielsicher und ruhig durch den tosenden (Links-) Verkehr der Millionenmetropole steuerte!

Diese beiden Begriffe beschreiben auch ganz gut den Abend des Länderspiels: Blieb es auch während der Partie dank eines großen Polizeiaufgebotes und guter Organisation sehr ruhig, so mussten wir doch nach dem Abpfiff – erst recht nach dem 1:0-Sieg der deutschen Mannschaft durch Riedles Kopfballtor – sehr zielsicher und konsequent den Weg zur U-Bahn zurück antreten, um nicht den falschen unter den insgesamt 60.000 Zuschauern über den Weg zu laufen. Erst als wir am Abend wieder wohlbehalten im Hotel zurück waren, realisierten wir, welchen Ground wir da kurz zuvor unserer Sammlung hinzugefügt hatten: das berühmteste Stadion Europas, mit seinen Twin Towers am Haupteingang, den WM-Finalort von 1966!

Ein Dreivierteljahr später war ich nochmals in Wembley zu Gast und erlebte einen mindestens ebenso unvergesslichen Abend: 20. Mai 1992, Finale um den Europapokal der Landesmeister zwischen dem FC Barcelona und Sampdoria Genua – und ich mittendrin in der Kurve der 25.000 Sampdoria-Fans. Aber das gehört genau deshalb ganz klar in das Kapitel über Italien!

Hillsborough und Anfield – für immer eng miteinander verbunden

Den Jahreswechsel 1993/94 verbrachte ich gemeinsam mit meinem Bruder und einigen Freunden aus Braunschweig noch einmal in England. In den Midlands konnten wir dabei Tag auf Tag zwei Spiele von West Bromwich Albion erleben – in Deutschland und wohl auch allen anderen Ländern Europas wäre dies sicher undenkbar gewesen! Zunächst waren die Albions im eigenen Stadion The Hawthorns gegen Bristol City im Einsatz und unterlagen 0:1, kaum

24 Stunden später zog man im Derby bei Birmingham City mit einem 0:2 im St. Andrew´s Stadium erneut den Kürzeren.

Nach einem kurzen gemeinsamen Abstecher nach London, wo wir am Neujahrstag das neue Stadion von Millwall besuchten und uns unser heimlicher Lieblingsclub auch im The New Den mit einem 3:0 gegen Crystal Palace wiederum nicht enttäuschte, begab ich mich allein nochmals Richtung Norden, wo noch ein ganz besonderes „Doppel" auf dem Programm stand.

Das Hillsborough Stadium in Sheffield ist seit dem 15. April 1989 Synonym für die größte Katastrophe aller Zeiten im europäischen Fußball – zumindest von der Zahl der Todesopfer her noch schlimmer als vier Jahre zuvor die Desaster in Bradford oder Brüssel. 95 Anhänger des Liverpool FC waren an jenem Tag bei einem F.A.-Cup-Halbfinale ums Leben gekommen, als die Sicherheitskräfte die Tore des bereits völlig überfüllten Blocks der Reds geschlossen und damit den Anhängern jede Rückzugsmöglichkeit genommen hatten, als vorn am Zaun schon die ersten um Luft und ihr Leben rangen.

Das „Hillsborough Disaster" wurde nicht nur im schon erwähnten Buch und Film „Fever Pitch" thematisch aufgegriffen, sondern hat auch in den folgenden Jahren zu einem Verbot und sukzessiven Rückbau von Stehplätzen in sämtlichen englischen Stadien geführt – und damit leider dem Stadionerlebnis auf der Insel einen Großteil seiner Faszination genommen.

Der Zufall des Spielplans und meiner To-do-Liste in Sachen Grounds wollte es, dass ich Anfang Januar 1994 innerhalb von 24 Stunden sowohl Hillsborough – bei einem 1:0-Sieg von Sheffield Wednesday gegen Tottenham Hotspur vor über 32.000 Zuschauern, aber mit einer eher mauen Stimmung – als auch die Anfield Road besuchte.

Letztere ist natürlich das Vereinsstadion schlechthin in England, allenfalls erreicht vom Old Trafford des ewigen Rivalen Manchester United. Ich hatte an diesem Tag gleich doppeltes Glück – denn zum einen spielten Liverpool und die Red Devils gegeneinander, und zum Zweiten bekam ich etliche Stunden vor dem Anpfiff tatsächlich noch ein Ticket für die letztlich mit 43.000 Zuschauern auch nicht ganz ausverkaufte Partie. Ein drittes Mal hatte ich dann am Abend selbst Glück, legten die beiden Rekordtitelträger doch ein wahrhaft bemerkenswertes Spiel auf den Rasen, das nach einem 0:3-Rückstand der Gastgeber noch mit 3:3 endete. Trotzdem war die Stimmung nicht ganz so gut wie erwartet gewesen – oder vielleicht auch „wie aus der Erinnerung vieler Europapokalabende" heraus als selbstverständlich vorausgesetzt. Natürlich erklang gleich zu Beginn die berühmte Hymne „You'll never walk alone", für die selbstverständlich die Anhänger in Anfield das Copyright haben und die überall sonst nur nachgesungen wird, und natürlich wurden die drei Tore lauthals bejubelt. Aber die völlige Ekstase des Arsenal-Fanblocks anno 1987 an der White Hart Lane oder der an Pathos kaum zu überbietende Gesangswettstreit zwischen den Anhängern von Leeds United und Millwall 1988 an der Elland Road, das war doch noch etwas anderes gewesen! Dabei war die Partie an der Anfield Road immerhin noch eine der letzten mit der alten Stehtribüne Spion Kop. Vielleicht lag es an den schon deutlich angehobenen Eintrittspreisen und der damit einhergehenden Verdrängung der Working Class und der maßgeblich von ihr geprägten Fankultur, welche ich einige Jahre zuvor noch erleben durfte – vielleicht lag es also auch am Hillsborough Disaster von 1989.

Belfast 1994 – Groundhopping in Zeiten der „Troubles"

Von Liverpool aus reiste ich schließlich noch für einige Tage weiter Richtung Nordwesten, auf die andere der britischen Inseln, in die Hauptstadt Nordirlands. Belfast war zu jener Zeit sicher eines der heißesten Pflaster in Europa, was freilich nicht am Fußball lag: Der seit einem Vierteljahrhundert wütende Bürgerkrieg zwischen protestantischen Unionisten und katholischen Republikanern war zumindest zu Beginn des Jahres 1994 noch in vollem Gange und prägte mit gepanzerten Militärfahrzeugen das Stadtbild, selbst rund um die viktorianische City Hall.

Noch extremer wurde es in den Wohnvierteln speziell in West Belfast, in der katholischen Falls Road mit ihren Wandbildern der IRA und des jüngsten Hungerstreiks sowie in der protestantischen Shankill Road, in der die Heldentaten der Ulster Volunteer Force und anderer paramilitärischer Gruppen verherrlicht wurden. Stundenlang schaute ich mir die Wände an und dokumentierte sie für meine damalige Dia-Sammlung.

Immerhin drei Fußballspiele konnte ich in den wenigen Tagen auch noch in mein Reiseprogramm einbauen, wobei das eindeutig beste von diesen die Partie von Linfield Belfast im nordirischen Nationalstadion Windsor Park war, wo es gegen die Ballyclare Comrades ein souveränes 5:0 gab.

Am Tag nach dem Spiel im Windsor Park begab ich mich auf einen Tagestrip in den Süden des Landes und bestieg hierfür den Zug von Belfast Richtung Dublin. Von diesem hieß es, er sei in der Vergangenheit auch schon mehrfach das Ziel von Bombenanschlägen gewesen. Da ich es aber statistisch für äußerst unwahrscheinlich hielt, dass dies ausgerechnet an diesem Tag erneut der Fall sein würde, ließ ich mir die Chance auf den zusätzlichen Länderpunkt in der Republik Irland nicht nehmen.

Schließlich hatte ich das Glück, dass nur wenige Kilometer hinter der Grenze ein Heimspiel des Dundalk FC in der League of Ireland auf dem Programm stand, so dass ich auch nur etwa die Hälfte der Gesamtstrecke zwischen den beiden Hauptstädten zurücklegen musste. Die Kleinstadt strotzte nicht gerade vor Sehenswürdigkeiten und das Wetter präsentierte sich mal wieder von seiner typisch irischen Seite. Aber immerhin bekam ich im Oriel Park ein 2:2 gegen Cork City zu sehen und hatte auch mit der Statistik nicht danebengelegen, so dass ich am Abend wieder wohlbehalten und zufrieden in Belfast ankam.

Da man als Groundhopper beim Besuch der Spiele nicht immer ganz wählerisch sein kann und es im Zweifelsfall um den Besuch des Stadions geht, gönnte ich mir auch noch die Partie der Reserve-Teams von Glentoran und Distillery, immerhin ein Belfaster Derby, im fast menschenleeren Stadion The Oval, bevor ich diesen kriegerischen Ort verließ. Als ich im Oktober 2018 nach fast fünfundzwanzig Jahren noch einmal in das jetzt weitgehend friedliche und deutlich mehr ausländische Touristen anlockende Belfast kam, holte ich mir den Ground, in dem dereinst meine Braunschweiger Eintracht ihren bis heute einzigen Auswärtssieg in einem Europapokalspiel feiern durfte, auch noch bei einer Partie der ersten Mannschaft des Glentoran FC vor nun immerhin mehr als 2.000 Zuschauern.

„Football is coming home" – Europameisterschaft zwischen Nostalgie und Terroranschlägen

Rund zweieinhalb Jahre nach meinem ersten Besuch in Belfast und somit im Sommer 1996 hatte sich die Lage in Nordirland grundlegend verändert. Bereits kurz vor Ostern 1994 hatte das Karfreitagsabkommen nach einem Vierteljahrhundert entfesselter Gewalt einen Waffenstillstand zwischen Katholiken und Protestanten bzw. Republikanern und Unionisten erbracht. In den Monaten danach lösten IRA, UVF und wie sie alle hießen ihre Waffenarsenale und Munitionsdepots sukzessive auf und erklärten, der Gewalt dauerhaft abschwören zu wollen. Dies bedeutete eine gute Nachricht auch für die anstehende Fußball-Europameisterschaft in England, die andernfalls wohl auch im Visier von Terroristen gestanden hätte – so dachte man zumindest.

Gute Aussichten schien das Turnier auch für die englische Nationalmannschaft zu verheißen: eine konkurrenzfähige Truppe mit Paul Gascoigne als Top-Star, dazu der Heimvorteil – das „roch" drei Jahrzehnte nach dem letzten bzw. einzigen Triumph der Three Lions endlich wieder nach einem großen Erfolg. Für die Band The Lightning Seeds war die Sache jedenfalls schon im Voraus klar: Nach „thirty years of hurts" waren die Engländer endlich mal wieder dran, ihre Fans zum Träumen zu bringen! Die Nostalgie nach 1966 und die Sehnsucht nach einer Wiederholung des großen Sieges von Wembley waren aus dem Text und der Melodie des Liedes für jedermann spürbar, und so wurde „Football is coming home" gewissermaßen zum Soundtrack dieser Europameisterschaft.

Ich trat die Reise auf die Insel gemeinsam mit meinem Freund Leo aus Braunschweig an, und gemeinsam hofften wir auf ein besseres Abschneiden der DFB-Elf als bei der ebenfalls zusammen vor Ort erlebten WM in den USA zwei Jahre zuvor – wir sollten diesmal nicht enttäuscht werden.

Schon unser Auftaktspiel in Liverpool brachte mit der unerwarteten Niederlage des härtesten Gruppengegners Italien gegen Tschechien in Liverpool ein verheißungsvolles Resultat.

Zufrieden fuhren wir am nächsten Morgen mit einem Bus von National Express von Liverpool über Manchester weiter zum nächsten Spielort in Leeds, als kurz vor der Ankunft dort in die gute Laune buchstäblich eine „Bombe" platzte: Wir erfuhren von anderen Fahrgästen, dass an diesem Morgen in Manchester, nur kurz nach unserer Abreise von dort, offenbar durch eine Splittergruppe der IRA ein Terroranschlag verübt worden war, der mehrere Verletzte gefordert hatte.

Die Troubles waren offenbar doch noch nicht vorbei, Waffenstillstandsabkommen hin oder her. Da geriet das 1:1 zwischen Spanien und Frankreich am späten Nachmittag an der Elland Road glatt zur Nebensache. Dies blieb zum Glück der einzige Zwischenfall dieser EM, so dass auch wir uns bald wieder auf das Turnier konzentrieren konnten, welches mit einem souveränen 3:0-Erfolg der deutschen Mannschaft gegen Russland im Old Trafford weiterging.

Der zumindest für mich einzige neue Ground dieses Turniers wurde zwei Tage später mit dem Villa Park in Birmingham angesteuert, wo Schottland mit 1:0 gegen die Schweiz gewann – und trotzdem, wie jedes Mal, in der Vorrunde ausschied. Dennoch stellten die Schotten wie ebenfalls fast jedes Mal wieder den stimmungsvollsten und sympathischsten Anhang dieser EM, der auch im Heimstadion von Aston Villa zahlreiche Kostproben des heimischen Gesangsrepertoires gab und das ohnehin erwartete Ausscheiden sportlich fair aufnahm.

Den strahlenden Höhepunkt unseres leider diesmal nur sechstägigen Aufenthalts stellte dann ausgerechnet die einzige torlose Begegnung dar, bedeutete das 0:0 gegen Italien doch den Viertelfinaleinzug für die deutsche und das Ausscheiden für die italienische Mannschaft, die in Person von Gianfranco Zola einen Elfmeter gegen Andreas Köpke verschossen hatte und nun vorzeitig nach Hause fahren musste. Dies erhöhte nach aller Erfahrung die Titelchancen der DFB-Elf beträchtlich – und tatsächlich krönte sich die deutsche Mannschaft elf Tage später in Wembley nach sechzehn Jahren erstmals wieder zum Europameister. Da war ich aber schon längst wieder zu Hause und verfolgte das Spiel mit meiner Freundin Kira auf einer Großleinwand in einem Duisburger Kino.

„Division Four" als Reaktion auf explodierende Ticketpreise

Nach der EM 1996 bin ich nur noch ganz selten auf den britischen Inseln zum Fußball gewesen. Die komplette Abschaffung der Stehplätze, die dadurch erheblich schwächere Stimmung in den Stadien und die exorbitanten Eintrittspreise verdarben mir die Lust auf weitere Groundhopping-Erlebnisse jenseits des Ärmelkanals.

Lediglich im Frühjahr 2004 nutzte ich meine Hochzeitsreise mit Kira nach Devon zu einem Besuch eines Viertliga-Spiels von Torquay United, die in ihrem kleinen Stadion namens Plainmoor vor gut 5.000 Zuschauern einen 3:0-Sieg gegen Oxford United feierten – sicher kein Groundhopping-Erlebnis der obersten Kategorie, aber ein nettes Spiel in einem sympathischen Ambiente zu einem gerade noch akzeptablen Eintrittspreis.

Als ich fünf Jahre später, im Herbst 2009, eine Geschäftsreise in Krefelds Partnerstadt Leicester antrat, legte ich einen eintägigen Stopp in London ein und entschied mich auch hier für den Besuch eines unterklassigen Spiels und nicht für einen der millionenschweren Großclubs mit ihren hochmodernen Arenen. Mit einem Vorortzug fuhr ich nach Brentford und sah dort im Griffin Park vor ebenfalls nur 5.000 Zuschauern ein 2:0 über Stockport County.

Mittlerweile, Anfang der 2020er Jahre, ist der Brentford FC in die Premier League aufgestiegen, spielt in einem neuen Stadion und hat wahrscheinlich die Eintrittspreise ebenfalls auf ein Niveau angehoben, das zumindest mir den Spaß an einem Stadionbesuch vergällen würde. Was für ein Glück, dass ich den englischen Fußball schon seit Ende 1986 kennenlernen durfte, bei einem 0:5 von Manchester City im Nieselregen des Selhurst Park!

2.5. Italien (1987–2019)

Ein einschneidendes Erlebnis in Köln-Müngersdorf

Meine beiden ersten Begegnungen mit dem italienischen Fußball fanden noch auf deutschem Boden statt – und in beiden Fällen war als Gastverein Inter Mailand beteiligt. Handelte es sich beim Auftritt im Münchener Olympiastadion im August 1984 lediglich um das Ablösespiel für den vom FC Bayern in die Lombardei gewechselten Stürmer Karl-Heinz Rummenigge, so kreuzte seine neue Mannschaft im März 1985 im Müngersdorfer Stadion zu Köln immerhin zu einem Viertelfinalspiel im UEFA-Cup auf.

Auch wenn der FC und sein Anhang an jenem Abend tapferen Widerstand leisteten, so waren sie den Gästen doch nicht nur auf dem Rasen mit 1:3, sondern auch auf den Rängen letztlich unterlegen. Tausende von Inter-Fans waren im Oberrang der Südkurve und damit absurderweise direkt über dem FC-Fanblock platziert und provozierten den heimischen Anhang fast das ganze Spiel hindurch mit aggressiven Gesten und Schlachtrufen sowie dem Werfen von Gegenständen. Die FC-Fans rächten sich auf ihre Weise: Mit Hilfe von „Räuberleitern" erreichten sie die notwendige Höhe, um die über die oberen Geländer gehängten schwarz-blauen Inter-Transparente von unten anzuzünden oder zu erbeuten. Einer dieser Raubgegenstände wurde später am Zaun vor der FC-Kurve befestigt und dort in Brand gesteckt – die Atmosphäre war im wahrsten Sinne des Wortes sehr „aufgeheizt".

In besserer Erinnerung geblieben ist mir jedoch die leidenschaftliche Unterstützung seitens der Gästefans aus der Lombardei, insbesondere mit einem Gesang, den ich schon vor dem Spiel gehört hatte, als ich am Neumarkt in eine überwiegend mit Italienern gefüllte Straßenbahn eingestiegen war: „Canteremo fino alla morte, innalzando i nostri color, è la canzone che viene dal cuor – Alé, Alé, INTER Alé – Alé, Alé, Alé."

Leider verstand ich damals von diesem (voller Pathos und zu meinem Erstaunen mit der Melodie der französischen Nationalhymne) vorgetragenen Fangesang nur die letzte Textzeile und irgendetwas mit „Farben". Das wollte ich unbedingt ändern, soviel war mir nach diesem Abend in Köln klar. Ich wollte derartige Gesänge künftig in Gänze verstehen, ebenso wie die Songtexte meiner damaligen Lieblingssängerin Gianna Nannini, deren „Latin Lover" oder „Fotoromanza" für mich bis dahin auch nur schöne Melodien mit wohlklingenden Wörtern und einer reibeisenartigen Stimme darstellten. Ein Dreivierteljahr später ließ ich mir zu Weihnachten von meinen Eltern einen aus einem Lehrbuch und vier Kassetten bestehenden Italienisch-Sprachkurs schenken und machte mich an ein mehrere Jahre dauerndes Selbststudium dieser schönen Sprache.

Erste Touren über den Brenner: Italienisch-Kenntnisse klar von Vorteil

Gut fünfzehn Monate danach, im April 1987, war es dann soweit. Ich konnte meine in der Zwischenzeit erworbenen Sprachkenntnisse erstmals zum Einsatz bringen und würde dabei zudem meine Stadionpremiere in Italien erleben. Gemeinsam mit meinem Bruder machte ich mich per Nachtzug von Braunschweig nach München und von dort, nach dem Besuch des Bayern-Heimspiels gegen Kaiserslautern, mit einem weiteren Nachtzug direkt in die italienische Hauptstadt auf. Dort stand am Nachmittag das Heimspiel des AS Rom gegen den AC Florenz auf dem Programm – oder besser: Roma contro Fiorentina. Das Stadio Olimpico war seinerzeit noch fast komplett unüberdacht und mit einem deutlich geringeren Fassungsvermögen ausgestattet als drei Jahre später bei der Weltmeisterschaft, so dass es mit 44.000 Zuschauern an diesem Nachmittag schon sehr gut gefüllt war. Trotzdem erhielten wir problemlos Tickets am Schalter, sogar für die Curva Sud, in der schon damals der harte Kern der Roma-Fans beheimatet war, unter anderem die CUCS – das „Comando Ultrà Curva Sud". Damals war dies für mich aber noch eine neue und ziemlich unbekannte Welt, erst in späteren Jahren sollte ich durch diverse Freunde und Bekannte in Italien einen tieferen Einblick in die dortige Fan-Szene bekommen. An jenem Nachmittag begnügte ich mich mit den Fahnen und Gesängen um uns herum sowie einem gutklassigen 1:1-Unentschieden und konnte anschließend den Länderpunkt Italien für mich verbuchen.

Eine Woche später waren wir dann in einer weiteren der „Kathedralen" des italienischen Fußballs zu Gast, wenngleich auch das Mailänder Stadio Giuseppe Meazza seinerzeit noch weitgehend unüberdacht, immerhin aber schon damals mit 63.000 Zuschauern nicht einmal ausverkauft war. Zu einem Wiedersehen mit Inter kam es nicht, hatte doch an diesem Sonntag der AC Mailand ein Heimspiel gegen den AC Turin. Milan stand damals noch ganz am Anfang der Ära Berlusconi, kämpfte lediglich um einen Startplatz im UEFA-Cup, wofür der 1:0-Sieg natürlich überaus hilfreich war. Wenige Jahre später sollte das Team mit seinen schon damals im Stadion vertretenen Fangruppen „Brigate Rossonere" und „Fossa dei Leoni" den europäischen Fußball dominieren.

Die erste Fußball-Tour nach Italien hatte auf jeden Fall Lust auf mehr gemacht. Von nun an nutzte ich jede sich bietende Gelegenheit, weitere Spiele vorwiegend der Serie A, später dann aber auch in den unteren Ligen zu besuchen. Schon im November 1987 konnte ich mit dem Stadio Giuseppe Sinigaglia in Como beim Spiel gegen den mit Superstar Diego Maradona angetretenen SSC Neapel einen weiteren Ground sammeln. Noch im selben Monat besuchte ich erstmals das Stadio Comunale von Juventus Turin (wenn auch leider nur bei einem schlappen 1:0 über Ascoli vor gerade einmal 10.000 Zuschauern!), und im Mai 1988 war ich dann erstmals bei dem mir besonders sympathischen Verein Atalanta Bergamo zu Gast, der in seinem ebenfalls ziemlich unkreativ als Stadio Comunale benannten Ground dem Gast aus Cremona mit 0:3 unterlag. Bei dieser Partie kam ich, begünstigt durch meine weiter verbesserten Sprachkenntnisse, auch erstmals mit Fans eines italienischen Vereins näher in Kontakt. Und zwar mit den politisch links stehenden „Atalantini", die ihre Mannschaft in dieser Saison immerhin bis ins Halbfinale des Europapokals der Pokalsieger hatten begleiten dürfen und noch voller Begeisterung über ihre internationalen Erlebnisse waren.

Im September 1988, kurz vor Beginn meines Grundwehrdienstes bei der Bundeswehr, gönnte ich mir dann noch eine weitere Tour auf den Appennin und konnte mit dem (heute längst abgerissenen) Stadio Dorico von Ancona (im adriatischen Derby gegen Bari), dem Stadio Marc Antonio Bentegodi in Verona (im Coppa Italia-Spiel gegen Torino, das ich aus der Fankurve von Hellas mit seinem politisch rechts stehenden und von zahlreichen Skinheads geprägten Anhang verfolgte) und dem Stadio Renato Curi von Perugia, wo ich die Drittligapartie gegen Vis Pesaro sah, meiner Sammlung noch drei weitere Grounds hinzufügen.

Sprachkurs in Rom – natürlich nicht ohne Stadionbesuche

Im Juni 1989 konnte ich mir erstmals seit meinem Dienstantritt bei der Bundeswehr wieder einen längeren Urlaub erlauben. Satte vier Wochen hatte ich zur Verfügung und schon lange im Vorfeld für mich entschieden, dass ich diese zur Vertiefung meiner Italienisch-Kenntnisse nutzen wollte. Nach gut drei Jahren autodidaktischen

Studiums wollte ich nun einmal richtige Lehrkräfte haben, um meine Aussprache, meinen Wortschatz und meine Grammatikkünste zu verbessern. Ausgesucht hatte ich mir dafür eine Sprachschule wenige hundert Meter von der Stazione Termini entfernt, so dass ich als passionierter Bahnfahrer gleich nach der Ankunft in Rom einmal kurz dort vorbeischauen konnte.

Bevor jedoch am Montagmorgen der Unterricht begann, stand erst noch ein Fußballspiel auf der Agenda, auch wenn dieses mir keinen zusätzlichen Ground bescherte. Lazio traf im Olimpico auf Inter und unterlag dem bereits feststehenden Meister vor 50.000 Zuschauern mit 1:3. Bemerkenswerter als das Spiel in Rom war jedoch das, was sich gleichzeitig beim anderen Aufeinandertreffen zwischen Teams aus der Hauptstadt und der Finanzmetropole Mailand im dortigen Meazza-Stadion abspielte – und sich bald wie ein Lauffeuer durch die Südkurve des Olimpico verbreitete: Ein junger Anhänger der Roma war von Milan-Anhängern im Umfeld von San Siro angegriffen und dabei tödlich verletzt worden. Er stellte sich als ein gewisser Antonio de Falchi heraus, und seine tragische Geschichte ging in den Tagen danach durch alle italienischen Gazetten. Auch wenn es mich mit einem gewissen Stolz erfüllte, diese Artikel nunmehr weitgehend verstehen zu können, so hätte ich auf derartige Geschichten natürlich sehr gern verzichtet.

Ich sah während meines Rom-Aufenthaltes noch drei weitere Spiele, allerdings alle außerhalb der Hauptstadt, wollte ich doch noch einige neue Grounds sammeln. Dies gelang schon drei Tage später, als ich direkt nach dem Unterricht in der Sprachschule den Zug nach Neapel nahm und dort im Stadio San Paolo einen 1:0-Sieg von Napoli gegen Sampdoria Genua im Finalhinspiel der Coppa Italia sah (welcher dem Maradona-Team aber letztlich nicht zum Pokalsieg reichte, gewann die Samp doch das Rückspiel mit 4:0). Am darauffolgenden Sonntag fuhr ich bis nach Pisa, um dort in der Arena Garibaldi (die mit ihren komplett offenen, flachen Kurven so gar nichts mit den späteren Arenen in Deutschland gemeinsam hatte) einen 2:0-Auswärtssieg des AC Mailand zu erleben, und noch eine weitere Woche später begab ich mich sogar in die Abruzzen, wo im Stadio Adriatico von Pescara vor immerhin 30.000 Zuschauern Juventus nicht über ein 0:0 hinauskam.

Mit meinen nunmehr deutlich erweiterten Italienisch-Kenntnissen „im Gepäck" machte ich mich schon Ende September noch ein weiteres Mal auf die Bahnreise Richtung Süden und konnte auf dieser Tour mit dem gerade im Umbau befindlichen Stadio Luigi Ferraris in Genua (beim Europapokalspiel gegen Brann Bergen) und dem Stadio Renato dall´ Ara in Bologna meiner Sammlung noch zwei weitere Grounds hinzufügen – die ich aber beide schon wenige Monate später zu ungleich größeren Anlässen erneut besuchen würde.

Coppa del Mondo 1990 – Sotto il cielo di un'estate italiana

Über meine Erlebnisse bei der Weltmeisterschaft 1990 in Italien könnte ich problemlos ein eigenes Buch schreiben. Schließlich verfolgte ich das Turnier vom ersten bis zum letzten Tag live vor Ort – vom Außenseiter-Sieg Kameruns im Eröffnungsspiel gegen Argentinien in Mailand bis hin zum großen Finale in Rom, in dem die Argentinier erneut mit 0:1 unterlagen – diesmal bekanntermaßen der deutschen Nationalmannschaft.

Es waren viereinhalb Wochen voller Spannung und Leidenschaft, mit einer grandiosen Stimmung in den Stadien und nicht zuletzt auch außerhalb, auf den Märkten und in den Bars dieses fußballverrückten Landes, das damals die beste Liga der Welt hatte und nach der festen Überzeugung der Einheimischen auch mit der Nationalelf den Titel gewinnen würde. „Finale Italia – Germania" – ich weiß nicht, wie oft ich zwischen dem 8. Juni und Anfang Juli diese Worte gehört habe, sobald ich irgendwo als Deutscher erkannt wurde; genau genommen bis zum Abend des 3. Juli, als ich in Neapel mit dem Halbfinal-Aus der Squadra Azzurra das tragische Ende dieses Traumes und die Tränen der Italienerinnen und Italiener auf den Stufen des Stadio San Paolo hautnah miterlebte. An dieser Stelle kann übrigens auch einmal mit dem Mythos aufgeräumt werden, die Neapolitaner hätten an jenem Abend wegen Maradona auf Seiten der Argentinier gestanden – am Publikum lag es ganz sicher nicht, dass die Gastgeber das Finale verpassten!

Bis dahin hatte ich bereits sage und schreibe vierzehn Vorrundenspiele an vierzehn aufeinanderfolgenden Tagen gesehen, zwischen Verona im Norden und auch schon einmal Neapel im Süden.

Unser Standort in diesen ersten beiden Wochen des Turniers war die Lombardei, weil von hier aus die meisten Spielorte am leichtesten erreichbar waren, und weil ich mich bei zwei befreundeten Anhängern von Alemannia Aachen in deren Ferienwohnung nördlich von Mailand mit einquartieren konnte. Im San Siro hatten wir auch gleich zweimal eine sensationell aufspielende deutsche Mannschaft erlebt, in der Kapitän Lothar Matthäus in der Form seines Lebens war und das 4:1 gegen Jugoslawien zum Auftakt fast im Alleingang herbeiführte. Leider wurde diese Partie von Krawallen deutscher Hooligans begleitet, die in der eleganten Galleria Vittorio Emanuele, direkt neben dem berühmten Mailänder Dom, Tische und Stühle durch die Gegend warfen und die Passanten belästigten. Dies brachte uns einen langen Fußmarsch Richtung Stadion ein, weil es in der U-Bahn plötzlich hieß „La stazione Duomo è chiusa per incidenti" – die Haltestelle am Dom hatte man also wegen der Ausschreitungen vorsorglich dichtgemacht.

Ansonsten verlief die Vorrunde – weit entfernt von den Spielen der Engländer und Holländer, die man wohlweislich auf Sardinien und Sizilien antreten ließ – aber friedlich. Geradezu zum Einschlafen waren sogar das 0:0 zwischen Spanien und Uruguay in Udine sowie die beiden 1:0-Siege von Brasilien über Costa Rica und Schottland in Turin, die mir aber immerhin mit dem Stadio Friuli bzw. dem Stadio delle Alpi zwei neue Grounds einbrachten. Immerhin konnte ich auch bei diesen Spielen stets die Atmosphäre rund um die Stadien genießen, mit der insbesondere von solchen für mich seinerzeit noch exotisch wirkenden Fangruppen aus Lateinamerika eingebrachten speziellen Folklore. In den Stadien selbst wurde man dann stets von der spezifisch italienischen Komponente dieses Turniers begrüßt, die als Video über die Großbildschirme flimmerte und als Musik durch die Lautsprecherboxen dröhnte: das unvergleichliche WM-Lied 1990 von Gianna Nannini und Edoardo Bennato, „Un'estate italiana"!

Brisant wurde es dann erst wieder im Achtelfinale, als die Holländer per Losentscheid der deutschen Mannschaft als Gegner serviert wurden – und das ausgerechnet erneut in Mailand, wo man die Partie angesichts der Präsenz von jeweils drei Spielern der Oranjes bzw. der DFB-Elf in den Aufgeboten der beiden lokalen Teams zu einem Aufeinandertreffen zwischen Milan und Inter umdeutete.

In einem der bis heute denkwürdigsten Spiele meines Lebens, mit Spuckattacke gegen Rudi Völler, zwei Roten Karten und einem wie entfesselt agierenden Torschützen Jürgen Klinsmann, setzte sich die deutsche Elf knapp, aber hochverdient, mit 2:1 durch. Rund 40.000 deutsche Fans entschieden dabei diesmal – ganz anders als zwei Jahre zuvor beim „Heimspiel" in Hamburg – auch das Supporter-Duell klar für sich. Auch meine Freunde aus Braunschweig und Aachen und ich hatten dazu einen Beitrag geleistet, wie wir spät in der Nacht nach unserer Rückkehr in unser neues Quartier in Desenzano del Garda an unserer Erschöpfung und Heiserkeit feststellten.

Fast ebenso bemerkenswert verliefen auch die beiden weiteren von uns live verfolgten Achtelfinals, auch wenn tags darauf in Genua erst im Elfmeterschießen zwischen Irland und Rumänien die ersten Tore fielen. Unter 25.000 irischen Fans, die ihr Team über 120 Minuten mit euphorischen Gesängen, unter anderem dem unvergesslichen „Come on you boys in green", angefeuert hatten, erlebte ich den Sieg der Truppe um Kapitän Paul McGrath und freute mich fast so sehr wie am Abend zuvor in Mailand.

Anderntags erlebten wir dann in Bologna den ersten Auftritt der Engländer auf dem Festland, der dank eines massiven Polizeiaufgebotes sowie des „richtigen Ergebnisses" ruhig verlief, wenngleich der späte 1:0-Sieg in der Verlängerung gegen Belgien ziemlich unverdient war. Dasselbe konnte man im Viertelfinale auch von dem erst im Elfmeterschießen erreichten Weiterkommen der Argentinier gegen Jugoslawien behaupten. Fehlschütze Maradona konnte sich am Ende bei seinem Torhüter Sergio Goycochea bedanken, dass dieser mit seinen Paraden das eigene Missgeschick vom Punkt wieder ausgebügelt hatte. Ich verließ trotz des unverdienten Resultats zufrieden das Stadio Comunale von Florenz, meinem dritten und letzten neuen Ground bei diesem Turnier, weil ich ungeachtet der schwachen Leistung an diesem Tag nur den Argentiniern mit ihren Ausnahmespielern zutraute, die Mannschaft des Gastgebers auf ihrem Weg ins Finale zu stoppen – ich sollte recht behalten.

Nur auf diese Weise war es mir möglich, am Nachmittag des 6. Juli überhaupt ein Ticket für das Endspiel zu ergattern. Hätten die Italiener dieses selbst erreicht, wäre mir wohl trotz des Aufenthalts am Finalort nur ein Platz vor dem Fernseher geblieben. So aber konnte ich gut 48 Stunden vor dem Anpfiff auf der Piazza di Spagna, also direkt vor der Spanischen Treppe, von zwei noch immer enttäuschten Fans der Gastgeber gleich zwei Tickets zum Preis von jeweils 150.000 Lire erwerben – damals rund 210 D-Mark und damit der mit Abstand höchste Preis, den ich jemals für eine Fußballeintrittskarte bezahlt hatte, aber für ein WM-Finale absolut vertretbar.

Als einziger meiner Gefährten war mir noch Robert aus Aachen geblieben, der eigentlich auch schon direkt von Turin aus nach Hause fahren wollte, trotz des dramatisch im Halbfinale gegen England gewonnenen Halbfinalspiels und des damit verbundenen Einzugs der DFB-Elf ins Finale. Er sei nach vier Wochen Weltmeisterschaft total pleite, bekannte er kleinlaut und fügte hinzu, dass es wohl im kommenden Sommer nur für einen Billigurlaub auf Mallorca reichen würde. Da mir aber klar war, dass es auch für ihn die Chance seines Lebens sein könnte, ein WM-Finale der deutschen Nationalmannschaft zu sehen, half ich ihm mit einem zinslosen Darlehen und konnte ihn von der ultimativen Verlängerung des Italien-Aufenthaltes überzeugen.

Alles andere hätten wir wohl auch beide bereut: Das Finale am 8. Juli 1990 im Stadio Olimpico von Rom war sicher nicht eines der besten Spiele, die ich je gesehen habe, bestimmt aber das bedeutendste, das dank der Nervenstärke von Elfmeterschütze Andreas Brehme – direkt vor der Kurve, in der wir unseren Platz hatten – letztlich auch mit dem wichtigsten Titel im Weltfußball gekrönt wurde.

Mit der für mich selbst unglaublichen Bilanz von 22 Live-Spielen in 31 Tagen trat ich die Rückreise nach Deutschland an – nur um schon sehr bald nach Italien zurückzukehren.

Stammgast im Lande der Ultras

Bei einem der Vorrundenspiele in Genua hatte ich erstmals auch den anderen meiner beiden mir bis heute eng verbunden gebliebenen Freunde persönlich kennengelernt: Fabio, zwei Jahre älter als ich und Anhänger von Sampdoria. Er war als einziger einer ganzen Reihe von Brieffreunden übriggeblieben, die im Jahr zuvor auf eine von mir in der italienischen Fan-Zeitschrift „Supertifo“ aufgegebene Anzeige geantwortet hatten. Einige Monate lang stand ich bald darauf mit Fußballfans in halb Italien in Korrespondenz, doch wenn sich die Gemeinsamkeiten allein auf das Leben in den Stadien beschränkten, verlor ich bald das Interesse und konzentrierte mich alsbald auf die beiden Freundschaften, die sich dann über mehrere Jahrzehnte als stabil und wertvoll erweisen sollten: zu meinem in der Toskana lebenden Freund Roberto und eben zu Fabio in Genua. In beiden Familien erlebte ich speziell im Verlauf der 1990er Jahre, aber auch noch bei vereinzelten späteren Besuchen, eine Gastfreundschaft und Herzlichkeit, die sicher ihresgleichen sucht.

Während Roberto seiner Juve eher vor dem Fernseher die Daumen drückte, gehörte Fabio schon damals zu den bekanntesten Gesichtern der Fan-Szene von Sampdoria Genua. Regelmäßig begleitete er seinen Verein zu Auswärtsspielen, auch ins Ausland, was bei dem damaligen Top-Verein mit seinen Starspielern Roberto Mancini und Gianluca Vialli jahrelang an der Tagesordnung war. Allein zwischen 1989 und 1992 gewannen die wegen ihrer Vereinsfarben auch „blucerchiati" genannten Genueser die Coppa Italia und den scudetto, also die italienische Meisterschaft, und erreichten drei Europapokalendspiele. Eines davon, im Mai 1992 im Londoner Wembley-Stadion gegen den FC Barcelona in der Verlängerung unglücklich 0:1 verloren, verfolgte ich gemeinsam mit Fabio direkt in der Kurve, umringt von rund 25.000 weiteren Sampdoria-Fans.

Darunter waren auch all die anderen mir schon wohlbekannten Mitglieder seines Fanclubs „Ultras Tito Cucchiaroni", der ältesten noch heute bestehenden und nach einem ehemaligen Spieler benannten Ultra-Gruppe in Italien. Sie war 1969 gegründet worden, und hatte mich bereits im September 1990 wegen meiner Beteiligung am Auswärtsspiel in Kaiserslautern – als Deutscher in der italienischen Gästekurve! – auf Fabios Betreiben hin zum „membro d'onore", also zum Ehrenmitglied gemacht. Sowohl in Wembley wie auch bei allen zuvor und danach in Genua oder anderswo verfolgten Sampdoria-Spielen war auch Enzo dabei, der „Capo degli Ultras", also der Anführer in der Fankurve, der stets den Ton und die Auswahl aus dem schier unerschöpflichen Gesangsrepertoire vorgab: „Doria, ovunque giocherai, non ti lasciamo mai, per sempre Doria" oder auch „Siamo l'armata blucerchiata, siamo gli Ultras della Samp."

Auch nach Jahrzehnten klingen mir die pathetischen Lieder, in denen die tiefe Verbundenheit zum eigenen Verein in der schönsten aller Sprachen besungen wurde, noch in den Ohren! Auch die zum Teil sensationellen Choreografien nicht nur an jenem Abend in Wembley, sondern auch auf der heimischen Gradinata Sud im Genueser Stadtteil Marassi habe ich noch heute vor Augen. Einmal, als ich schon einige Tage vor einem Heimspiel in Genua eintraf, habe ich sogar meinen Beitrag dazu geleistet und bei den Treffen der Ultras einzelne Buchstaben auf die „striscioni", die farbigen Spruchbänder mit ihren oftmals sehr kreativen Botschaften, aufgeklebt.

Ich erinnere mich aber auch an durchaus kritische Gespräche, die ich mit Fabios Freunden zuweilen führte, waren diese doch immer recht gut über die aktuellen Geschehnisse in Deutschland informiert. Wurde mir im September 1990 auf dem Betzenberg noch zur bevorstehenden Wiedervereinigung gratuliert, so musste ich mir ein Jahr später auf einer gemeinsamen Fahrt zum Auswärtsspiel in Parma kritische Fragen zu ausländerfeindlichen Umtrieben speziell im Osten Deutschlands gefallen lassen, wenige Tage nach den Vorkommnissen in Hoyerswerda. Bei der Partie im Stadio Ennio Tardini war es hingegen sehr friedlich und entspannt, pflegten die Sampdoria-Ultras doch damals eine Fanfreundschaft zur Anhängerschaft der Stadt in der Emilia-Romagna.

Über diese und andere Erlebnisse berichtete ich in den frühen 1990er Jahren auch für mehrere sogenannte Fan-Zines, die seinerzeit als selbstgemachte Publikationen innerhalb der Szene eine enorme Popularität hatten, und zu denen auch wir in Braunschweig schon seit Ende 1989 mit unserem regelmäßig erscheinenden Heft „Die Gegengerade" etwas beitrugen. Inzwischen war ich jedoch darüber hinaus für das bundesweit erscheinende Magazin „15:30 Uhr – Jetzt geht's los!" tätig. Dieser Titel war vielleicht etwas unglücklich gewählt, aber das Magazin stellte zeitweilig durchaus ein ernst zu nehmendes Forum für Fans und Groundhopper aus allen Teilen Deutschlands dar.

Ende 1991 wurde dann auch der „Deutsche Fanzeitungsverbund" (DFZV) gegründet, welcher seine besonders aktiven Schreiberlinge alsbald mit einem Presseausweis ausstattete, der in den folgenden Jahren die Türen zu so manchem ansonsten schwer zugänglichen Spiel in Deutschland und Europa öffnete. Einmal habe ich ihn auch für ein Spiel von Sampdoria genutzt. Gemeinsam mit dem ebenfalls journalistisch tätigen Fabio konnte ich die Partie gegen Napoli im

März 1992 von der Pressetribüne aus verfolgen; wir tauschten diese ungewohnte Perspektive jedoch schon vor der Halbzeit gegen die Gradinata Sud ein.

Noch über etliche Jahre war ich regelmäßig in Genua zu Gast, erlebte allein zweimal das „Derby della Lanterna“ gegen den FC Genua 1893 und weitere Spiele, wie gegen Udinese oder Hellas Verona, zu denen bei meinem bis heute letzten Besuch im Frühjahr 2012 ebenfalls eine Fanfreundschaft bestand.

Fabio hat seine Erlebnisse als Fußballfan bereits Ende 1992, kurz nach der ganz großen Ära seines Vereins, zu einem Buch mit dem Titel „Vita da Ultrà“ verarbeitet und schildert darin sein Leben und Aufwachsen in den Fankurven Italiens. Ich bin bis heute stolz darauf, in einigen Passagen dieses Buches auch eine Rolle zu spielen und seit über dreißig Jahren mit ihm befreundet zu sein.

Groundhopping in der italienischen Provinz

Jenseits aller Länderspiele und Europapokalbegegnungen habe ich gerade in den 1990er Jahren Italien kreuz und quer bereist, bin bis zur Hacke und zur Spitze des Stiefels vorgedrungen und habe dabei stets versucht, so viele Stadionbesuche wie möglich damit zu verbinden, vor allem natürlich in für mich neuen Grounds. Auf diese Weise habe ich sicher auch zahlreiche Städte des Landes kennengelernt, die selbst für meine Freunde aus der Romanistik-Fakultät meines 1990 an der Universität Duisburg begonnenen Studiums nie auf der Reiseroute standen, von normalen Touristen ganz zu schweigen. An der Adriaküste nach Süden fahrend habe ich Orte wie San Benedetto del Tronto (mit dem Stadio Riviera delle Palme), Foggia (Stadio Comunale Pino Zaccheria) und das Barockjuwel Lecce in Apulien (mit dem Stadio Comunale Via del Mare) kennenlernen dürfen.

Doch auch in Norditalien gab es jenseits der WM-Stadien von 1990 noch viel zu erkunden: So war ich in Piacenza (Stadio Leonardo Garilli) und in Padua (Stadio Silvio Appiani, inzwischen längst durch einen Neubau ersetzt) zu Gast, in Vicenza (Stadio Romeo Menti) und schließlich im September 1995 noch in Cremona (Stadio Giovanni Zini) und in Brescia, wo ich im Stadio Mario Rigamonti sogar einen 1:0-Derbysieg über Hellas Verona miterlebte.

An jenem Tag war das Fußballspiel aber tatsächlich nur ein „Mitnahmeeffekt“ einer eigentlich unter einem ganz anderen Zweck stehenden Reise. Ich befand mich inzwischen auf der Zielgeraden meines Magisterstudiums mit den Fächern Geschichte, Politikwissenschaft und Italienische Literatur. Dabei hatte ich mir als Thema für meine Abschlussarbeit „Kultstätten des italienischen Faschismus“ ausgesucht, eine Untersuchung des Zusammenhangs zwischen Ideologie und Architektur im „ventennio fascista“, dem mehr als zwanzigjährigen Regime Mussolinis. Dafür war eben auch ein Besuch in Brescia mit seiner für diese Architektur so typischen „Piazza della Vittoria“ sinnvoll – und was lag da näher, als mal wieder das Angenehme mit dem Nützlichen zu verbinden?

Studienaufenthalt in Neapel – zwischen Bibliotheken und Fußballstadien

Noch weitaus mehr Beispiele dieser Architektur und Monumente liefert aber zweifellos die Hauptstadt selbst, so dass ein längerer Aufenthalt dort sinnvoll gewesen wäre. Angesichts der italienischen Partnerunis meiner Heimatuniversität Duisburg sowie meiner „Gasthörer“-Universität Düsseldorf stand Rom allerdings nicht zur Auswahl, so dass ich mich für das Wintersemester 1995/96 für einen fünfmonatigen Erasmus-Austausch mit der Università degli Studi Federico II in Neapel entschied. Von dort aus konnte ich problemlos mehrfach nach Rom pendeln und mich alle paar Wochen mal für zwei bis drei Tage dort aufhalten, um weiteres Material für die Magisterarbeit zu sammeln.

Vorwiegend verbrachte ich die Zeit aber in der Hauptstadt Kampaniens mit ihrem chaotischen Verkehr und ihren unglaublich kontaktfreudigen, wenn auch manchmal für einen Norddeutschen wie mich etwas „distanzlosen“ Menschen – und ihrer grandiosen Umgebung mit der Amalfiküste sowie den Inseln Capri, Ischia und Prócida. Während ich unter der Woche zumindest anfangs noch brav studierte und die Vorlesungen und Seminare besuchte, beschränkte ich mich bald auf die für mich wichtigere Materialsammlung und verbrachte viele Stunden speziell in der Bibliothek der Architektur-Fakultät, wo ich alsbald eine ganze Reihe netter Bekannter hatte, mit denen ich auch einen Großteil meiner Freizeit verbrachte. Diese fand am Abend und an den Wochenenden in einer der Pizzerien rund um die zentrale Piazza San Domenico Maggiore oder auch einfach nur in Form einer „passeggiata“, der typisch italienischen Form des Herumschlenderns, durch die „spaccanapoli“ statt, jener langen und schmalen Straße, welche die Altstadt in zwei Hälften teilt.

Die Sonntage gehörten jedoch zumeist dem Fußball, mit regelmäßigen Besuchen bei nahezu sämtlichen Heimspielen des SSC Neapel. Ich reiste stets mit dem Vorortzug von der Stazione Centrale zum Haltepunkt Campi Flegrei an und stürzte mich dann ins Getümmel hunderter Vespa-Roller, welche mich auf der letzten Etappe zum San Paolo begleiteten. Auf dem Vorplatz des Stadions sah ich mich dann stets von den ersten „bagarini“ umringt, den Schwarzhändlern, die mich offenbar für einen Touristen hielten und mir ein überteuertes Ticket andrehen wollten. Doch zum Glück kannte ich die winzig kleinen Schalter im Kurvenbereich, an denen es die preiswertesten Karten gab, und musste kein einziges Mal mehr als den regulären Preis bezahlen.

Wenn Napoli auswärts spielte, widmete ich mich dem Groundhopping im engeren Sinne, also dem Sammeln neuer Stadien in der Umgebung. Als ich im April 1996 die Rückreise nach Deutschland antrat, hatte ich immerhin fünf neue Grounds besucht, gleich zu Beginn in der Serie B in Salerno (Stadio Arechi) und Avellino (Stadio Partenio), in den letzten Wochen vor der Rückreise dann sogar noch in Bari (Stadio San Nicola), sowie hierzulande so unbekannte Orte wie Castellamare di Stabia (Stadio Comunale Romeo Menti) und Nocera Inferiore, wo die Heimstätte von Nocerina Calcio den offenbar von ihrem bescheidenen Erscheinungsbild abgeleiteten Namen Stadio Francesco d' Assisi trug.

Meine Studienfreunde hielten mich regelmäßig für verrückt, wenn ich mit Regionalzügen oder der Circumvesuviana zu derartigen Spielen fuhr; als Mitte Februar im San Paolo hingegen vor 62.000 Zuschauern Napoli gegen Juventus antrat, kamen einige von ihnen gern mit und waren froh, dass ich die Tickets für uns organisierte.

„Was wollt Ihr denn in Empoli?“ – Groundhopping mit meiner Tochter

Nach dem Ende meines Studiums im Februar 1997 bin ich nur noch vereinzelt in Italien gewesen. Sowohl beruflich als auch privat hatte ich alsbald andere Prioritäten, verbrachte den Urlaub mit meiner Freundin häufiger in anderen Ländern oder konnte mich schlecht Richtung Stadion „davonmachen", wenn wir uns doch gemeinsam für das Reiseziel Italien entschieden hatten.

Etwa im Zwei-Jahres-Takt schaffte ich es noch für jeweils einige Tage nach Genua und verband hin und wieder einen Stadionbesuch damit, aber neue Grounds gelangen mir seitdem nur noch im Oktober 2001 in Modena (Stadio Alberto Braglia) – und dann erst wieder im Frühjahr 2019 in Empoli!

Gemeinsam mit der ganzen Familie waren wir für zehn Tage in die Toskana gereist, hatten uns in Pisa einquartiert und unter anderem bereits Lucca und Montecatini besucht, als am Ostersamstag ein weiterer Tagesausflug auf dem Programm stand. Diesmal würden wir ihn jedoch nicht komplett zusammen erleben, hatten wir doch durchaus unterschiedliche Vorstellungen von der Gestaltung des Tages. Meine Frau wollte unbedingt endlich einmal die berühmten Uffizien in Florenz besichtigen, ich hingegen nach langer Zeit mal wieder in Italien zum Fußball gehen – und unsere Tochter Carolin bevorzugte eindeutig meinen Plan. Also lösten wir am Bahnhof in Pisa zwar drei Hinfahrkarten nach Florenz, damit auch Carolin wenigstens einen etwa dreistündigen Eindruck von der Stadt des Michelangelo bekommen konnte, aber für uns beide dann eben eine Rückfahrkarte über Empoli.

Die Dame am Fahrkartenschalter schien ihren Ohren nicht trauen zu wollen: „Ma perché volete andare a Empoli?", fragte sie völlig verständnislos – „Was wollt Ihr denn in Empoli?". Ich klärte sie auf, dass es dort heute ein Fußballspiel der Serie A geben würde, woraufhin sich ihr Gesichtsausdruck zumindest ansatzweise aufhellte und sie das Ticket auszustellen bereit war.

Zwei Tickets für das Spiel konnten wir am Eingang zum Stadio Carlo Castellani auch noch erwerben, wenn auch nur für die ziemlich klapprig wirkende Stahlrohrkonstruktion, die als Gästekurve fungierte. Uns war es egal, hatten wir doch weder für den FC Empoli noch den Gastverein von SPAL Ferrara besondere Sympathien oder Antipathien. Kaum mehr als 10.000 Zuschauer stellten eine für die Erste Liga schwache Kulisse dar, trotzdem war die Stimmung speziell im Gästeblock hervorragend, nachdem SPAL einen frühen Rückstand in einen 2:4-Auswärtssieg verwandelt hatte.

Zufrieden zogen wir von dannen, zurück zu dem kleinen Bahnhof von Empoli und dann weiter nach Pisa, wo Carolin mir am Abend sagte: „Danke, Papa, dass du mir das Kunstmuseum erspart hast und stattdessen mit mir zum Fußball gegangen bist!“ Gern geschehen, Carolin – und nebenbei war es, falls du auch mal Groundhopperin werden willst, dein immerhin schon fünfter Länderpunkt!

2.6. Spanien und Portugal (1987–2009)

Per Inter-Rail auf die Iberische Halbinsel

Erst im Jahr 2008 haben die beiden Länder von der Iberischen Halbinsel begonnen, auch mit ihren Nationalmannschaften dem europäischen Fußball immer stärker ihren Stempel aufzudrücken: Weltmeister und zweimal kontinentaler Titelträger die einen, je einmal Europameister und Nations-League-Sieger die anderen. Bis dahin waren die großen Vereine der ganze fußballerische Stolz der beiden Länder gewesen, mit zahllosen Europapokalsiegen schon in der Frühphase der 1955 an den Start gegangenen Wettbewerbe.

Es war somit also in jedem Fall bereits damals ein lohnendes Unterfangen, die Groundhopping-Aktivitäten nach Spanien und Portugal auszudehnen, als ich mich im November 1987 erstmals auf den Weg in den Südwesten unseres Kontinents machte. Mit dem Inter-Rail-Ticket erreichte ich Mitte des Monats über Nantes und San Sebastian die portugiesische Hauptstadt. Nach dem Besuch der Altstadt Alfama und des Rossio-Platzes im Zentrum ging es schon am zweiten Tag direkt ans Meer, zur Torre de Belèm und von dort aus zu meiner ersten Live-Begegnung mit dem portugiesischen Fußball.

Die ewige Nummer Zwei der Hauptstadt, Sporting Lissabon, hatte an diesem Tag ein Heimspiel, wobei dieses aus mir nicht ganz nachvollziehbaren Gründen eben in jenes nahe von Belèm gelegene Estádio Nacional do Jamor verlegt wurde, in dem eigentlich Lokalrivale Belenenses beheimatet war. Das offenbar nur für schönes Wetter konstruierte, nahezu komplett unüberdachte Stadion war für den Namen „Nationalstadion“ nicht gerade besonders beeindruckend und mit lediglich 15.000 Zuschauern gefüllt. Das Spiel selbst war ebenfalls nicht übermäßig aufregend und endete mit einem erwartungsgemäßen 2:0 für die Gastgeber gegen den Außenseiter von Sporting Covilha. Aber ein weiterer Länderpunkt war erreicht, und das war an diesem Tag die Hauptsache.

Leider blieb mir mein erster Besuch in Lissabon in nicht ganz ungetrübter Erinnerung, wurde ich doch erstmals in meinem Leben Opfer eines Diebstahls. Im Gewühl der U-Bahn wurde mir aus einem Seitenfach meiner Reisetasche ein Portemonnaie entwendet – finanziell kein großer Schaden, handelte es sich doch nur um meine „Ersatz-Geldbörse". Allerdings reiste ich seinerzeit noch ohne EC- oder Kreditkarten oder wenigstens Reiseschecks, sondern lediglich mit einem Postsparbuch, von dem man sehr bequem in nahezu sämtlichen Ländern Europas Geld direkt in der Landeswährung abheben konnte – sofern man die Karte mit der Prüfnummer vorzeigen konnte. Genau jene hatte sich in der entwendeten Geldbörse befunden, womit ich jetzt für den Rest der Reise ein echtes Liquiditätsproblem hatte. Sicherlich hätte ich mir per „Blitzgiro" Geld überweisen lassen können, das wusste ich als Auszubildender einer Bank natürlich. Aber meine Abreise aus Lissabon stand unmittelbar bevor und auch an den nächsten Zielorten waren stets nur recht kurze Aufenthalte eingeplant, so dass ich diese Variante verwarf. Es hieß also, mit meinen Bargeldbeständen aus der anderen Geldbörse, etwas mehr als 200 D-Mark, den Rest der Tour zu überstehen – die immerhin noch fast zwei Wochen dauern sollte!

Also visierte ich in den folgenden Tagen in Andalusien noch billigere Pensionen an, als ich es sowieso schon getan hätte, und tauschte die üblichen Schnellrestaurants gegen Einkäufe in Discountern ein, deren Produkte ich mir dann manchmal in einem kleinen Gaskocher zubereitete. Auch in der wunderschönen Hauptstadt Andalusiens sparte ich Geld, weil das eigentlich eingeplante Heimspiel des FC Sevilla sowieso bis unter das Dach ausverkauft war. Dennoch war es eine sehr schöne Zeit in diesem selbst Ende November noch sonnenverwöhnten Landstrich, und für den Eintritt in die atemberaubende Alhambra in Granada reichte mein Geld dann doch.

Anderntags in Madrid war dies leider nicht der Fall, als ich vor dem Stadion von Atlético stand und wegen der für mich unerschwinglichen Eintrittspreise von rund 45 D-Mark enttäuscht wieder abdrehen musste – es würde fast zehn Jahre dauern, bis ich den Ground in Spaniens Hauptstadt endlich nachholen konnte.

Das sollte mir in Barcelona nicht noch einmal passieren, schließlich musste ich nach zwei Fehlversuchen doch unbedingt noch den Länderpunkt „Spanien“ von dieser Reise mit nach Hause bringen. Das Schicksal meinte es gut mit mir, hatte man dem FC Barcelona im Achtelfinale des UEFA-Cups doch die albanische Mannschaft von Flamurtari Vlora zugelost. Das lockte selbst in der Metropole Kataloniens nicht mehr als 16.000 Zuschauer in das riesige Estadio Nou Camp, und man hatte sogar die Eintrittspreise gegenüber dem normalen Ligabetrieb gesenkt. Eingedenk meiner bescheidenen Finanzreserven entschied ich mich dennoch für die billigste Kategorie, weshalb ich das Spiel vom obersten Rang des Stadions verfolgen musste und die fünf Tore beim 4:1-Sieg von Barca mangels eines Fernglases nur erahnen konnte.

Dennoch ging ich an diesem Abend sehr zufrieden in der Jugendherberge von Barcelona ins Bett, hatte ich doch nicht nur den Länderpunkt mit einem der berühmtesten Stadien der Welt erlangt, sondern auch den Rückweg durch einige ziemlich schummrige Seitenstraßen der ebenso berühmten Ramblas unbeschadet überstanden.

Olympia 1992 – Berauschendes Sportfest mit abschließendem Fußball-Höhepunkt

Fünf Jahre später hatte sich das Erscheinungsbild rund um die mit Blumen und Palmen geschmückte Prachtstraße grundlegend verändert. Barcelona war Ausrichterstadt der Olympischen Spiele 1992 und hatte sich im gesamten Innenstadtbereich fein herausgeputzt – und sei es auch um den Preis, ganze Bevölkerungsgruppen, die dieses Bild hätten stören können, an die Peripherie der Metropole zu verdrängen.

Olympia in Europa, noch dazu in einer der schönsten und aufregendsten Städte des Kontinents – da wollte ich unbedingt mal dabei sein. Finanziell stellte das Projekt natürlich eine weitere Belastungsprobe für meine studentische Brieftasche dar, die durch die gerade erst beendete dreiwöchige Reise zur Europameisterschaft in Schweden ziemlich ‚angeschlagen‘ war. Aber da ich mittlerweile eine hinreichend einträgliche Nebenbeschäftigung als Italienisch-Kursleiter an der Duisburger Volkshochschule gefunden hatte, konnte ich mir die Tour nach Katalonien gerade noch so leisten. Mein Reisebegleiter war Michael aus dem Kreis Wolfenbüttel, mein ehemaliger

Bundeswehr-Leidensgenosse und schon zwei Jahre zuvor bei der WM in Italien mit von der Partie.

Schon am Abend nach der Ankunft begaben wir uns, dank der Buchung eines Liegewagens für den Nachtzug von Straßburg bis zur spanischen Grenze, einigermaßen ausgeruht zum ersten sportlichen Wettkampf – einem Vorrundenspiel des Olympischen Fußballturniers! Australien und Mexiko trafen im Estadio Sarria, der damaligen Heimstätte von Espanyol Barcelona, aufeinander und trennten sich vor 10.000 Zuschauern 1:1.

Ansonsten hielten wir uns vorwiegend bei anderen Sportarten auf, waren im Schwimmstadion und bei den Kanuten, verfolgten das große Duell im Weitsprung zwischen Carl Lewis und Mike Powell sowie all die anderen Leichtathleten im Olympiastadion einschließlich des schwäbischen Laufwunders „Dieder" Baumann und bewunderten die akrobatischen Künste eines Vladimir Scherbo und eines Andreas Wecker bei den Turnern. Auch beim Hockey waren wir gleich zweimal im benachbarten Terrassa anwesend, als die deutschen Herren gegen Pakistan das Finale erreichten, und die Damen, mit drei Spielerinnen aus Braunschweig, selbiges gegen Spanien verloren. Die absoluten Höhepunkte jenseits der Fußballstadien spielten sich jedoch auf dem Centre Court der Tennisarena ab, wo wir – für heutige Verhältnisse unglaublich nah am Geschehen – sowohl das siegreiche Doppelfinale von Boris Becker und Michael Stich als auch die unglückliche Endspielniederlage von Steffi Graf gegen Jennifer Capriati verfolgen konnten. Ich staune heute noch darüber, dass wir für all diese Weltklasse-Events Eintrittskarten bekommen haben, ohne uns damit vollständig zu ruinieren.

Das gelang uns zum Abschluss unseres Aufenthalts dann auch noch einmal beim Finale des Olympischen Fußballturniers, selbstredend im „Nou Camp", im dem die U-23-Teams von Spanien und Polen aufeinandertrafen. In einem mitreißenden Endspiel setzten sich die Iberer vor 95.000 Zuschauern – meiner bis dahin mit Abstand größten Kulisse bei einem Fußballspiel – mit 3:2 durch und wurden dafür vom Publikum frenetisch gefeiert. Zwanzig Jahre später wäre ich mir da bei einem Spiel einer spanischen Nationalmannschaft in Barcelona nicht mehr so sicher gewesen.

Studienreise nach Madrid – diesmal auch mit zwei neuen Grounds

Weitere fünf Jahre nach Olympia 92 begab ich mich erneut nach Spanien, diesmal vorwiegend in die Hauptstadt und auch aus einem gänzlich anderen Anlass. Im Februar 1997 hatte ich mein Studium an der Duisburger Uni erfolgreich abgeschlossen, aber absolut keinen Plan, was ich danach machen sollte. Mein Geschichtsprofessor, der meine Magisterarbeit zur Architektur des italienischen Faschismus betreut und sehr positiv bewertet hatte, legte mir nahe, das Werk zur Doktorarbeit auszubauen und dabei vielleicht auch den spanischen Franquismus als Vergleichsgegenstand einzubeziehen. Also las ich mich wochenlang durch die relevante Literatur und beschloss dann, nach Madrid zu reisen. Dort wollte ich unter anderem das Valle de los Caídos, das von Franco persönlich in Auftrag gegebene und auch ihm selbst als vermeintlich letzte Ruhestätte dienende „Tal der Gefallenen", besuchen und zudem einen Professor an der Universidad Complutense interviewen.

Trotz dieses Studienprogramms, das ich ebenso diszipliniert wie begeistert durchzog, konnte ich während meines zweiwöchigen Aufenthalts auch noch immerhin sieben Fußballspiele besuchen und dabei gleich vier neue Grounds sammeln: Gleich zweimal war ich im berühmten Estadio Santiago Bernabéu zu Gast und sah dabei mit dem 4:2 von Real Madrid über den FC Sevilla sogar den entscheidenden Sieg auf dem Weg zur nächsten Meisterschaft vor rund 75.000 Zuschauern.

Von der Stimmung her wesentlich überzeugender als der erfolgsverwöhnte Anhang von Real war jedoch die Fankurve des Lokalrivalen Atlético, dessen Estadio Vicente Calderòn ich nun endlich, fast zehn Jahre nach dem gescheiterten Versuch anno 1987, in meine Sammlung aufnehmen konnte – und das mit einem spektakulären 2:5 gegen den FC Barcelona vor 52.000 Zuschauern. Auf der anschließenden Pressekonferenz, die ich dank meiner Tätigkeit im Deutschen Fanzeitungsverbund verfolgen konnte, rang selbst der exzentrische Atlético-Präsident Gil y Gil sichtlich nach Worten. Es war der 13. April 1997, knapp drei Wochen vor meinem 30. Geburtstag, und meiner sehr zuverlässigen Statistik zufolge mein Fußballspiel Nummer „1.000" live im Stadion – was für ein würdiges Jubiläum!

Das hätte allerdings auch für die beiden in den Tagen zuvor in Barcelona und Valencia verfolgten Spiele zugetroffen, für die ich den Madrider Studienaufenthalt dann eben doch mal unterbrechen musste: Barca traf im Halbfinale des Europapokals der Pokalsieger vor 100.000 Zuschauern auf den AC Florenz, meiner ersten sechsstelligen Kulisse, die nur zwei Jahre später in Mexiko City ein einziges Mal überboten werden sollte. Im Estadio Mestalla schließlich schoss der FC Valencia den Gast aus Bilbao vor 45.000 Zuschauern mit 5:2 ab. Noch denkwürdiger als die sieben Tore war an jenem Abend aber der Besuch in der Bar des Stadions, in der ich den berühmten Trommler Manolo kennenlernte und für einige Erinnerungsfotos mit ihm posieren durfte – ein tolles Erlebnis!

Seitdem war ich nur noch drei weitere Male in Spanien und konnte zunächst am Rande einer Dienstreise eine Partie zwischen Leganés und Hércules Alicante im Estadio Municipal de Butarque vor den Toren von Madrid verfolgen. Die beiden übrigen Stadionbesuche waren dann im Rahmen von Urlaubsreisen mit meiner Frau, die mich sogar in beiden Fällen ins Stadion begleitete, zuletzt auch noch im April 2009 zu einem weiteren Besuch des „Nou Camp". Erwähnenswerter ist jedoch der Abend in Málaga im Oktober 1999, zumal er mit dem Estadio La Rosaleda auch noch einen neuen Ground einbrachte. Wieder war Athletic Bilbao an einem Sieben-Tore-Spektakel beteiligt, brachte aber diesmal mit einem 4:3-Auswärtssieg die Punkte mit ins Baskenland. Gut in Erinnerung ist mir aber auch noch die Verwunderung der uns umgebenden heimischen Fans in der Kurve angesichts einer Entscheidung, welche der Europäische Fußballverband am Nachmittag verkündet hatte: Die Europameisterschaft 2004 würde nicht in Spanien, sondern in Portugal stattfinden!

Europameisterschaft 2004 – Zerplatzte Gastgeber-Träume im Lande des Fado

Mein persönliches Fazit dieser EM kann ich in einem Satz vorwegnehmen: Nichts gegen die Spanier, aber die UEFA hatte mit ihrer Vergabeentscheidung an Portugal im Oktober 1999 alles richtiggemacht! Fantastisches Wetter, wunderschöne Städte, eindrucksvolle Stadien, dazu ein hervorragendes Essen zu günstigen Preisen und angenehm zurückhaltende, aber im Zweifelsfall freundlich-hilfsbereite Menschen – so erlebte ich das Gastgeberland dieser Europameisterschaft im Juni 2004.

Auch der Fußball selbst präsentierte sich größtenteils von seiner besten Seite, mit einigen spektakulären vor Ort oder anschließend noch im Fernsehen verfolgten Spielen. Gleich zum Auftakt erlebte ich in Lissabon im Estadio da Luz von Benfica vor 65.000 Zuschauern ein 2:1 von Frankreich über England, tags darauf ein spektakuläres 5:0 der Schweden über Bulgarien im anderen der beiden Hauptstadt-Grounds, dem Estadio José Alvalade von Sporting.

Die deutsche Mannschaft trug zu diesem kontinentalen Fußballfest allenfalls in ihrem Auftaktspiel in Porto gegen die Niederlande etwas halbwegs Relevantes bei, so dass wir trotz des späten Ausgleichstreffers der Oranjes beim 1:1 zufrieden das mit 47.000 Zuschauern fast ausverkaufte Estadio do Dragao verließen. Wir konnten dies auch in anderer Hinsicht recht entspannt tun, gehörten die Zeiten, in denen jedes Aufeinandertreffen dieser beiden Teams für immense Polizeiaufgebote oder andernfalls heftige Ausschreitungen gesorgt hatte, offenbar einstweilen der Vergangenheit an. Vielleicht lag es an dem schönen Wetter, der entspannten Atmosphäre des Spielortes, vielleicht aber auch daran, dass die großen „Schlachten" in Hamburg und Rotterdam, Mailand und Göteborg mittlerweile lange genug zurücklagen – und die des Zweiten Weltkriegs sowieso.

Am Tag darauf lernten wir dann auch das kleinere der beiden Stadien von Porto kennen, den Boavista-Ground Estadio do Bessa, in dem sich Griechenland und Spanien vor nur gut 25.000 Zuschauern 1:1 trennten – ein weiterer Achtungserfolg für die von Otto Rehhagel trainierten Griechen nach dem Auftaktsieg gegen den Gastgeber, wenn auch mit einer ähnlich sturen Defensivtaktik errungen. Drei Tage später wussten wir allerdings, dass man in diesem Stadion auch noch schlechtere Spiele sehen konnte, als ausgerechnet die DFB-Elf am selben Ort nicht über ein peinliches 0:0 gegen Lettland hinauskam. Zum Glück hatte ich am Morgen eine Führung durch eine Portwein-Kellerei mit anschließender Verkostung mitgemacht, anders wäre dieses Gewürge der Völler-Elf nicht auszuhalten gewesen.

Im Estadio da Cidade do Coimbra in der gleichnamigen Universitätsstadt erlebte ich anderntags einen weiteren Auftritt der

Engländer, die zur Freude ihrer wieder einmal extrem zahlreichen, aber erfreulich friedlichen, Fans die Schweiz mit 3:0 besiegten. Wiederum nur einen Tag später – der unglaublich fan-freundliche Spielplan ermöglichte mir tatsächlich den Besuch von acht Spielen in acht Tagen! – sollte ich dann den von der Stadion-Architektur her absoluten Höhepunkt dieser Reise erleben, auch wenn das 2:0 der Dänen über Bulgarien dort eher spielerische Durchschnittskost bot: das Estadio Municipal von Braga! Ist schon die Stadt nördlich von Porto ein echtes städtebauliches Juwel, so darf das Stadion mit seiner schroffen Felswand anstelle einer weiteren Kurve hinter dem Tor in keiner Groundhopper-Sammlung fehlen!

Krönender Abschluss meiner Tour, wenn auch ohne weiteren neuen Ground, war der zweite Besuch im José Alvalade, war ich doch tatsächlich in den Besitz einer Eintrittskarte für das iberische Derby zwischen Portugal und Spanien gekommen. In einer leidenschaftlich geführten und von 48.000 Zuschauern ebenso begleiteten Begegnung setzte sich der Gastgeber mit 1:0 durch und warf den Nachbarn gleichsam aus dem Turnier. Nun schien der Weg frei zu sein zum ersten Titelgewinn für die Portugiesen, eine einzigartige Chance, einmal die für das Land so typische Melancholie, die im Begriff der Saudade und in den Liedern des Fado so treffend zum Ausdruck kommt, zu überwinden.

Ein gewisser Otto „Rehakles“ und seine Griechen sorgten dafür, dass der Traum im Finale zerplatzen sollte.

2.7. Skandinavien (1987–2015)

Eine EM im Norden – Drei Wochen Fußball und eine Mittsommernacht in Schweden

Zwölf Jahre zuvor, im Juni 1992, war es ebenfalls eine Europameisterschaft gewesen, die mir meinen bisher längsten Aufenthalt in einem weiteren der schönsten Länder Europas bescherte: Schweden! Bisher kannte ich das Land nur von einem Kurzaufenthalt im Herbst 1987, als ich eine Tagestour von Kopenhagen über den Öresund gemacht hatte, um dort im Malmö Stadion das Finalrückspiel um die schwedische Meisterschaft zu erleben, bei dem die Gastgeber wegen der Auswärtstorregel trotz eines 2:1-Sieges knapp daran gescheitert waren, den Gästen vom IFK Göteborg nach deren 1:0 im Hinspiel noch den Titel zu entreißen.

Ein neuer Länderpunkt war in Schweden also nicht mehr zu holen, aber da wir uns alle für ein Rundreiseticket durch ganz Skandinavien entschieden hatten, mit dem wir sogar die Fähren nach Finnland nutzen durften, hatten wir durchaus die Hoffnung, in einem der Nachbarländer noch fündig zu werden auf der Suche nach wenigstens einem neuen Ground – aber dazu später mehr.

„Wir", das war in diesem Fall eine größere, aus unterschiedlichen Teilen Deutschlands stammende Reisegruppe mit Vertretern einiger der damals bekanntesten Fanclubs im Lande: Neben der durch Dirk, Holger, Thilo und mich repräsentierten „Braunschweig Family" selbst waren es unter anderem Jörn und Borste vom HSV-Fanclub „Kap der guten Hoffnung", Andi von den „Red Munichs" aus München, schließlich der unerklärlicherweise den SV Meppen unterstützende „Kojak" aus Mannheim und auch noch einmal Robert von „Schwarz-Gelb 81" aus Aachen – der für mich gegen Ende des Turniers noch eine wichtige Rolle spielen sollte.

Den Auftakt der EM bildete für mich der erste Auftritt der Engländer gegen Dänemark – ausgerechnet in der wiederum per Tragflügelboot von Kopenhagen erreichten Stadt Malmö, so dass ich meiner Sammlung noch nicht einmal einen neuen Ground hinzufügen konnte. Egal, ansonsten herrschte hier diesmal eine deutlich „heißere" Stimmung als bei meinem Besuch fünf Jahre zuvor, was nicht nur am sommerlichen Wetter lag: Riesige Horden von englischen Schlachtenbummlern bevölkerten schon um die frühe Mittagszeit den Marktplatz des wohl noch nie zuvor von einer solchen Invasion heimgesuchten Städtchens. Hunderte dieser Fans präsentierten sich ob des strahlenden Sonnenscheins im wahrsten Sinne des Wortes „mit freier Brust und Tätowierung", aber das war ich ja von früheren Begegnungen mit englischer Beteiligung schon hinreichend gewöhnt. Trotzdem blieb es an diesem Nachmittag friedlich, und auch das Spiel war kein großer Aufreger, sondern endete torlos. Dasselbe Resultat bekamen wir drei Tage später an gleicher Stelle in der Partie zwischen England und Frankreich nochmals serviert – und das, obwohl diese doch vermeintlich eine der Top-Begegnungen dieses Turniers hatte sein sollen.

Aber auch die deutsche Mannschaft tat sich furchtbar schwer und kam zum Auftakt im Idrottsparken von Norrköping nur zu einem in letzter Minute durch Thomas Häßler per Freistoß geretteten 1:1 gegen die „Gemeinschaft unabhängiger Staaten", wie die ehemalige Sowjetunion ein Jahr nach ihrem Zerfall nun hieß. Der ekstatische Jubel in unserem Block über diesen kaum noch erwarteten Treffer entschädigte jedoch für das schwache Spiel und das lange Zittern. Die Straßen der rund zweihundert Kilometer südlich von Stockholm gelegenen Kleinstadt waren nach dem Schlusspfiff fest in deutscher Hand, ohne dass es dabei zu irgendwelchen Problemen gekommen wäre.

Dies galt auch für die zweite Begegnung in Norrköping, in der wir ein 2:0 über Schottland erleben durften – aber das Duell der Supporters ging diesmal klar an den Gegner von der britischen Insel. Die Fans aus Glasgow und Edinburgh dominierten die Szenerie, nicht nur optisch mit ihren unzähligen Schottenröcken und Flaggen, sondern auch akustisch mit ihren Dudelsäcken und vor allem der Leidenschaftlichkeit ihrer Gesänge. Diese ließen sie auch nach dem Schlusspfiff trotz der Niederlage erklingen, und wir feierten an diesem Abend noch lange zusammen im Festzelt, wo wir gemeinsam mit den Schotten und einigen „alten Schweden" diverse Biere zu uns nahmen und zusammen mit einigen jungen Schwedinnen zu ABBA-Musik auf den Tischen tanzten. Die Stimmung war unglaublich, und das Ergebnis des Spiels war längst zur Nebensache geworden.

Langsam bekam das Turnier nun auch spielerische Klasse, und die vielleicht beste Partie der Vorrunde sahen wir zwei Tage später im Rasunda-Stadion von Stockholm. Bereits nach fünf Minuten gingen die Engländer gegen Gastgeber Schweden in Führung, direkt vor der Kurve der rund 4.000 Personen starken Anhängerschaft von der Insel. Doch die Nordländer fighteten im zweiten Durchgang verbissen zurück, spielten nun selbst in Richtung der immer noch fanatisch mitgehenden Gästefans und schossen diese schließlich mit zwei blitzsauberen Treffern mitsamt ihrer Mannschaft aus dem Turnier. Das Stadion raste vor Begeisterung, aber es war nun klar, dass die englischen Fans wohl kaum an einen friedlichen Abzug denken würden. Für rund zwanzig Minuten hielt die Polizei sie noch in ihrem Block fest, was uns aber aufgrund der abströmenden Menschenmassen nicht reichte, um uns weit genug vom Stadion zu entfernen. Die U-Bahn-Eingänge an der Station Solna waren völlig verstopft, und als wir gerade glaubten, jetzt endlich den entscheidenden Schritt machen zu können, ging die große Rennerei vor dem Stadion auch schon los. Wahrscheinlich war sie sogar von schwedischen „Huliganern" hervorgerufen worden, aber Engländer sollte man eben besser nicht provozieren. Gleich an mehreren Stellen durchbrachen sie jetzt die Polizeiketten und setzten zum Gegenangriff an. Wir entfernten uns so schnell wie möglich vom Ort des Geschehens und mussten einen beträchtlichen Umweg in Kauf nehmen, um von einer anderen U-Bahn-Station zum Hauptbahnhof zurückzufahren. Unseren Nachtzug nach Göteborg hätten wir auf diese Weise um ein Haar verpasst.

Als wir am anderen Morgen glücklich dort eintrafen, war unsere erste Anlaufstelle gleich das in der Nähe des Hafens befindliche Fan-Büro, welches diverse Fan-Projekte in Zusammenarbeit mit dem Deutschen Fußball-Bund eingerichtet hatte, und das nun den Anhängern der DFB-Elf als Informationsbörse und Treffpunkt diente. Wie schon erwartet, trafen wir hier auch HSV-Fan Carlo, in der Fan-Szene freilich überall unter seinem Spitznamen „Fari" bekannt, und speziell unter Groundhoppern schon damals angesichts seiner verrückten Touren nach Afrika und Südamerika eine Legende. Ich hatte Fari zuletzt zwei Monate zuvor getroffen, mitten in der Nacht auf dem Bahnhof von Bukarest, wo er genau wie ich das Derby zwischen Steaua und Dinamo verfolgt hatte. Diese und ähnliche Geschichten gaben wir auch zwei Journalisten gegenüber zum Besten, die auf unser Gespräch aufmerksam geworden waren und sofort die Notizblöcke gezückt hatten. Ob das Interview irgendwo abgedruckt wurde, weiß ich nicht, es war mir auch nicht so wichtig.

Schließlich war ich bei diesem Turnier erneut selbst im Zusammenhang mit meinen Fußball-Touren journalistisch tätig geworden und hatte einen Artikel über das Phänomen des Groundhoppings für den „Schwedenfahrer" beigesteuert, eine Publikation von Fans für Fans. Ich klärte darin insbesondere über das uns allen wichtige gute Einvernehmen zwischen Anhängern verschiedener Vereine auf, die eben nicht immer nur die eigene Mannschaft spielen sehen wollten, sondern von Reiselust und Neugierde häufig auch zu anderen sportlichen Anlässen überall auf der Welt getrieben wurden.

Für die deutschen Hooligans hatte die Anreise zu dieser EM indes nicht viel mit Interesse am Sport oder gar an der Kultur des Gastgeberlandes zu tun, sondern war einmal mehr willkommener Anlass zur Befriedigung ihrer gewalttätigen Abenteuergelüste im Blickpunkt der internationalen Medien. Also randalierten und plünderten sie schon Stunden vor dem Anpfiff des letzten deutschen Gruppenspiels gegen die Niederlande in den Straßen von Göteborg und prügelten wahllos auf gegnerische Fans und einheimische Passanten ein – so wurde es mir später jedenfalls aus zuverlässiger Quelle erzählt.

Einige Stunden später standen dann allerdings normale Fans und Hooligans gemeinsam im deutschen Block des Ullevi-Stadions, allerdings anders als 1990 in Mailand in klarer Unterzahl gegen die Oranje-Anhänger. Auch sportlich gab es an diesem Tag für die DFB-Elf nicht viel zu bestellen; trotz einer Leistungssteigerung nach der Pause ging die Partie mit 1:3 verloren. Damit wäre die deutsche Elf nun eigentlich ausgeschieden gewesen, hätte nicht gleichzeitig die GUS mit 0:3 gegen Schottland den Kürzeren gezogen. Ein riesiger Jubel brach aus, als der Stadionsprecher die sich daraus ergebende Halbfinalteilnahme verkündete: „… and Sweden play GERMANY in Stockholm!"

Die Hauptstadt sollte also am 21. Juni nochmals unser Reiseziel sein, doch zuvor feierten wir noch in einem kleinen Ort rund dreihundert Kilometer nördlich von Stockholm das Midsomar-Fest. Schließlich wollten wir neben dem Fußball auch so noch einiges von Land und Leuten erleben, was uns dann in Gesellschaft etlicher blondgelockter Schönheiten auch gelang. Besonders faszinierend fand ich indes, dass es in dieser Nacht praktisch überhaupt nicht richtig dunkel wurde. Allerdings dachte ich schaudernd daran, dass dies im Umkehrschluss bedeutete, dass es in den Wintermonaten überhaupt nicht hell werden würde und begrub sogleich wieder den Gedanken daran, eines Tages nach Schweden auszuwandern.

Ebenso faszinierend war das, was sich dann am Abend des 21. Juni im Rasunda-Stadion abspielte. Die bisher ziemlich rumpelig agierende DFB-Elf zeigte sich plötzlich von ihrer besten Seite und zog durch ein hochverdientes 3:2 gegen die sicherlich nicht als Außenseiter angetretenen Schweden ins Finale dieser Europameisterschaft ein. Sportlich-fair gratulierten uns die Gastgeber anschließend in der U-Bahn zum Sieg – und später sogar mit einer Leuchtschrift in der Schalterhalle, als wir gegen Mitternacht wieder am Hauptbahnhof eintrafen.

Auch das zweite Halbfinale am nächsten Abend in Göteborg verlief ziemlich überraschend, aber ganz nach unserem Geschmack: Die erst durch den kriegsbedingten Ausschluss Jugoslawiens überhaupt für die EM qualifizierten Dänen, die auch die Vorrunde sehr glücklich überstanden hatten, düpierten die klar favorisierten Niederländer, indem sie diese erst ins Elfmeterschießen zwangen und dieses dann auch noch für sich entschieden. Deutschland gegen Dänemark also – mit diesem Finale hatte sicher niemand gerechnet!

Am Morgen des 26. Juni machten wir uns von Stockholm aus, wo wir auch gerade erst nach einem kurzen Abstecher nach Finnland wieder mit der Fähre eingetroffen waren, erneut auf den Weg in den Westen, war doch auch das Finale nach Göteborg vergeben worden. Siegesgewiss zogen wir zum Ullevi-Stadion, schien eine erneute Sensation durch „Danish Dynamite“ doch außerhalb unserer Vorstellungskraft zu liegen. Sagen wir es ganz ehrlich, die Dänen waren an diesem Abend auch wirklich mit dem Glück im Bunde. Das 2:0 entsprach nicht wirklich den Geschehnissen auf dem Rasen, aber das Ergebnis auf der Anzeigetafel hatte letztlich eine größere Aussagekraft als die Spielanteile oder das Chancenverhältnis.

Schlimmer war für einige aus unserer Gruppe jedoch das, was ihnen in den Stunden vor dem Spiel zugemutet worden war: die verzweifelte Suche nach einer Eintrittskarte! Das Stadion war für ein Finale mit dieser Beteiligung eben viel zu klein und mit 38.000 Zuschauern restlos ausverkauft. Zudem drängte sich der Eindruck auf, dass die meisten der dem DFB zur Verfügung stehenden Tickets an die zahlungskräftige VIP-Kundschaft der großen Sponsoren und Reisebüros abgegeben worden waren und nicht an die treuen Schlachtenbummler, die teilweise schon durch sämtliche Qualifikationsspiele hindurch die deutsche Mannschaft unterstützt hatten. Ich selbst hatte zum Glück durch Robert aus Aachen, der sich auf diese Weise für meine Unterstützung vor dem WM-Finale in Rom bedankte, noch eines der letzten Stehplatztickets zum Preis von rund 28 D-Mark erhalten, aber Jörn aus Hamburg musste auf dem Schwarzmarkt den zehnfachen Preis hinlegen und kam kurz vor Spielbeginn mit Tränen in den Augen im Block an. Wochenlang hatte er sich nur aus dem Supermarkt ernährt und so manche Nacht mit Iso-Matte und Schlafsack im Freien campiert, um Geld zu sparen, und nun das! In einer Mischung aus Wut und Enttäuschung schrieb er noch während des Spiels eine Postkarte an den DFB und beschwerte sich über die Art der Kartenzuteilung.

Das Ergebnis des Spiels ließ den Frust bei ihm und vielen anderen noch steigen, aber es half alles nichts: Dänemark war Europameister, und zumindest ich bemühte mich nach dem Spiel, mir ein Beispiel an der Fairness der Schweden nach ihrem Halbfinal-Aus zu nehmen und gratulierte einigen der dänischen Fans, die ich vor dem Stadion traf.

Am Rande der EM: Zwei neue Länderpunkte im Vorbeigehen

Hatte ich in den gut zwei Wochen seit dem Auftakt in Malmö auch stolze neun EM-Spiele und nebenbei noch zwei Partien der parallellaufenden Zweitliga-Saison (im Stadion von Helsingborg, dessen Namen ich bis heute nicht herausfinden konnte, sowie im Söderstadion des Hammarby IF in Stockholm) gesehen – einen neuen Länderpunkt hatte ich damit nicht erzielen können.

Dafür bedurfte es eines zwischenzeitlichen Abstechers nach Finnland sowie eines direkt nach dem Finale noch angehängten Zwei-Tages-Trips nach Norwegen. Die Fahrt nach Finnland traten wir noch mit unserer großen Gruppe an, deren Mitglieder alle über dasselbe fabulöse Skandinavien-Ticket verfügten, so dass es kein Problem war, von Stockholm aus mit der Silja-Line die nächtliche Fahrt nach Turku und nach einem Kurzaufenthalt in Helsinki mit Übernachtung in der dortigen Jugendherberge wieder zurück in die schwedische Hauptstadt anzutreten, erneut von Turku aus.

Genau dort fand zu unserem großen Glück am Vorabend des EM-Finals ein Spiel der ersten finnischen Liga statt. Im Veritas-Stadion trat Turku PS gegen Haka Valkeakoski an, vor 2.500 Zuschauern – davon ein knappes Dutzend Groundhopper aus Deutschland! Die übrigen Tribünengäste um uns herum staunten nicht schlecht, als sie uns dabei erblickten, wie wir unsere Fanclubfahnen am Zaun befestigten – und erst recht, als wir sie bei Halbzeit bereits wieder abnahmen! Schließlich mussten wir die Fähre nach Stockholm bekommen und daher reichte es an diesem Tag nur für die erste Hälfte des Spiels – aber nach den allgemein akzeptierten Groundhopper-Regeln doch für den neuen Stadion- und Länderpunkt!

Auch nach dem Finale von Göteborg war die Skandinavien-Tour zumindest für HSV-Fan Jörn und mich längst nicht vorbei. Gemeinsam fuhren wir noch in derselben Nacht Richtung Norwegen, sahen uns die durchaus attraktive Hauptstadt Oslo an und badeten sogar im gleichnamigen Fjord. Jörn brach von da aus zu einer längeren Tour bis zum Nordkap auf, die sicher auch noch einige neue Grounds vorsah, ich gönnte mir am nächsten Tag lediglich noch ein Heimspiel des Lilleström SK im Arasen-Stadion, ein flottes 3:3 gegen Sogndal IL, um auch Norwegen auf meiner persönlichen Fußball-Landkarte abhaken zu können.

Mit den Länderpunkten Nummer 24 und 25 kehrte ich von der EM-Tour Ende Juni zurück – die Nummer 26 kam ebenfalls noch im selben Jahr in Skandinavien hinzu: Anfang September gab es in dem bei dieser Gelegenheit eingeweihten brandneuen Parken von Kopenhagen die Neuauflage des EM-Finales. Vor über 40.000 Zuschauern gelang der DFB-Elf mit einem 2:1 die Revanche für Göteborg, doch der verpasste EM-Titel war damit leider auch nicht mehr nachzuholen – dies sollte erst vier Jahre später im Londoner Wembley-Stadion gelingen.

Mit „Family & Friends“ nochmals nach Stockholm

Über zwanzig Jahre später kehrte ich nochmal für zehn Tage nach Stockholm zurück – diesmal aber nicht mit der „Braunschweig Family“, sondern mit der aus meiner Frau und meiner Tochter bestehenden eigenen Familie. Gemeinsam erkundeten wir die wunderschöne schwedische Hauptstadt, besuchten das ABBA-Museum und die Ausstellungshalle mit der „Wasa“, dem berühmtesten gesunkenen Schiff neben der „Titanic“, und fuhren mit einem zum Glück nicht untergehenden Boot in die faszinierende Welt der Schären.

Doch auch den Besuch eines Fußballspiels hatte ich mit der Familie aushandeln können, und da sowohl AIK Solna als auch Hammarby während unseres Aufenthaltes ein Heimspiel hatten, musste ich mich entscheiden. Die Wahl fiel auf die Partie von AIK gegen Elfsborg Boras, war doch auf diese Weise auch noch ein besonders attraktiver neuer Ground möglich. Dieser war zwar seit meinem damaligen Besuch anno 1992 an derselben Stelle des alten Rasunda-Stadions entstanden, stellte aber einen kompletten Neubau dar und konnte somit unter dem neuen Namen Friends Arena problemlos als neuer Stadionpunkt durchgehen. Knapp 15.000 Zuschauer, darunter auch unsere komplette Familie, verfolgten die attraktive Begegnung, die mit einem torreichen 4:2 für die Hausherren endete – und meiner fünfjährigen Tochter ihr erstes Fußballspiel außerhalb Deutschlands bescherte!

2.8. Balkan und Türkei (1989–2011)

Jugoslawien in den 1980ern – Sprachliche Verwirrung und eine kurzfristige Spielverlegung

Als ich im Mai 1980 mal wieder eines Samstags bei meinen Großeltern in Braunschweig zu Besuch war, sagte mein Opa plötzlich mit düsterer Miene: „Mal sehen, was jetzt aus Jugoslawien wird." Den Grund für seinen Pessimismus verstand ich erst auf Nachfrage: Josip Broz Tito war gestorben, der ehemalige Marschall im Zweiten Weltkrieg und zuletzt Staatspräsident, der den Vielvölkerstaat auf dem Balkan jahrzehntelang mit Charisma und eiserner Hand zusammengehalten hatte.

Sechs Jahre später war meine landeskundliche Bildung in dieser Region Europas offenbar noch nicht entscheidend weitergekommen. Auf meiner ersten Inter-Rail-Tour war Jugoslawien zwar nur Durchgangsstation auf der Reise von Italien nach Griechenland, aber immerhin mit Tagesaufenthalten in Zagreb und Belgrad eingeplant. Die gemeinsame Sprache des Landes war Serbokroatisch, das hatte ich natürlich gehört, mehr wusste ich aber nicht. Und so staunte ich nicht schlecht, als bei meiner Ankunft in Belgrad die gewohnten lateinischen Buchstaben plötzlich durch das kyrillische Alphabet abgelöst wurden.

Weitere drei Jahre darauf, im September 1989, begab ich mich erneut auf den Balkan. Diesmal wollte ich das Land etwas besser kennenlernen, hatte immerhin eine knappe Woche zur Verfügung und wollte neben einem Badeaufenthalt im schönen Makarska auch zwei oder drei Stadionbesuche mit einbauen. Dass es letztlich nur zwei wurden, lag daran, dass es damals noch kein Internet und somit kaum eine Möglichkeit gab, sich über kurzfristige Spielverlegungen zu informieren. So begann mein Aufenthalt in Split mit einer Enttäuschung: Das Spiel von Hajduk war auf den Vorabend verlegt worden und daher schon längst beendet, als ich in der Großstadt an der Adria eintraf. Etwas mürrisch machte ich mich an die Besichtigung der auch ohne Fußball sehenswerten Stadt mit dem Diokletianspalast als Höhepunkt und hoffte, dass mir so etwas bei meinen nächsten beiden Stationen nicht noch einmal passieren würde. Da es sich in beiden Fällen um Europapokalspiele handelte, waren weitere unliebsame Überraschungen zum Glück recht unwahrscheinlich, und in der Tat sollte ich beide Grounds und den Länderpunkt Jugoslawien erreichen.

„We hate the Croats" – Verbale Vorboten eines Bürgerkrieges

Im Herbst 1989 deutete für auswärtige Beobachter wahrscheinlich noch nicht allzu viel darauf hin, dass Jugoslawien zwei Jahre später in einem Bürgerkrieg versinken und sich sukzessive in seine Bestandteile auflösen würde. So schlenderte ich völlig entspannt durch eine friedliche Kleinstadt namens Mostar, in der am Abend ein Erstrundenspiel von Partizan Belgrad im Europapokal der Pokalsieger stattfinden sollte, und es wurde mir gar nicht bewusst, in welchem der von verschiedenen Religionen dominierten Stadtteile ich mich gerade befand. Ich überquerte auch die berühmte gebogene Brücke, deren Zerstörung wenige Jahre später zum Symbol des Zerfalls von Jugoslawien werden sollte.

Gespannter war die Atmosphäre eher rund um das Gradski-Stadion selbst, in dem Partizan aufgrund einer Platzsperre seitens der UEFA diese Partie austragen musste, und in dem heute immerhin Celtic Glasgow mit seinen auch nicht immer engelsgleichen Fans zu Gast war. Die ohnehin nicht übermäßig zahlreich vertretenen Schotten hielten sich an diesem Nachmittag mit ihrem Support aber merklich zurück; die Partizan-Anhänger brannten ein bisschen Feuerwerk ab und freuten sich ansonsten über ihren 2:1-Sieg, so dass es unter den insgesamt 12.000 Zuschauern ruhig blieb.

Per Nachtzug ging es für mich anschließend weiter nach Belgrad – und das nicht allein, sondern in Gesellschaft einiger Partizan-Anhänger, mit denen ich mir das Sechser-Abteil teilte. Die halbe Nacht hindurch unterhielten wir uns über Fußball, überwiegend auf

Englisch, mit einem der jungen Burschen aber auch auf Deutsch. Begeistert hatte er auf die Nennung meines Lieblingsvereins hin erklärt, er sei der Neffe des früheren Eintracht-Stürmers Ilija Zavisic, der anno 1981 im Hamburger Volksparkstadion immerhin das erste Tor der neuen Bundesliga-Saison geschossen hatte. Zufälle gibt es! Mitten in der Nacht hielt unser Zug dann auch in der bosnischen Provinzhauptstadt Sarajewo. Ich dachte zurück an die Olympischen Winterspiele 1984 und das Maskottchen Vucko – wenige Jahre danach hätte der Name Sarajewo ganz andere Assoziationen geweckt.

Am nächsten Morgen in Belgrad besichtigte ich zunächst die Festung hoch über dem Zusammenfluss von Donau und Sava sowie die zumindest damals nicht übermäßig attraktive Innenstadt, bevor es auch hier zum Fußball ging. Der in Deutschland kaum bekannte FK Rad Belgrad hatte sich für den UEFA-Cup qualifiziert und empfing im Hinspiel der 1. Runde in seinem Stadion FK Rad die griechische Mannschaft von Olympiakos Piräus. Obwohl diese mit einem mehrere Tausend Personen starken Anhang angereist war, welcher auf den Rängen hinter einem der beiden Tore eine noch nie zuvor erlebte Pyro-Show veranstaltete, blieben auch hier Ausschreitungen zum Glück Fehlanzeige. Etwas überraschend setzten sich auch hier die Gastgeber mit 2:1 durch, vor ebenfalls rund 12.000 Zuschauern.

Mit einigen davon kam ich kurz nach dem Spiel ins Gespräch und wurde erstmals mit serbischem Nationalismus konfrontiert, der mein Bild von einem einigen Jugoslawien zerstörte: „We hate the Croats“, sagte mir einer der Rad-Anhänger. „Do you see this money?“, fragte er mich und hielt mir einen Geldschein entgegen. „This is Croat money“, meinte er und zerriss die mit lateinischen Buchstaben gestaltete Dinar-Banknote vor meinen Augen. Ohne Worte!

Da war sie mal wieder, die Bestätigung für das Sprichwort „Reisen bildet“ – als zwei Jahre später der Krieg zwischen Serben und Kroaten ausbrach, war ich darüber nicht mehr ganz so überrascht, als ich es ohne dieses Erlebnis gewesen wäre.

Albanien 1994 – Zwischen toten Pferden und Satellitenschüsseln

Fünf Jahre später hatte sich die Lage im mittlerweile ehemaligen Jugoslawien noch keineswegs wieder beruhigt – der Bürgerkrieg sollte den Kontinent die kompletten 1990er Jahre hindurch in Atem halten. Daher mussten wir uns für unsere geplante Reise zum EM-Qualifikationsspiel der deutschen Nationalmannschaft in Albanien etwas anderes einfallen lassen und kamen darauf, von Italien aus mit dem Schiff über die Adria anzureisen.

Touristisch war das „Land der Skipetaren" zu jener Zeit überhaupt noch nicht erschlossen, die Politik der totalen Abschottung unter Diktator Enver Hodscha lag erst wenige Jahre zurück. Insofern konnten wir uns glücklich schätzen, als es mir gelang, ein in Bochum angesiedeltes Reisebüro ausfindig zu machen, welches die Transporte innerhalb des Landes und eine Unterkunft in Tirana für uns zu organisieren in der Lage war.

Über Südtirol, Verona und San Marino reisten wir mit der fünfköpfigen Besatzung des von meinem Freund Matze aus Braunschweig gefahrenen Autos bis nach Ancona. Dort kauften wir zunächst den erstbesten Supermarkt fast leer, da die Versorgungslage in Albanien uns doch sehr unsicher erschien, und zudem in den Wochen zuvor offenbar verseuchte Lebensmittel eine Cholera-Epidemie dort ausgelöst hatten – tolle Aussichten, die uns aber auch nicht von der Reise abhielten.

Fast noch schlimmer war jedoch der Anblick des Schiffes, welches uns über die Adria bringen sollte – ein „ganz übler Seelenverkäufer", wie wir sofort übereinstimmend feststellten. Mit einem etwas mulmigen Gefühl knipsten wir an diesem Abend in unseren Kabinen das Licht aus – die Erinnerung an das letzte große Fährunglück in Europa war noch recht frisch. Erst, als wir rund fünfzehn Stunden später immer noch nicht auf dem Boden des Meeres lagen und am Horizont die albanische Küste in Sicht kam, konnten wir erleichtert davon ausgehen, zumindest die Hinfahrt überstanden zu haben.

Der Empfang im Hafen von Durres ließ jedoch sofort gewisse Zweifel aufkommen, ob eine Havarie des „Seelenverkäufers" nicht doch das kleinere Unglück gewesen wäre. Denn was uns hier für dunkle Gestalten erwarteten, das übertraf eigentlich schon fast die schlimmsten Befürchtungen. Zum Glück hatte sich aber auch die Agentin des Bochumer Reisebüros verabredungsgemäß im Hafen eingefunden, um uns zu begrüßen. In ihrer Begleitung konnten wir uns nach Erledigung der Passformalitäten einen Weg zu dem bereitgestellten Kleinbus bahnen, welcher uns nach Tirana bringen sollte, mitten durch Horden bettelnder Kinder und sogar vorbei an einigen verendeten Pferden und sonstigen Tieren am Straßenrand. Es war wie ein Ausflug in die Dritte Welt, und das mitten in Europa.

Umso positiver überrascht waren wir dann allerdings von dem doch sehr ordentlichen Quartier, welches wir in der Hauptstadt beziehen konnten; einer großen und zweckmäßig eingerichteten Wohnung mit vier Betten und einem Sofa im Wohnzimmer und somit wie für uns gemacht. Etwas peinlich berührt waren wir dennoch, hatte doch die eigentlich hier wohnende Familie mit ihren beiden Kindern extra für drei Tage bei den Großeltern Unterschlupf suchen müssen, um uns ihre Bleibe zur Verfügung stellen zu können, was uns im Vorfeld nicht bewusst gewesen war. Man konnte nur hoffen, dass die Leute wenigstens einen angemessenen Anteil des Geldes bekamen, welches wir einige Wochen zuvor an das Reisebüro überwiesen hatten.

Am nächsten Tag machten wir einen Ausflug in die albanische Bergwelt und kamen dabei mit zwei jungen Mädchen ins Gespräch, die uns in einem sehr akzeptablen Englisch in die Geschichte ihres Landes mit dem Nationalhelden Skanderbeg einführten. Mit einer von den beiden sprach ich auch auf Italienisch, welches sie ebenfalls ziemlich gut beherrschte – da hatten die ganzen Satellitenschüsseln, welche uns an den Häuserwänden in Tirana aufgefallen waren und die den Einheimischen die Fernsehprogramme von der anderen Seite der Adria ins Haus brachten, offenbar ihren Bildungszweck erfüllt!

Das Fußballspiel selbst, dessentwegen wir diese Reise überhaupt angetreten hatten, geriet auf diese Weise fast in den Hintergrund. Trotzdem waren wir erleichtert, als die DFB-Elf mit einem 2:1-Sieg eine ähnliche Blamage wie anno 1967 an selber Stelle vermieden und die ersten Punkte in der EM-Qualifikation eingefahren hatte – und wir das Qemal Stafa-Stadion trotz einiger draußen auf uns wartenden albanischen Fans unversehrt verlassen hatten.

Mit einem ganzen Bündel wahrlich nicht alltäglicher Erlebnisse traten wir die wiederum recht strapaziöse Rückreise an. Heutzutage würde man sich für eine Reise nach Albanien einfach ins Flugzeug nach Tirana setzen – aber den Hafen von Durres und die Überlandfahrt mit dem Kleinbus würde man dann natürlich verpassen.

Stadiontouren am Bosporus

Unter dem geographischen Gesichtspunkt könnte man sicherlich darüber streiten, ob die Türkei in diesem Teil des Buches über Europa richtig angesiedelt ist oder nicht vielmehr im Rest der Welt-Teil aufgeführt werden müsste. Schließlich habe ich mich bei Israel für letztere Variante entschieden, obwohl der israelische Fußballverband seit vielen Jahren ebenso wie der türkische der UEFA angehört. Doch bei der Türkei war die Einordnung für mich unstrittig, denn erstens gehört das Land für mich gefühlt zu Europa, und zweitens befinden sich vier der fünf Grounds, welche ich im Laufe der Jahre in der Millionenmetropole am Bosporus sammeln konnte, im europäischen Teil von Istanbul.

Eine Ausnahme stellte jedoch gleich mein erster Stadionbesuch im April 1992 dar. Gemeinsam mit meinem Bruder hatte ich mich mit dem Flugzeug auf den Weg in die Türkei begeben und einen fünftägigen Aufenthalt im schönen Side durch zwei Wochenenden in Istanbul flankiert, an denen natürlich jeweils auch ein Fußballspiel auf dem Programm stand. Der Top-Club aus dem asiatischen Teil der Stadt, Fenerbahce, spielte am ersten dieser beiden Sonntage zu Hause, in dem damaligen und im Vergleich zur heutigen Arena sehr bescheiden daherkommenden Fenerbahce Stadyumu, das mit 25.000 Zuschauern sehr ordentlich gefüllt war. Beim 2:0-Sieg gegen Boluspor machten wir also erstmals Bekanntschaft mit dem türkischen Fußball und seinen Fans und waren schon sehr angetan von der tollen Stimmung.

Diese sollte eine Woche später noch locker überboten werden, hatten wir doch das Glück, eines der großen Istanbuler Derbys sehen zu können. Fenerbahce trat auswärts bei Besiktas an, in dem unmittelbar am Bosporus gelegenen Inönü Stadyumu. Schon zwei Stunden vor dem Anpfiff herrschte dort in beiden Fanblöcken eine infernalische Stimmung. Sprechchöre und Gesänge, dazu Rauchschwaden und große Blockfahnen – die türkische Fan-Szene wusste an diesem Nachmittag wirklich zu überzeugen. Das Spiel hielt nicht ganz die großen Erwartungen, Besiktas setzte sich vor 27.000 Zuschauern mit 1:0 durch.

Nun fehlte mir von den drei großen Istanbuler Clubs nur noch Galatasaray – die Chance dazu sollte erst 16 Jahre später kommen.

Im September 2008 besuchte ich das alte Ali Sami Yen bei einem 4:1-Heimsieg gegen Konyaspor. Es war ein sehenswertes Spiel in einem traditionsreichen Stadion, noch dazu problemlos mit der U-Bahn erreichbar. Das war an diesem Abend besonders wichtig und angenehm, hatte ich doch am Vorabend eine wahre Odyssee erlebt, als ich auch noch den am weitesten im Westen angesiedelten Ground besucht hatte: das Atatürk Olimpiyat Stadi, drei Jahre zuvor Schauplatz des sensationellen Europapokalsieges des FC Liverpool gegen den AC Mailand!

Hatte man die Supporters und Tifosi aus England und Italien damals sicher in relativ komfortabler Weise zum Stadion transportiert, so gab es für das von mir anvisierte Spiel keine direkte Verkehrsanbindung, obwohl es sich immerhin um ein Derby zwischen dem gastgebenden Istanbul BB und Besiktas handelte. So musste ich die am weitesten nach Westen reichende U-Bahn-Linie und von dort aus noch einen Bus nehmen, um wenigstens einigermaßen nah an das Stadion heranzukommen, welches ich dann aber erst nach einem mindestens halbstündigen Fußmarsch in der einsetzenden Dämmerung erreichte – kein besonders angenehmes Unterfangen in einem Land, in dessen Sprache ich mich nur absolut rudimentär unterhalten konnte. Es reichte zumindest dafür, nach dem mit 1:1 endenden Spiel diesmal direkt vom Stadion aus ein Taxi zu nehmen und dem Fahrer mein Reiseziel im Stadtteil Beyoglu zu verstehen zu geben. Der zusätzliche Ground war erreicht, aber ein zweites Mal muss ich dort nicht hinfahren.

Wesentlich komfortabler ging es im März 2011 zu, als ich mit deutlich geringerem Aufwand sogar zwei Spiele an einem Tag in Istanbul sehen konnte. Da mir die Abendpartie zwischen Besiktas und Kayserispor keinen neuen Ground mehr einbringen würde, freute ich mich besonders, dass am Nachmittag noch der Besuch eines weiteren Spiels möglich war, unweit unseres wieder mal in Beyoglu gebuchten Hotels. Im R.T. Erdogan Stadyumu trat der Heimatverein des ehemaligen Bürgermeisters und aktuellen Ministerpräsidenten, Kasimpasaspor, gegen Manisaspor an und siegte vor einer überschaubaren Kulisse mit 1:0. Wieder einmal war ich nicht der einzige deutsche Groundhopper vor Ort, mit Dirk aus Braunschweig traf ich sogar einen meiner engsten Weggefährten auf der Tribüne des kleinen Stadions. Aber allzu verwundert war ich darüber nicht mehr, schon häufig hatte ich derartige Erfahrungen gemacht, und es sollte auch nicht das letzte Mal sein. Das „Doppel“ in Istanbul im März 2011 ist bis heute mein letztes Fußballerlebnis in der Türkei geblieben. Der Mann, nach dem man bei Kasimpasa das Stadion benannt hat, ist daran nicht ganz unbeteiligt.

Groundhopping auf Zypern – mal wieder ohne geeignete Verkehrsmittel

Während ich es bis heute nicht geschafft habe, den Länderpunkt Griechenland zu erreichen, da mein einziger Besuch auf dem dortigen Festland anno 1986 mitten in die Sommerpause fiel, und bei einem Besuch auf Kreta im Jahr 2002 kurzfristig wegen Fanausschreitungen am Spieltag zuvor das Heimspiel von OFI abgesetzt wurde, ist es mir am Rande einer anderen Reise auf eine der Inseln im östlichen Mittelmeer doch gelungen, meiner Sammlung noch einen weiteren Länderpunkt hinzuzufügen.

Im Januar 2004 verbrachte ich mit meiner Freundin eine Woche auf Zypern und genoss dort die kleine Auszeit vom deutschen Winter. Neben spannenden Ausflügen nach Larnaca und Limassol sowie in die geteilte Hauptstadt Nicosia wollte ich möglichst auch ein Fußballspiel dort sehen. Das Schicksal schien es gut mit mir zu meinen, war doch wenige Kilometer von unserem Feriendomizil entfernt ein Heimspiel von Enosis Neon Paralimni in der 1. Liga gegen das Spitzenteam von Olympiakos Nicosia angesetzt.

Allerdings gestaltete sich die Anreise als äußerst schwierig, war uns doch aus dem Zentrum der kleinen Stadt Paralimni heraus überhaupt nicht ersichtlich, mit welchem Verkehrsmittel wir die Fahrt zum etwas entlegenen New Municipality Stadium antreten könnten. Da blieben nur Schusters Rappen als Alternative! Mindestens eine Dreiviertelstunde gingen wir somit zu Fuß über die Felder, bis wir die am Horizont erkennbaren Flutlichtmasten endlich erreicht hatten. Entschädigt wurden wir mit einem guten Spiel und einem überraschenden 2:1 der Gastgeber – und einem dank der Tipps von Einheimischen etwas komfortableren Rückweg. Trotzdem – „danke, Kira, dass Du damals mitgekommen bist!“

2.9. Osteuropa (1992–1999)

Groundhopping im Land der Tschechen und Slowaken

Bis Ende der 1980er Jahre spielten die Länder Osteuropas in meinen Reiseplanungen überhaupt keine Rolle. Sie lagen nun mal hinter dem Eisernen Vorhang, waren angesichts von Visumspflichten nur mit einem erheblichen Aufwand zu bereisen und gehörten auch nicht zum Streckennetz des Inter-Rail-Tickets.

Als dann im Herbst 1989 auf Tausenden von Kilometern die Grenzzäune fielen, hatte ich erst mal genug mit dem Ostteil meines eigenen Landes zu tun – auch in Sachen Groundhopping. Erst im Frühjahr 1992 weitete ich meine Aktivitäten dann auch auf die übrigen Länder des ehemaligen Warschauer Paktes aus – die ich daher alle in diesem Kapitel zusammenfasse, auch wenn gerade die Tschechen und Slowaken sich natürlich nie als Osteuropäer einstufen würden.

Erstes Reiseziel war Prag – und das in diesem Frühjahr gleich dreimal! Das hatte natürlich zum einen mit der Faszination der „Goldenen Stadt" als solcher zu tun, die damals zum Glück auch noch nicht annähernd so touristisch überlaufen war wie in späteren Jahrzehnten, aber eben auch mit dem üppigen Angebot an Fußballvereinen und Stadien. Anfang März war ich mit einigen Freunden von der Uni erstmals in Prag. Während Christian und Oliver sich nicht so sehr für Fußball interessierten, begleitete mich mein italienischer Freund Davide zu dem Spiel von Slavia Prag, die aufgrund einer Sperrung der eigenen Heimstätte allerdings an diesem Tag im Mestsky Stadion des Lokalrivalen Bohemians antreten mussten und vor knapp 15.000 Zuschauern prompt mit 1:2 gegen Banik Ostrava verloren.

Keine drei Wochen später war ich erneut in Prag, diesmal ganz allein und per Nachtzug angereist, um das Europapokalspiel von Sparta gegen Benfica Lissabon zu sehen. Unter mehr als 25.000 Besuchern erlebte ich im Letna-Stadion ein 1:1. Mit demselben Resultat trennten sich nochmals fünf Wochen darauf im Stadion Evzena Rosickeho schließlich die Nationalteams der CSFR und Deutschlands bei einem Freundschaftsländerspiel, das ich gemeinsam mit meinem Bruder als letzte Station einer ausgiebigen Tour durch die

Hauptstädte Südosteuropas erlebte. Es war bereits eines der letzten Länderspiele der Tschechoslowakei, die sich zum Ende des Jahres hin per Volksentscheid auflöste und in die beiden selbstständigen Staaten Tschechien und Slowakei zerfiel.

Deren spätere Hauptstadt Bratislava bereiste ich auch schon im Mai 1992 und somit noch zu einem Spiel der gemeinsamen Liga. Insofern weiß ich bis heute nicht, ob ich mir den Besuch des Pasienky-Stadions als zusätzlichen Länderpunkt anrechnen kann – und das, obwohl ich dort immerhin das ja auch heute noch regelmäßig stattfindende Derby zwischen Slovan und Inter Bratislava erleben durfte (welches die Gastgeber übrigens vor knapp 15.000 Zuschauern mit 4:1 gewannen).

Bukarest und Budapest – nicht wirklich miteinander zu verwechseln

Die nächsten in Osteuropa erlangten Länderpunkte waren hingegen unstrittig – und auch hart genug erkämpft. Den Besuch in der Hauptstadt Rumäniens konnten mein Bruder und ich zwar ebenfalls in die gerade schon erwähnte Tour mit einbauen, aber zum einen war eine Bahnreise von Istanbul über Sofia nach Bukarest im Jahr 1992 noch eine sehr zeitaufwändige Angelegenheit, und zum zweiten präsentierte sich die Stadt damals noch in einem ziemlich ärmlichen Zustand.

Dominiert wurde sie von dem dereinst durch Diktator Nicolae Ceaucescu errichteten monumentalen Palast, für den allerdings Hunderte von Häusern des historischen Zentrums hatten weichen müssen – auch das unserer Vermieter. Wie schon in Sofia, so hatten wir auch hier über die Tourist-Info am Bahnhof ein Privatzimmer gebucht, anstatt in eines der teuren Hotels zu gehen. Außerdem kam man dadurch viel besser in Kontakt mit Land und Leuten, was in diesem Fall nicht zuletzt dank meiner immer noch ganz brauchbaren Französisch-Kenntnisse gelang. Die Dame des Hauses hatte nämlich mal im diplomatischen Dienst gearbeitet und war der Sprache Voltaires mächtig. Ihr Mann war Hochschulprofessor. Dennoch lebten die beiden ein für unsere Begriffe sehr bescheidenes Leben – zumindest, nachdem Herr Ceaucescu ihnen für den Bau des Palastes ihr Haus beschlagnahmt hatte und sie als Entschädigung nur eine Drei-Zimmer-Wohnung und einen Fernseher erhalten hatten.

Im Vergleich zu derartigen Geschichten trat der Stadionbesuch am letzten Abend unseres Aufenthalts fast in den Hintergrund, obwohl wir immerhin erneut ein Derby und mit der Partie zwischen Steaua und Dinamo, die im Stadionul Steaua 1:1 endete, sogar das Top-Spiel des rumänischen Fußballs erwischt hatten.

Die von Bukarest so völlig verschiedene Stadt an der Donau mit ihrem zumindest im Deutschen fast identischen Namen besuchte ich im Oktober 1994 – zum bereits dritten Mal, aber erstmals inklusive Stadionbesuch. Dieser war sogar der Anlass unserer Reise, welche ich mit einigen Freunden von der „Braunschweig Family" gemeinsam antrat. In besonders guter Erinnerung haben wir den Aufenthalt in Budapest und speziell das Spiel im Nép-Stadion aber leider nicht behalten, was weniger an dem langweiligen 0:0 zwischen Ungarn und Deutschland lag, als vielmehr an der Entwendung unserer Fanclub-Fahne durch ungarische Hooligans. Auslandsreisen fordern eben manchmal ihren Tribut, aber dieser traf uns natürlich besonders schwer, hingen an dem Stück Stoff doch viele Erinnerungen aus vergangenen Jahren. Die Tatsache, dass sich der Vorfall in den folgenden Wochen in weiten Teilen der deutschen Fan-Szene herumsprach und wir überall nach dem Verbleib des Tuches gefragt wurden, war aber immerhin eine schöne Bestätigung für den hohen Bekanntheitsgrad unseres Fanclubs bis Mitte der 1990er Jahre.

Eine Woche in Moskau – Zwischen goldenen Kuppeln und stalinistischer Architektur

Einige Wochen zuvor hatten wir auf die Mitnahme der Fanclub-Fahne noch verzichtet, als wir auch bereits zu fünft zu einem Länderspiel in Osteuropa unterwegs waren. Nach Russland hätte man uns mit dem riesigen blau-gelben Tuch vielleicht auch gar nicht erst einreisen lassen, schließlich sind Kontrollen an Flughäfen stets besonders streng; zudem gab es in dem Fall zur Anreise auf dem Luftweg auch keine Alternative. Dieser Luftweg hieß Aeroflot, was für uns nicht gerade übermäßig Vertrauen erweckend klang, aber das war vielleicht unseren eigenen aus den vielen Jahren des Kalten Krieges stammenden Vorurteilen geschuldet. Letztlich brachte die russische Airline uns genauso sicher nach Moskau, wie uns anschließend das Taxi durch den tosenden Straßenverkehr zu unserem Hotel transportierte.

In den folgenden Tagen erkundeten wir ausgiebig die russische Hauptstadt, zumeist mit der U-Bahn, die uns mit ihren unglaublich steilen Rolltreppen und den kunstvoll ausgestalteten Stationen faszinierte. Dass wir dabei trotz der ausschließlich kyrillischen Beschriftungen stets die richtige zum Aus- und Umsteigen nutzten, dafür sorgte unsere Mitreisende Martina mit ihren dereinst im Braunschweiger Gymnasium erworbenen guten Russisch-Kenntnissen. So besichtigten wir innerhalb weniger Tage den Kreml und den Roten Platz mit dem Lenin-Mausoleum und dem Kaufhaus GUM sowie eine Unzahl orthodoxer Kirchen mit ihren goldenen Kuppeln. Doch auch die in typisch stalinistischer Architektur errichteten Paläste der Innenstadt, wie beispielsweise die KGB-Zentrale, waren überaus beeindruckend, wenn auch sicher nicht in so positivem Sinne.

Von den immerhin drei während dieser einen Woche besuchten Stadien wusste indes allein das Lushniki-Stadion zu beeindrucken, in dem am Mittwochabend der eigentliche Anlass unserer Reise stattfand. Vor rund 50.000 Besuchern gelang der deutschen Mannschaft mit einem 1:0 mal wieder ein knapper Auswärtssieg, den wir aber wohlweislich nicht allzu lautstark bejubelten, waren wir doch auf der Tribüne von einigen nicht besonders freundlich dreinblickenden heimischen Zuschauern umgeben. Einer von ihnen rückte mir auf der Tribüne sogar in sehr unangenehmer Weise auf den Leib und versuchte mich dazu zu animieren, mit ihm gemeinsam „Ra-ssi-ya" zu skandieren. Ich stellte mich taub und konnte ihn erfolgreich ignorieren, aber spätestens im März 2022 drang mir dieses unangenehme Erlebnis wieder ins Bewusstsein, als ich die Bilder der von Staatspräsident Putin inszenierten nationalistischen Kundgebung in eben jenem Lushniki-Stadion im Fernsehen sah.

Letztlich konnten wir an jenem Abend im September 1994 den Ort des Geschehens aber genauso unversehrt verlassen wie tags zuvor bereits das Stadion Lokomotive beim Aufeinandertreffen der U-21-Teams, das allerdings mit 2:0 an die Russen gegangen war. Völlig entspannt verfolgten wir hingegen am Abend vor unserer Abreise noch ein Liga-Spiel im Stadion Torpedo, in dem der gleichnamige

Gastgeber in einem Derby das deutlich renommiertere Team von Spartak Moskau empfing und dem Favoriten vor 5.000 Zuschauern ein 2:2 abtrotzte.

Letzte große Fanclub-Tour ans Schwarze Meer

Das Jahr 1995 begann für die Fußballfans in Deutschland und insbesondere die Groundhopping-Szene mit einem Schock: Mit Wirkung vom 1. Februar stellte die Deutsche Bundesbahn das Tramper-Monats-Ticket ein, ohne das viele Touren der letzten zehn Jahre undenkbar gewesen wären, und das auch ich in dieser Zeit sicher annähernd zwei Dutzend Mal genutzt hatte. Doch auch sonst fühlte ich, dass zu jener Zeit eine Ära zu Ende ging: Mitte März wurde in Braunschweig unser traditioneller Fanblock „Gegengerade", in dem ich fast 14 Jahre lang meinen Stammplatz gehabt hatte, im Zuge der Modernisierung des Stadions abgeschafft und zwang uns alsbald wieder zurück in die Südkurve, einige von uns aber auch direkt auf die Sitztribüne, so dass auch unser Fanclub von da an keinen einheitlichen Platz mehr im Stadion hatte.

Die Zeit der vielen gemeinsamen Auslandsreisen ging ebenfalls dem Ende entgegen. Wir waren mittlerweile alle zwischen Ende zwanzig und Anfang dreißig und hatten zunehmend andere Verpflichtungen oder auch Prioritäten.

Eine letzte große gemeinsame Tour, an der auch ich teilnahm, führte uns im Juni 1995 noch einmal nach Osteuropa – ans Ufer des Schwarzen Meeres! Dort machten wir mit mehr als einem Dutzend langjähriger Freunde und Bekannter eine Woche Urlaub in einem Touristenhotel in Varna und genossen die Sonne und das Meer. Der eigentliche Anlass der Reise war mal wieder ein Auswärtsspiel der Nationalmannschaft, diesmal sogar erneut in der EM-Qualifikation, und es verlief nicht ganz so erfreulich wie die Tage am Strand. Die DFB-Elf verlor zum zweiten Mal binnen eines Jahres gegen Bulgarien, diesmal mit 2:3. Darüber hinaus war die Atmosphäre im Wassili-Levski-Stadion überaus hitzig und feindselig. Mit nur einigen hundert deutschen Fans unter den 50.000 Zuschauern waren wir natürlich hoffnungslos in der Unterzahl und daher ganz froh, dass die Polizei uns effektiv genug von dem gewaltbereiten Teil des heimischen Anhangs abschottete, und wir unbeschadet wieder den

Flughafen erreichen und für den Rest des Aufenthalts in Bulgarien ans Schwarze Meer zurückfliegen konnten. So blieb uns erspart, dass diese letzte gemeinsame Auslandstour einen vielleicht sehr unangenehmen Ausgang genommen hätte.

Polen 1999 – Auf den Spuren der deutschen Geschichte

Nur noch ein weiteres Mal bin ich seitdem zum Fußball in Osteuropa gewesen, aber dieses eine Mal musste noch sein – schließlich ist die Sammlung ohne den Länderpunkt Polen ja definitiv unvollständig.

Im März 1999 machte ich mich per Nachtzug direkt von meinem damaligen Wohnort Bielefeld aus auf die Reise. Zum Glück gab es damals noch den berühmten Ost-West-Express, so dass ich tatsächlich ohne Umsteigen von Ostwestfalen aus bis nach Warschau gelangen konnte. Dort begab ich mich dann gleich ein erstes Mal auf die Spuren der Geschichte des Zweiten Weltkriegs, die natürlich in einem sehr wesentlichen Maße eine Geschichte der Untaten unserer eigenen Vorväter ist, wie man gerade in der polnischen Hauptstadt nachdrücklich vor Augen geführt bekommt. In der obersten zugänglichen Etage des Kulturpalastes dokumentierte eine Ausstellung den Verlauf des Krieges in Warschau, der mit der völligen Zerstörung der Stadt endete – umso bewundernswerter, wie speziell die Altstadt nach dem Krieg mit viel Liebe zum Detail wiederaufgebaut wurde. An anderen Stellen wurde der beiden nicht miteinander zu verwechselnden Aufstände der Jahre 1943 und 1944 gedacht, also der Erhebung der jüdischen Bevölkerung im Ghetto und des Warschauer Aufstandes im Jahr danach, als die Rote Armee schon am anderen Ufer der Weichsel stand, aber nicht eingriff.

Noch beeindruckender war der anschließende Aufenthalt in Krakau, der „Kulturhauptstadt Polens", wie die Vermieterin meines Privatzimmers voller Lokalpatriotismus anmerkte. Ich konnte mich mit ihr ganz gut auf Französisch unterhalten, das sie gelernt hatte, weil sie Polen und Frankreich als zwei eng miteinander verbundene Länder ansah – vielleicht wegen Fréderic Chopin, vielleicht wegen der Nachbarschaft zum zeitweise so übermächtig erscheinenden Deutschen Reich. Ich besichtigte in Krakau die Wawelsburg und das jüdische Ghetto, das ganz anders als in Warschau hier praktisch unverändert erhalten geblieben war, weil die Nationalsozialisten daraus ein „Freiluftmuseum der untergegangenen Rasse“ machen wollten.

Den schaurigen Höhepunkt oder auch Tiefpunkt der Auswirkungen dieser wahnsinnigen Ideologie stellte dann natürlich das unweit von Krakau gelegene Auschwitz-Birkenau dar, das ich ebenfalls per Zug erreichte. Ich will das berühmte Vernichtungslager hier nicht näher kommentieren, weil es in unzähligen Publikationen beschrieben wurde, die dafür um Längen besser geeignet sind, als dies ein sich im Wesentlichen mit dem Phänomen des Groundhopping beschäftigendes Buch sein könnte. Eines ist auf jeden Fall klar: Direkt nach dem Besuch dort hätte ich mich nicht mehr auf Stadiontour begeben können, das wäre selbst einem Extrem-Fußballfan wie mir grotesk erschienen.

Daher will ich auch das einzige während dieser Woche besuchte Spiel ganz kurz abhandeln: Von Kattowitz aus fuhr ich am typischen Länderspieltag, also einem Mittwochabend, mit der Straßenbahn ins benachbarte Chorzow, wo im Stadion Slaski die polnische Nationalmannschaft vor rund 30.000 Zuschauern in einem EM-Qualifikationsspiel dem Gast aus Schweden mit 0:1 unterlag. Der Länderpunkt Polen war damit also auch erreicht, auch wenn es auf dieser Reise, die mich anschließend noch nach Breslau und Posen und damit sogar in zwei ehemals zu Deutschland gehörende Städte führte, nur Nebensache war. Zehn Jahre zuvor hätte ich auf diese Weise nun Osteuropa „komplett“ gehabt, doch der Zerfall der Sowjetunion hat nun mal im Jahr 1991 eine ganze Reihe neuer Staaten und somit auch potenzieller Länderpunkte geschaffen.

Erst im Jahr 2020 sollte es mir – inmitten der Corona-Pandemie – gelingen, mit Estland einen ersten davon meiner Sammlung hinzuzufügen. Aber das wird an anderer Stelle dieses Buches behandelt.

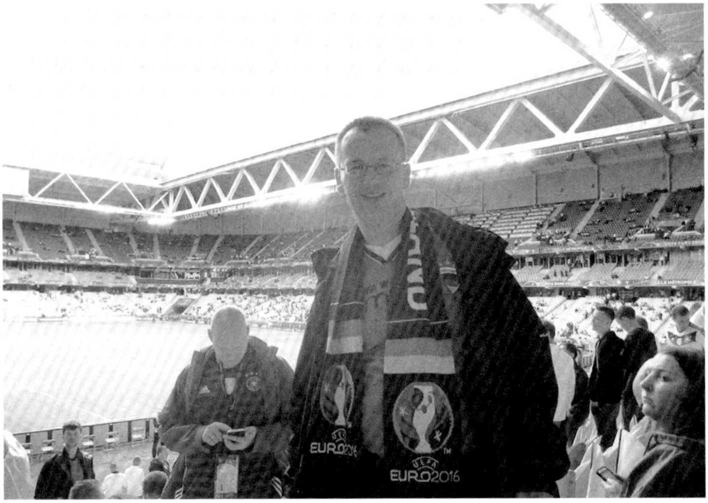

EM 2016 Lille.

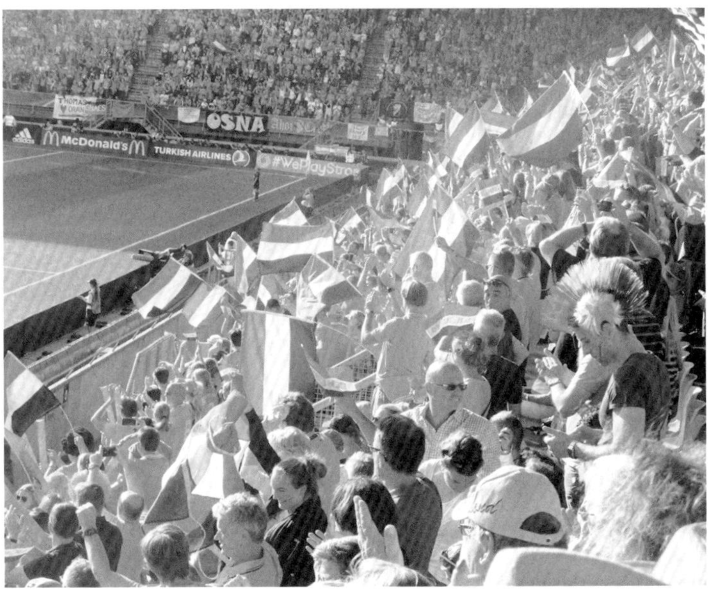

EM-Finale Frauen 2017.

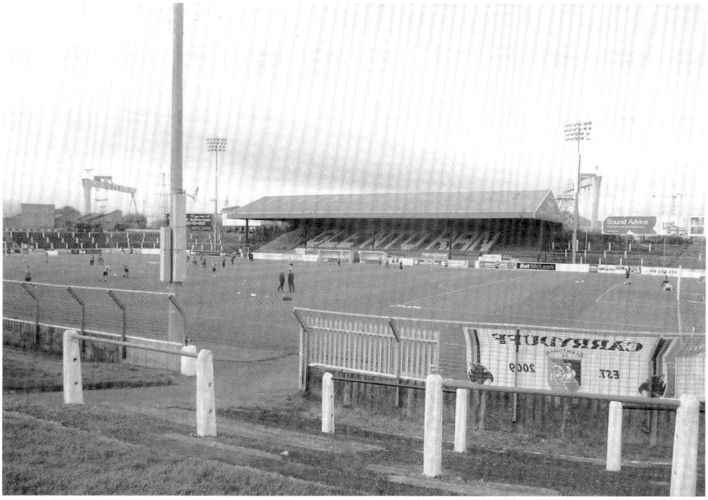

Stadion Glentoran Belfast 2018.

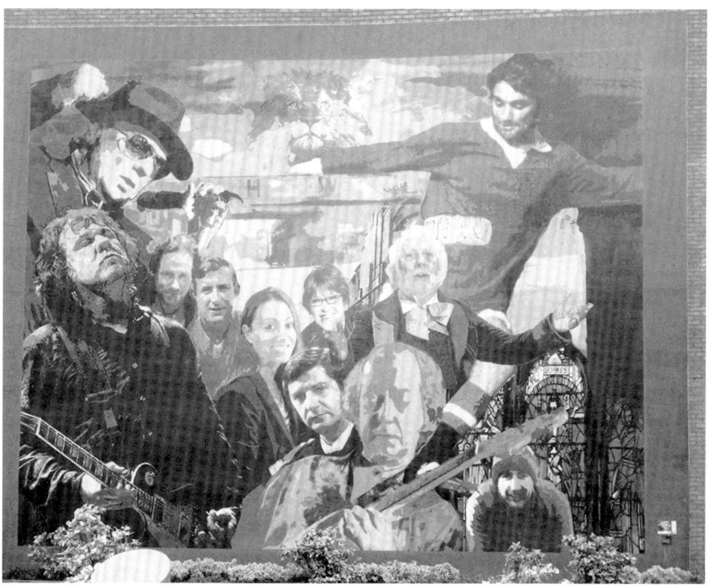

Wandgemälde Belfast 2018.

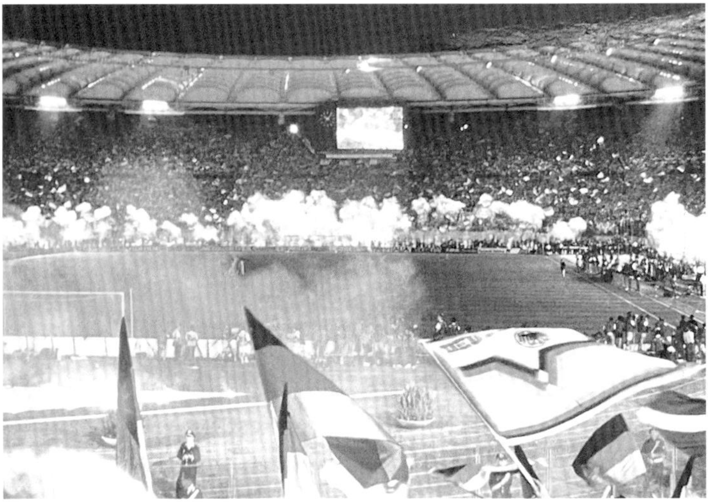

WM 1990 Rom.

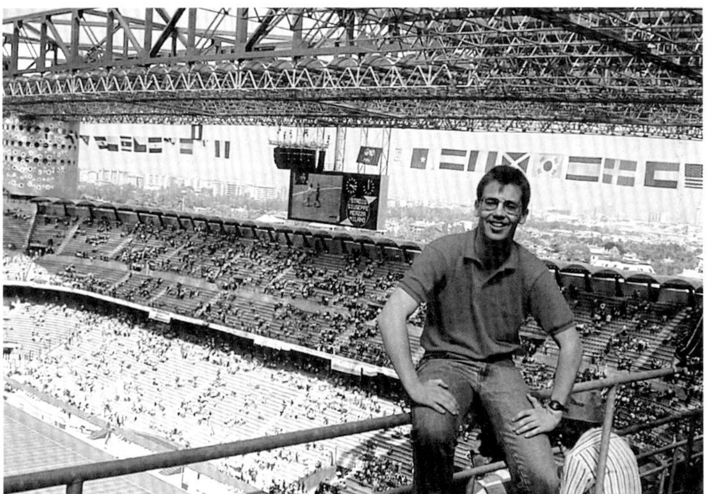

WM 1990 Mailand.

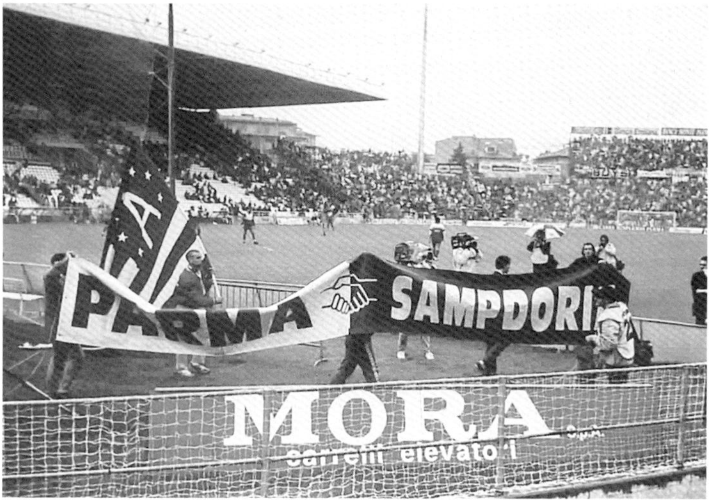

Parma – Sampdoria 1991

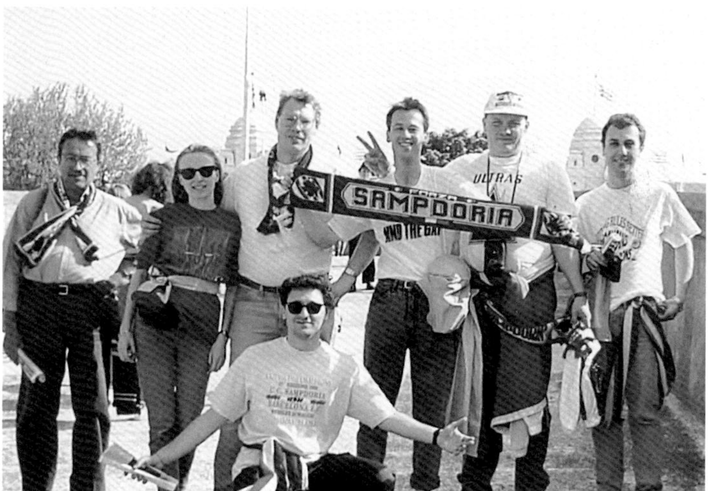

Wembley 1992, Gruppenbild.

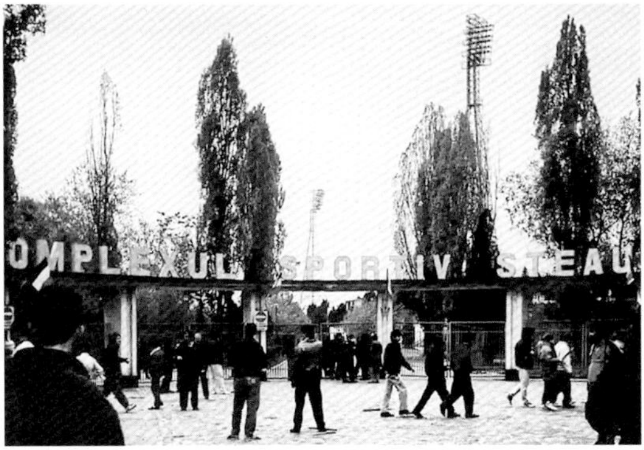

Bukarest 1992.

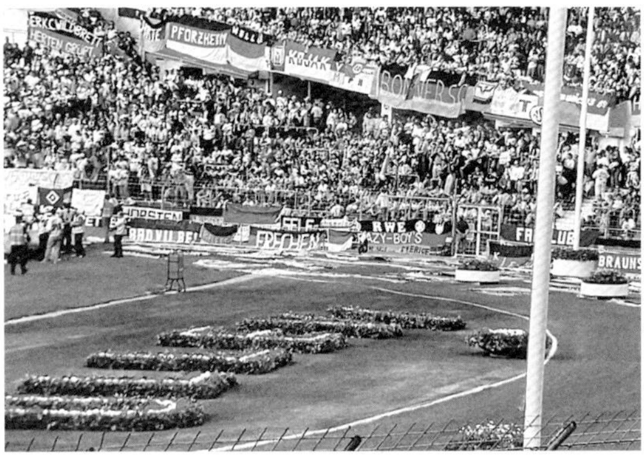

EM 1992 Göteborg.

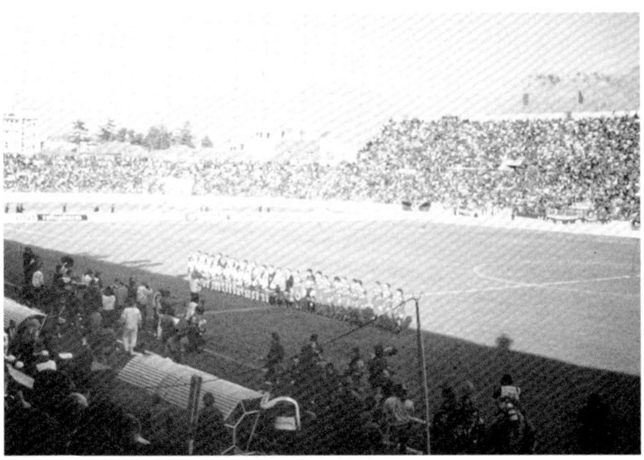

Albanien 1994, im Stadion.

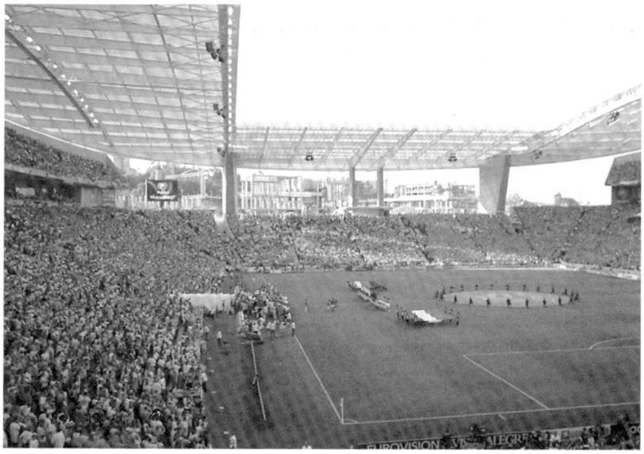

EM 2004, Porto.

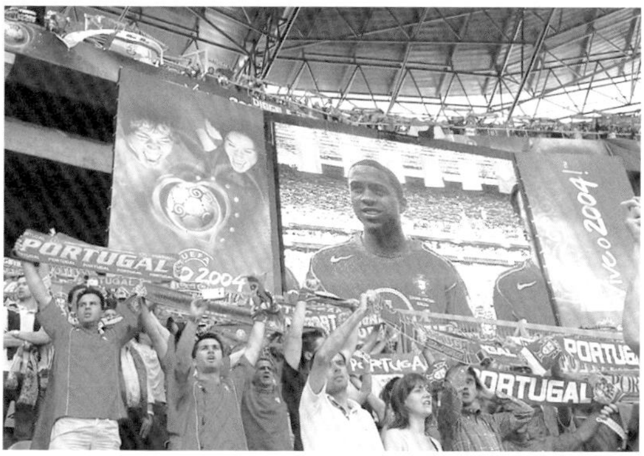

EM 2004, Lissabon.

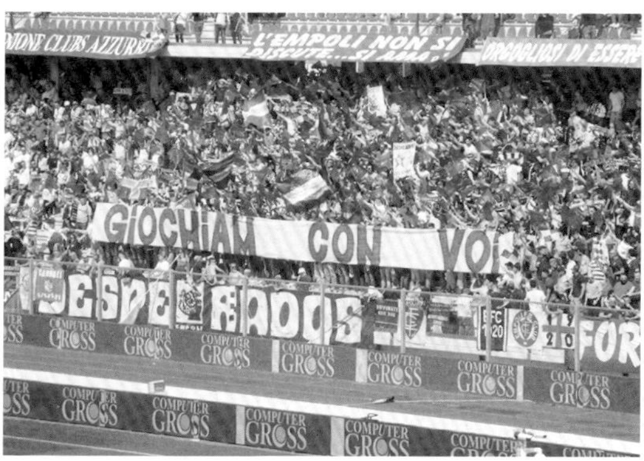

Empoli 2019, Heimblock.

3. Rest der Welt

3.1. Südafrika (1991)

Exotische Vereinsnamen und eine spannende Diskussion

„Willst Du wirklich morgen zu diesem Fußballspiel gehen? Das ist doch nur ein Sport für die Schwarzen. Komm doch lieber mit uns zum Rugby oder zum Cricket!" Der Culture Clash an jenem Abend im März 1991 in einem Pub im Zentrum von Durban hätte kaum größer sein können: Auf der einen Seite der Bekanntenkreis meiner südafrikanischen Brieffreundin Marion, noch während des Apardheid-Regimes sozialisiert und auch ein Jahr nach der Haftentlassung von Nelson Mandela nicht von den alten trennenden Gewohnheiten und Vorurteilen abzubringen. Auf der anderen Seite ein in dieser Hinsicht ziemlich unbedarfter junger Gast aus Deutschland, der sich nicht um derartige Präferenzen scherte, aber seinerseits fest davon überzeugt war, dass alles andere als „König Fußball" nur Randsportarten sind.

Für mich gab es gar keinen Zweifel: Diesmal musste es klappen! 1984, bei meinem ersten Besuch in Südafrika, war ich mit nicht einmal 17 Jahren noch zu jung gewesen, um mich von meiner Familie abzusetzen und mich allein auf den Weg in ein Stadion zu machen. Ich hatte seinerzeit erstmals meine Großeltern begleiten dürfen bei einem ihrer häufigen Besuche ihres Sohnes, meines (Ende der 1960er Jahre aus Abenteuerlust) ausgewanderten Onkels Mike, der mit Patricia eine Einheimische geheiratet hatte. Die beiden lebten zudem auf einer Farm, eine Stunde Fahrzeit von Johannesburg und Pretoria und somit auch den nächstgelegenen Fußballstadien entfernt.

Trotzdem waren mir die Namen einiger der dortigen Vereine noch gut in Erinnerung geblieben, hatte ich doch schon damals einige Spiele im Fernsehen verfolgt, in mir völlig unverständlichen Sprachen wie Zulu oder Xhosa kommentiert, und entsprechende Magazine in den Zeitschriftenläden der großen Shopping-Center erworben. Die Moroka Swallows und die Mamelodi Sundowns, AmaZulu und die Bush Bucks sowie die beiden Top-Teams aus Soweto, die Kaizer Chiefs und die Orlando Pirates – unter diesen exotischen Namen firmierten die Clubs, die es nun, sieben Jahre später, näher kennenzulernen galt.

Daher war ich sehr erfreut über die ‚Gunst' des Spielplans der ersten südafrikanischen Liga, der erst wenige Wochen zuvor neu gegründeten Castle League, die für diesen Sonntag in Durban das Top-Spiel zwischen AmaZulu und den Orlando Pirates vorsah, welches eigentlich in dem direkt an der Sea Front gelegenen Kings Park Stadium stattfinden sollte. Dieses wäre vom Zentrum aus problemlos erreichbar gewesen, doch leider hatte die Zeitung am Vortag vermeldet, dass die Partie in das King Zwelithini Stadium von Umlazi verlegt worden war. Dabei handelte es sich um eine der an der Peripherie von Durban gelegenen, ausschließlich von Schwarzen bewohnten, Townships. Das fand ich schnell heraus – aber wie genau ich dort zum Stadion gelangen sollte, wusste ich auch nicht.

Zum Glück bot sich Marion an, mich hinzubringen – nur die Rückfahrt würde ich dann natürlich selbst organisieren müssen. Marion war die Tochter der Nachbarsfamilie von Tante Pat und Onkel Mike, die ich 1984 kennengelernt hatte und mit der ich seitdem eine nette und interessante Korrespondenz pflegte. Sie war längst aus Transvaal, der Gegend um Johannesburg, weggegangen, hatte etliche Jahre in einem „Game Reserve", also einem Tierpark in Botswana als Tierpflegerin gearbeitet und war vor einiger Zeit nach Durban gezogen. Sie war eine attraktive und ziemlich unerschrockene junge Frau geworden, anders als ihre Bekannten im Pub nicht mehr von Vorbehalten gegen Schwarze geprägt, und für sie schien es völlig okay zu sein, ihr Auto in eine Township zu lenken und ihren Brieffreund aus Deutschland dort vor einem Fußballstadion abzusetzen.

„Hast Du es Dir wirklich gut überlegt?" – Fußball in einer südafrikanischen Township

Wie üblich, redeten wir auf der Fahrt wieder überwiegend auf Deutsch, da sie gern die Gelegenheit nutzte, sich mal wieder in der Sprache ihrer Eltern unterhalten zu können. Nur manchmal verfiel sie ins Englische, so auch bei der Frage, die sie mir kurz vor dem Aussteigen, bereits in Sichtweite des Stadions, stellte: „Are you sure you wanna go?" – „Yes, absolutely", antwortete ich und stieg aus.

Mit einem etwas mulmigen Gefühl im Bauch näherte ich mich den Kassenhäuschen des übrigens nach einem Zulu-Häuptling benannten Stadions und legte dort fünf Rand, etwa drei D-Mark, auf ein hölzernes Brett. Immerhin hatten mir Marions Bekannte im Pub ja sogar zu Laufschuhen und einer kugelsicheren Weste für den Besuch der Township geraten, was ich natürlich in den Wind geschlagen hatte. So galt es nun also, den Aufenthalt ohne derartige Sicherheitsmaßnahmen zu überstehen.

Ich habe wohl nie in meinem Leben so sehr im Mittelpunkt der allgemeinen Aufmerksamkeit gestanden wie in diesen etwa zweieinhalb Stunden meiner „außereuropäischen Fußball-Premiere". Insbesondere die kleinen Kinder, die zum Teil wahrscheinlich noch nie einen Weißen gesehen hatten, starrten mich an wie einen Marsmenschen, aber selbst die Erwachsenen auf der Tribüne vergaßen bei meinem Anblick für einen kurzen Moment die Konzentration auf das Spielgeschehen: Ich war, da bin ich mir ziemlich sicher, der einzige Weiße auf den Rängen, und das in einem Stadion mit 25.000 Menschen!

Sicherlich zog ich auch den einen oder anderen etwas skeptischen Blick auf mich, doch wirkliche Probleme bekam ich nicht – im Gegenteil: Meine Sitznachbarn boten mir gleich einen Zug aus ihren selbstgedrehten Zigaretten an, was ich als überzeugter Nichtraucher – und auch wegen der deutlich spürbaren Marihuanadüfte – freilich dankend ablehnte. Ich gab dem einen oder anderen auch zu verstehen, dass ich kein weißer Einheimischer, sondern Tourist aus Germany sei, was in diesem sehr speziellen Setting – so bilde ich mir zumindest ein – durchaus hilfreich war. Auch mal eine neue Erfahrung!

Schon nach fünf Minuten ging die Heimelf in Führung, doch bis zur Pause hatten die favorisierten Gäste das Spiel mit 1:2 gedreht und sorgten für große Begeisterung unter ihren rund 5.000 mitgereisten oder in der Region ansässigen Fans. Nach einer Stunde Spielzeit erzielten die Hausherren den Ausgleich, und der alte Zulu-Häuptling im Innenraum konnte noch einmal, mit Speer und Schild bewaffnet, seinen Stammestanz aufführen. Als die Partie schließlich mit diesem gerechten 2:2 zu Ende ging, hatte ich nicht nur ein überraschend gutklassiges Spiel gesehen, sondern vor allem eine Erfahrung gemacht, die ich noch heute zu den größten und außergewöhnlichsten meines Lebens zähle.

Mit einem der stets bis zum Bersten gefüllten Sammeltaxis, in dem ich nun logischerweise der einzige Weiße unter fast zwanzig Schwarzen war, fuhr ich zurück in die City von Durban, wo ich sogleich Marion anrief und ihr mein glückliches Überleben mitteilte. Eine Woche später sah ich im Adcock Stadium von Port Elizabeth noch ein weiteres Spiel. Diesmal trat ich bereits die Hinfahrt in einem dieser brechend vollen Gefährte mit den festgelegten, aber für Außenstehende kaum zu durchschauenden Fahrtrouten an und erreichte damit das in einem recht ärmlichen Viertel der Hafenstadt am Indischen Ozean gelegene Stadion. Die mir bis dahin völlig unbekannten Teams von Port Elizabeth Blackpool und der Lenasia Dynamos trafen dort aufeinander, allerdings vor einer viel kleineren Kulisse von nur rund 4.000 Zuschauern, unter denen diesmal auch etliche hundert Weiße waren. Mit einem Tor ihres Stürmerstars Marks Maponyane gingen die Gäste nach einer guten Stunde in Führung und bauten diese wenig später zur Freude ihrer rund 500 Fans zum 0:2-Endstand aus. Die heimischen Zuschauer stürmten daraufhin zu den Ausgängen, zumal ein Gewitter in der Luft lag. Ich harrte dennoch bis zum Schlusspfiff aus und hatte es anschließend nur einer mörderisch schnellen Taxifahrt zu verdanken, dass ich noch trocken meine Unterkunft erreichte.

Anschließend ging es noch für sechs Tage nach Kapstadt und dann wieder zurück zu meinen Verwandten nach Transvaal, bevor ich Anfang April den Rückflug nach Deutschland nahm. Einige Jahre später habe ich meine Erlebnisse in Südafrika erstmals literarisch verarbeitet, in einem mehrseitigen Beitrag zu dem im Jahr 1999 vom Groundhopper-Kollegen Jörg Heinisch herausgegebenen Sammelband „Abenteuer Groundhopping. Wenn Fußballfans Stadien sammeln". Unter dem Titel „Spotlight on South African Soccer" stellte ich darin die Entwicklung des südafrikanischen Fußballs und seiner just im Februar 1991 neu ins Leben gerufenen Castle League dar und schilderte natürlich auch ausgiebig meine persönlichen Erlebnisse in den Stadien von Umlazi und Port Elizabeth.

Zu Weihnachten 2007 habe ich gemeinsam mit meiner Frau das wunderschöne Land am Kap der guten Hoffnung noch ein weiteres Mal besucht und die vielfältigen Veränderungen dort erleben dürfen, die sich auch in den Namen von Städten und Regionen widerspiegelten: Transvaal hieß jetzt Gauteng und die Hauptstadt Pretoria war in Tshwane umbenannt worden. Ein weiteres Fußballspiel haben wir nicht besuchen können, auch wenn wir bei unserer Rundtour durch Kapstadt direkt an dem noch unfertigen WM-Ground vorbeifuhren, dessen Dach sogar aus technischen Textilien aus Krefeld gebaut wurde, und in dem knapp drei Jahre später die deutsche Nationalelf mit 4:0 gegen Argentinien gewinnen sollte.

3.2. Südamerika (1993)

Groundhopping im Schatten der Anden

Unweit des Braunschweiger Hauptbahnhofes befindet sich eine große Niederlassung des weltweit agierenden deutschen Vorzeigeunternehmens Siemens. Dort arbeitete auch „Schappi", der eigentlich Dirk heißt, aber zur besseren Unterscheidung von seinem in diesem Buch schon mehrfach genannten Namensvetter hier mit seinem Spitznamen adressiert werden soll. Besagter Schappi hatte sich im Frühjahr 1993 zu einem mindestens 18-monatigen Auslandsaufenthalt bei Siemens in Buenos Aires entschlossen – was für eine hervorragende Gelegenheit auch für mich, endlich einmal den Kontinent kennenzulernen, der mich seit frühester Jugend so sehr faszinierte wie kein zweiter!

Diese Faszination war sicher in nicht unbeträchtlichem Maße auch auf meinen bevorzugten Sport zurückzuführen, denn in puncto Fußballtradition konnte nun einmal nur Südamerika den großen Nationen Europas das Wasser reichen. Die Bilder der Weltmeisterschaft 1978 in Argentinien hatte ich selbst noch deutlich vor Augen, andere Großereignisse wie das erste Weltturnier 1930 in Uruguay, das denkwürdige Finale von 1950 in Rio de Janeiro oder auch die Copa del Mundo 1962 in Chile mit ihren zahllosen hässlichen Randerscheinungen kannte ich zwar nur aus Büchern, doch trugen auch sie zu dem Mythos bei, den ich mir von diesem Kontinent mit seinen Menschen, Städten und Stadien aufgebaut hatte, und den es nun zu überprüfen galt.

Die erste Station meiner Reise, nach einem achtzehnstündigen Flug mit der KLM von Amsterdam aus, war Chile mit seiner fünf Millionen Einwohner großen Hauptstadt Santiago. Insgesamt zehn Tage hielt ich mich in diesem Land von beeindruckender landschaftlicher Schönheit auf, die meiste Zeit am Meer in Orten mit so wohlklingenden Namen wie Valparaíso und Viña del Mar, doch natürlich machte ich auch einen Ausflug ins Hochgebirge, welches in Chile wahrhaft allgegenwärtig ist und mit seinen schneebedeckten Gipfeln selbst von den Stränden des Pazifischen Ozeans aus noch fast wie zum Greifen nah wirkt.

Die beiden Wochenenden verbrachte ich indes in Santiago selbst, nicht zuletzt mit Blick auf den Fußball-Spielplan. Gleich am ersten Wochenende hatte ich die Gelegenheit zum Besuch eines Heimspiels des zweitbekanntesten Vereins im Lande, Universidad de Chile, die gegen Deportes Temuco antraten, eine etliche hundert Kilometer südlich von Santiago gelegene Stadt, welche für den hohen Anteil indigener Bevölkerung bekannt ist. Es war schon ein Erlebnis, zwischen einigen hundert Mestizen und etlichen waschechten Indios in der Gästekurve zu sitzen, die mit ihrem so erstaunlich „normalen“ Stadion-Outfit aus Turnschuhen und Jeans, T-Shirts und Fanschals sämtliche Klischees über den Haufen warfen. Gemeinsam mit ihnen freute ich mich am Ende über das unerwartete 0:0 beim großen Favoriten. Es war mein erster und trotz der Torflaute zweifellos positiver Eindruck vom südamerikanischen Fußball. Gern hatte ich dafür gut zwei Stunden auf den verrotteten Bänken des Estadio Nacional gesessen, jenes berüchtigten Stadions, in dem 1962 Brasilien zum zweiten Mal Weltmeister geworden war, und wo elf Jahre später der General Pinochet nach dem erfolgreichen Militärputsch ein provisorisches Konzentrationslager für Oppositionelle eingerichtet hatte.

Eine Woche später war mir im selben Stadion, diesmal mit 34.000 Zuschauern sogar doppelt so gut gefüllt wie bei meinem Erstbesuch, sogar noch das Erlebnis eines Hauptstadtderbys vergönnt, in dem sich Universidad Católica und Universidad de Chile 1:1 trennten. Vor allem aber sah ich an diesem Wochenende noch ein weiteres Spiel, in dem der berühmteste Verein Chiles, der ehemalige Südamerika-Pokalsieger Colo Colo, auf eigenem Platz antrat. Es wurde eine abenteuerliche Tour, war doch das Stadion auf meinem Stadtplan schon längst nicht mehr eingetragen, da es sich an der äußersten südlichen Peripherie der Metropole befand. Also war ich im Bus auf die Hilfe meiner Mitreisenden angewiesen, die zwar überwiegend recht freundlich waren, aber mir leider doch ziemlich widersprüchliche Auskünfte hinsichtlich der günstigsten Haltestelle gaben, so dass ich gleich etliche von ihnen fragen musste, bevor ich mir der Zuverlässigkeit der Information einigermaßen sicher sein konnte. Spätestens an diesem Punkt zeigte es sich, dass ich sehr gut daran getan hatte, rechtzeitig vor der Reise meine Spanisch-Kenntnisse aufzufrischen, denn andernfalls hätte ich wohl nicht nur das Stadion nicht gefunden, sondern wäre vielleicht irgendwo „auf Nimmerwiedersehen" in den Slums von Santiago gelandet.

So aber schaffte ich es schließlich doch noch, eine halbe Stunde vor dem Anpfiff das Estadio Monumental zu erreichen, welches diese Bezeichnung zwar mit einem Fassungsvermögen von kaum mehr als 40.000 nicht wirklich verdiente, dafür aber so günstig gelegen war, dass sich direkt dahinter die mächtige Gebirgskette der Anden erhob – vielleicht war das ja mit dem Begriff „monumental" gemeint. Es war ein eindrucksvolles und für dieses Land typisches Bild, das mich an diesem Tag weitaus mehr in seinen Bann zog als das Fußballspiel selbst, welches das Heimteam mit 4:0 gegen Deportes Concepciòn gewann. Der Schlachtruf der Heimfans ist mir dennoch in Erinnerung geblieben, wurde er doch gefühlt mindestens ein Dutzend Mal angestimmt: „Chi-, Chi-, Chi- / lé-, lé-, lé-/ Colo Colo de Chi-lé!"

Zwei Tage später überquerte ich die Cordillera de los Andes in Richtung Argentinien, mit dem Linienbus von Santiago nach Mendoza, vorbei an schroffen Felswänden und durch tiefen Schnee, mit einer Grenzkontrolle in der luftigen Frische von dreitausend Metern Höhe.

Paraguay und Uruguay – ähnlicher Klang, unterschiedliche Lebensstandards

Einige weitere Tage darauf war ich in diesem Wechselspiel der Klimazonen dann wieder bei ganz anderen Temperaturen angelangt, als ich nach zwei im Bus verbrachten Nächten in Asunciòn, der Hauptstadt Paraguays, eintraf. Hier konnte ich nun bei zum Teil über dreißig Grad problemlos im T-Shirt herumlaufen und die an Zahl überschaubaren Sehenswürdigkeiten der Stadt erkunden, deren herausragende sicher der Präsidentenpalast war. Allerdings begann nur rund hundert Meter davon entfernt ein Viertel voller einfacher Holzhäuser mit Wellblechdächern, das man allenfalls mit größtem Euphemismus als „sehr ursprünglich" bezeichnen konnte.

Auch mein eigenes Übernachtungsquartier war mal wieder eher „landestypisch", aber immerhin kam ich auf diese Weise besser mit der einheimischen Bevölkerung in Kontakt, als dies in einem der wenigen sich auch an internationale Gäste richtenden Hotels der Fall gewesen wäre. Meine Zimmerwirtin erzählte mir sogar, dass schon häufiger junge „Alemanes" sich nicht nur in das Land, sondern auch in eine ihrer Töchter verliebt hätten und hiergeblieben seien: „Se casan con chicas paraguayas y se quedan aquì", sagte sie mir augenzwinkernd.

Nun, ich hatte sicher nicht vor, eine Bewohnerin von Asunción zu ehelichen und den Rest meines Lebens in Paraguay zu verbringen. Ich wollte jetzt noch schnell den Länderpunkt einheimsen und dann meine Reise fortsetzen. Am Tag des von mir anvisierten Spiels war die Quecksilbersäule plötzlich wieder um rund fünfzehn Grad gefallen, aber die Atmosphäre in der Stadt war dadurch nicht weniger „heiß": Paraguay spielte an diesem Tag im Rahmen der WM-Qualifikation gegen Argentinien, und es wurden rund 20.000 Fans aus dem ungeliebten Nachbarland erwartet!

Aus diesem Grund hatte ich mich gleich nach meiner Ankunft in Asunción um eine Eintrittskarte bemüht und diese auch, zum Preis von umgerechnet nur 6 D-Mark, problemlos bekommen. Drei Tage später hätte ich erheblich tiefer in die Tasche greifen müssen, denn in den Straßen der Hauptstadt blühte der Schwarzmarkt, weil zahlreiche Argentinier sich erst jetzt mit Tickets eindeckten. Wegen des zu erwartenden Andrangs machte ich mich sehr frühzeitig auf den Weg zum Stadion und passierte bereits mehr als drei Stunden vor dem Anpfiff die Eingangskontrollen, so dass ich auf der Gegentribüne noch einen der begehrten Plätze auf Höhe der Mittellinie einnehmen konnte.

Das Stadion, in Erinnerung an einen in den 1930er Jahren gegen den nördlichen Nachbarn Bolivien gewonnenen Grenzkrieg auf den Namen Estadio Defensores del Chaco getauft, präsentierte sich mir in einem wahrlich erbarmungswürdigen Zustand – spätestens, wenn man wegen eines dringenden Bedürfnisses die sanitären Anlagen aufsuchen wollte. Man musste wirklich kein ausgebildeter Mediziner sein, um zu erkennen, dass eine solche Missachtung jeglicher

Hygieneregeln extrem gesundheitsgefährdend ist. Das waren eben die Schattenseiten derartiger Ausflüge in Gegenden jenseits der Vorzeigestraßen der Innenstädte, aber die Erlebnisse als solche möchte ich dennoch nicht missen – so auch an diesem Tag, an dem ich darüber hinaus ein hart umkämpftes Spiel in einem mit 40.000 Zuschauern randvollen Stadion geboten bekam.

Speziell die Gästefans prägten die Szenerie des Nachmittags und beeindruckten mich mit ihren leidenschaftlichen Gesängen: „Vamo´, vamo´, Argentina – vamo´, vamo´ a ganar, vamo´, vamo´, Argentina – no te deja, no te deja ralentar!" Ihre Mannschaft ließ sich von Paraguay in der Tat nicht aufhalten und holte mit einem 3:1-Auswärtssieg wichtige Punkte auf dem Weg zur WM in den USA.

Tags darauf verkehrte sich meine ganz persönliche Art individueller Reisegestaltung dann mal wieder in ihr genaues Gegenteil, als ich per Nachtbus die brasilianische Seite der Wasserfälle von Iguaçu erreicht hatte. Hier wimmelte es nun wieder vor Pauschaltouristen aus Europa und Nordamerika, nachdem ich in den vier Tagen in Paraguay keinen einzigen davon getroffen hatte. Aber die Freude an diesem einzigartigen Naturschauspiel konnte dieser Menschenschwarm mir auch nicht nehmen.

Mit einer weiteren achtzehnstündigen Direktfahrt von Foz do Iguaçu erreichte ich schließlich den eigentlichen Bestimmungsort meiner Rundreise: Buenos Aires. Dort nahm mich „Schappi" gleich am Busterminal in Empfang und brachte mich zu seinem Appartement, in dem ich mich ein wenig von den Strapazen der Reise erholte. Eine allzu lange Ruhe war mir nicht vergönnt, wollten wir doch schon am übernächsten Morgen gemeinsam weiter nach Uruguay. Mit der Fähre überquerten wir den mächtigen Rio de la Plata und legten anschließend noch knapp zweihundert Kilometer per Bus zurück, bis wir unseren Zielort Montevideo erreicht hatten. Dort musste ich leider endgültig den Anstrengungen der Reise und offenbar auch dem fremden Essen und den ungewohnten hygienischen Bedingungen Tribut zollen, so dass ich unseren fünftägigen Aufenthalt zum Teil in unserem Hotel und dessen Badezimmer verbrachte.

Immerhin reichte es noch zum Besuch einer Milonga-Bar und des Fußballmuseums von Montevideo – und natürlich ließen wir es uns auch nicht nehmen, am Nachmittag des 15. August das berühmte Estadio Centerario kennenzulernen. In dem zur WM 1930 erbauten und damals aus Anlass des hundertjährigen Jubiläums der Unabhängigkeit Uruguays auf diesen Namen getauften Stadion waren die „Himmelblauen" dereinst mit einem 4:2 gegen den südlichen Nachbarn Argentinien der erste Weltmeister der Fußballgeschichte geworden. An diesem Nachmittag trotzten sie dem noch größeren nördlichen Nachbarn Brasilien auf dem Weg zur nächsten WM immerhin ein 1:1 ab, in dem mit 55.000 Zuschauern sehr gut gefüllten Stadion. Für mich ein weiterer Länderpunkt und sicher einer der prestigeträchtigsten Grounds meiner Sammlung!

Zum Ende unseres Aufenthalts machten wir schließlich noch einen Tagestrip in den mondänen Badeort Punta del Este. Dieser war zwar nicht überragend schön und erinnerte mich mit seiner einfallslosen Architektur an die belgische Nordseeküste, und doch unterstrich er noch einmal das Wohlstandsgefälle zu dem von mir kurz zuvor bereisten Paraguay. Als ehemalige „Schweiz Südamerikas" hatte Uruguay zwar in den letzten Jahren auch wirtschaftliche Probleme gehabt, sich aber immer noch deutlich besser behauptet als die meisten anderen Länder des Kontinents.

Buenos Aires – Groundhopping in der „Welthauptstadt des Fußballs"

Auch das Nachbarland Argentinien war im Jahr 1993 in einer relativ guten und scheinbar stabilen Phase, die noch nicht auf die dramatischen Finanz- und Wirtschaftskrisen nachfolgender Jahrzehnte schließen ließ. Noch funktionierte auch die Parität zwischen der Landeswährung Peso und dem US-Dollar, so dass man in vielen Geschäften völlig unterschiedslos mit der einen oder der anderen Währung bezahlen konnte – und sich als Tourist aus Europa in jedem Fall über die hohen Preise im Lande wundern musste. Wie gut, dass ich für die restlichen Tage meines Aufenthalts zumindest keine Übernachtungskosten mehr einkalkulieren musste, konnte ich doch nach der Rückkehr nach Buenos Aires wieder in „Schappis" Appartement unterkommen. Immerhin war meine Reisekasse nach knapp vier Wochen in Südamerika doch inzwischen ziemlich leer, und da kamen mir die hohen Preise in Argentinien nicht gerade entgegen.

Zumindest die wichtigsten Sehenswürdigkeiten waren überwiegend kostenlos zu besichtigen. So zum Beispiel das Viertel La Boca mit seinen vielen bunten Häusern und dem berühmten Stadion La Bombonera der Boca Juniors, in dem leider in diesen Tagen kein Spiel stattfand, und der freilich nur von außen zu betrachtende Präsidentenpalast Casa Rosada, der es einige Jahre später auch in einen der Songtexte des Musicals „Evita“ schaffen sollte. Den Platz vor dem Palast steuerte ich noch ein weiteres Mal an, um an einem Donnerstag auch das schon seit vielen Jahren jede Woche dort zu beobachtende Schauspiel zu erleben, welches an die erst vor zehn Jahren zu Ende gegangene Militärdiktatur erinnerte: die „Madres y abuelas de la Plaza de Mayo“, also den Protest der Mütter und Großmütter der zwischen 1976 und 1983 getöteten oder verschwundenen Opfer des Regimes von General Jorge Videla. Spätestens jetzt verstand ich, warum es 1978 die Forderung gegeben hatte, der Deutsche Fußball-Bund solle die Weltmeisterschaft in Argentinien boykottieren, während ich als damals Elfjähriger nur auf die erfolgreiche Titelverteidigung der DFB-Elf nach dem Triumph von 1974 gehofft hatte.

Trotz der Spielpause in der Bombonera konnte ich in diesem „Eldorado der Groundhopper“, als das Buenos Aires viele Jahre später einmal bezeichnet werden würde, neben den touristischen Höhepunkten innerhalb von wenigen Tagen auch immerhin drei Stadien besuchen. Schließlich hatte ich das Glück, dass neben dem ohnehin schon seit Wochen auf meiner Agenda stehenden WM-Qualifikationsspiel auch noch eine Art südamerikanische Intertoto-Runde ausgespielt wurde, welche an zwei aufeinanderfolgenden Abenden Teams aus Montevideo in die argentinische Hauptstadt brachte.

„Schappi“ war leider aus beruflichen Gründen verhindert, aber zum Glück musste ich mich dennoch in beiden Fällen nicht allein auf den Weg machen, sondern konnte mit einem englischen Reisebekannten die beiden Stadien in Angriff nehmen. Ich hatte Paul, Universitätsprofessor aus Birmingham und Anhänger von Manchester United, wenige Tage zuvor in einem Café kennengelernt, und wir waren sofort wegen der uns gemeinsamen Fußballleidenschaft ins Gespräch gekommen. Er sprach übrigens mindestens so gut Spanisch wie ich und widerlegte damit auch das Vorurteil, dass Engländer grundsätzlich keine Fremdsprachen beherrschen. Gemeinsam sahen wir nun also im WM-Stadion von 1978, dem Estadio Velez Sarsfield, den eigentlich an anderer Stelle von Buenos Aires beheimateten Verein Deportivo San Lorenzo gegen das Team von

Danubio Montevideo antreten und mit 2:0 gewinnen. Am nächsten Abend machten wir uns wieder zusammen auf den Weg mit der U-Bahn und anschließend noch mehrere Kilometer zu Fuß, um auch das Estadio Huracan zu erreichen. Dort war bei dem gleichnamigen Verein in Buenos Aires das wesentlich renommiertere Team aus der Hauptstadt des Nachbarlandes, Peñarol Montevideo, zu Gast und konnte ein 1:1-Unentschieden erkämpfen.

Zwei Tage später stand dann der abschließende fußballerische Höhepunkt meiner Reise auf dem Programm: das WM-Qualifikationsspiel zwischen Argentinien und Peru. Dieses sollte im Estadio River Plate des gleichnamigen Vereins stattfinden, war auch als Estadio Monumental bekannt (und sicher deutlich mehr dieses Namens würdig als die Arena von Colo Colo in Santiago), und war natürlich das berühmte Stadion des WM-Endspiels von 1978! Ich sah die Bilder noch vor mir, von einem jubelnden Mario Kempes, der mit weit ausgebreiteten Armen nach seinen beiden Toren im Finale gegen die Holländer über den Platz lief und sich als Nationalheld feiern ließ. Und die enthusiastischen Fans, die Tonnen von Papierschlangen und Konfetti in die Luft warfen, so dass die anschließende Reinigung des Stadions wahrscheinlich Tage dauerte.

Ganz so extrem wurde es an diesem Nachmittag nicht, aber vor immerhin 60.000 Zuschauern sahen „Schappi" und ich einen 2:1-Sieg der Gastgeber, welcher die Argentinier dem Turnier in den USA einen weiteren Schritt näherbrachte, und erlebten eine zweifellos faszinierende Atmosphäre an diesem geschichtsträchtigen Ort. Schon einen Tag nach dem Spiel trat ich den Rückflug nach Deutschland an, mit vier neuen Länderpunkten und immerhin drei Grounds allein in Buenos Aires im Gepäck – wohl wissend, dass gerade die „Welthauptstadt des Fußballs" noch deutlich mehr dieser Attraktionen im Angebot hatte, die es eines Tages zu erkunden galt.

3.3. Tunesien (1994)

Bescheidener Fußball und gänzlich neue Fankulturen beim Afrika-Cup

Zwei Europameisterschaften und eine Weltmeisterschaft sowie immerhin fünf Länderpunkte außerhalb Europas lagen zu diesem Zeitpunkt bereits hinter mir – warum also nicht auch mal ein großes Turnier auf einem anderen Kontinent in Erwägung ziehen, beispielsweise in Afrika? Bis nach Kamerun oder Tansania wäre ich dafür damals zwar vielleicht nicht gerade geflogen, aber die Gelegenheit eines Afrika-Cups im äußersten Norden des Kontinents war einfach zu verlockend, als dass ich sie ungenutzt hätte verstreichen lassen. Schließlich musste ich den Flug nicht einmal von Deutschland aus antreten, sondern konnte die Woche in Tunesien in eine meiner seit Jahren in jedem Frühling anstehenden Reisen nach Italien einbauen. Von Rom aus machte ich mich also auf den Weg, um ein sechstägiges kombiniertes Kultur- und Fußballprogramm einzulegen. Die Altstadt von Tunis, Braunschweigs Partnerstadt Sousse und die Überbleibsel des antiken Karthago waren die wichtigsten Stationen für das erstgenannte, während letzteres seinen Ausdruck in immerhin acht von mir besuchten Partien des Coupe d' Afrique fand. Dies wurde dadurch ermöglicht, dass alle Vorrundenspiele als Doppelveranstaltungen mit jeweils zwei Spielen angesetzt waren, so dass ich also auch nur viermal Eintritt zahlen musste.

Ebenfalls erfreulich war, dass ich nicht allein unterwegs sein musste. Dirk aus Braunschweig – diesmal nicht der mit dem Spitznamen „Schappi", sondern der als „Teamchef" in Deutschlands Groundhopper-Szene bundesweit bekannte Dirk – war mit seinem ebenfalls schon weitgereisten Bruder Ralf auch vor Ort. Verabredungsgemäß trafen wir uns gleich am Tag meiner Ankunft vor dem Stade Zouiten, dem kleineren der beiden Stadien in Tunis, in dem das erste Spiele-Doppel zwischen Zaire und Mali bzw. Ägypten und Gabun über die Bühne ging. Nach einem eher langweiligen 1:0 im ersten Spiel ließen die „Pharaonen" mit einem 4:0 ihre vermeintliche Anwartschaft auf den Titel durchblicken.

Zwei Tage später griff Gastgeber Tunesien ins Turnier ein, kam aber vor 43.000 Zuschauern im Stade El Menzah in Tunis nicht über ein 1:1 gegen Zaire hinaus. Die nachfolgende Partie zwischen Nigeria und Ägypten profitierte ebenfalls von der großen Kulisse, konnte mit einem 0:0 die Erwartungen aber noch weniger erfüllen. Das galt auch anderntags in Sousse, wo im Stade Olympique in beiden Spielen jeweils nur ein Tor fiel, für Sambia gegen die Elfenbeinküste und für Ghana gegen den Senegal. Zum Ausklang, noch einmal im El Menzah, düpierte Mali den Favoriten Ägypten ebenfalls mit dem knappsten aller Ergebnisse, nachdem Nigeria gegen Zaire immerhin zweimal getroffen hatte.

Auch wenn sich die meisten Spiele auf einem eher bescheidenen Niveau befanden, war es doch sehr interessant, wieder einmal mit gänzlich anderen Fan-Kulturen konfrontiert zu werden, mit Anhängern aus dem Norden, Westen und Osten des Kontinents – Südafrika sollte erst zwei Jahre später beim Afrika-Cup wieder eine Rolle spielen –, die allesamt sehenswerte folkloristische Darbietungen in ihren Fanblöcken aufführten. Mit einigen Einheimischen konnte ich mich während des Spiels zwischen Tunesien und Zaire dank der gemeinsamen Sprache Französisch ganz gut unterhalten. Dabei beschränkte ich mich allerdings auf die sportlichen Aspekte und vermied Fragen zur politischen Situation ihres Landes, auch wenn mich dies angesichts der speziell in Tunis allgegenwärtigen Plakate mit dem Konterfei des Staatspräsidenten Ben Ali sehr interessiert hätte. Mehr als anderthalb Jahrzehnte später fühlte ich mich lebhaft daran erinnert, als just in Tunesien die Revolution ausbrach, die unter dem Namen „Arabischer Frühling“ bald auch auf mehrere Nachbarstaaten übergriff und die sich zumindest in Tunesien auch dauerhaft positiv auswirkte, indem sie der Diktatur von Ben Ali ein Ende bereitete.

Entspannter verliefen die Gespräche am Rande der übrigen Partien, bei denen ich mich mehrfach direkt in die Fanblöcke einer der beiden Mannschaften begab. Mit einem der rund zweihundert Anhänger des späteren Siegers Nigeria tauschte ich sogar die Adressen und blieb zumindest kurzzeitig noch mit ihm in Kontakt. Er hatte dasselbe Hobby wie ich, war ebenfalls begeisterter Fußballfan – was interessierte mich da seine völlig andere Herkunft und Sozialisation?

3.4. USA (1994)

Fünf Wochen WM: Gut geplant ist halb gewonnen

Schon Monate vorher hatte sie begonnen: die Vorbereitung auf diese größte und mit Abstand teuerste Reise meines Lebens als Groundhopper. Fast fünf Wochen in den USA mit einem runden Dutzend geplanter Spielbesuche in sieben oder acht teilweise weit voneinander entfernten Orten – das konnte man eben nicht dem Zufall oder der puren Improvisation überlassen. Das musste im Vorfeld gut durchdacht sein, um das Maximum aus dem Aufenthalt zu machen.

Daher hatten mein Freund und Reisegefährte Leo und ich schon unmittelbar nach der Gruppenauslosung im Dezember den Spielplan gewälzt, die relevanten Eintrittskarten bestellt und dann alsbald mit dem Reisebüro unseren persönlichen Turnierplan abgestimmt und die dafür erforderlichen Flugtickets gebucht. Um mir das alles überhaupt leisten zu können, hatte ich mit Beginn des Jahres die Zahl der von mir angebotenen Italienisch-Kurse an der Duisburger Volkshochschule von zwei auf drei erhöht und somit meine Einkünfte aus dieser Nebentätigkeit um fünfzig Prozent gesteigert. Das ging natürlich ein wenig zu Lasten der verfügbaren Zeit an der Uni, aber dass mein Studium in dieser Zeit durchaus etwas unter meinen Groundhopping-Aktivitäten litt, versteht sich von selbst: Allein im Sommersemester verpasste ich durch den USA-Trip rund drei Wochen der Vorlesungszeit!

Am 16. Juni, dem Tag vor dem Eröffnungsspiel in Chicago, ging es dann endlich los. Schon am Schalter der United Airlines trafen Leo und ich auf den „Teamchef" aus Braunschweig sowie etliche weitere gute Bekannte aus Hamburg, München und anderswo. Es war klar, dass diese WM wieder einmal zum Stelldichein der gesamten deutschen Fan- und Groundhopper-Szene werden würde. Entsprechend erwartungsfroh verlief dann auch der Hinflug, stimmte doch allein Leo gleich mehrfach den Song „Olé, hier kommt der Weltmeister" an.

In Chicago trennten sich dann erst einmal unsere Wege, denn während die meisten anderen in irgendwelchen nicht gerade preiswerten Hotels unterkommen mussten, hatten Leo und ich das Glück, bei seinem früheren Basketball-Teamkollegen Stefan wohnen zu dürfen, der seit zwei Jahren in der Metropole am Michigan-See studierte und uns zwei Schlafplätze in seiner Wohngemeinschaft reserviert hatte. Auf diese Weise hatten wir auch sehr schnell Kontakt zu Einheimischen, waren auf einer Grillparty und zum Pizza-Essen eingeladen, besuchten gemeinsam mehrere Diskotheken und genossen zwischenzeitlich auch mal einige ruhige Stunden am Swimming-Pool.

Touristische Highlights trotz eines ambitionierten Spielplans

Die deutsche Nationalelf hatte zu diesem Zeitpunkt das Eröffnungsspiel gegen Bolivien bereits mit 1:0 gewonnen, und natürlich waren wir bei dieser Partie mitsamt ihrer typischen amerikanischen Opening Ceremony auch live im Soldier Field Stadium dabei gewesen. Ansonsten zeigten aber schon diese ersten Tage unserer Reise, dass der Fußball diesmal eher den Anlass, nicht aber den alleinigen Zweck dieser Tour darstellte. Anders als 1990 in Italien kamen wir hier jedenfalls nicht auf die Idee, während der zweiwöchigen Vorrunde an jedem Tag ein Spiel zu sehen. Viel mehr als damals sollten diesmal auch die touristischen Aspekte zum Zuge kommen, schließlich waren zumindest für mich die Vereinigten Staaten noch absolutes Neuland, in dem es unendlich viel zu entdecken gab.

So blieben wir immerhin fünf Tage in Chicago, besuchten den Sears Tower und das Hancock Center, aber auch diverse Shopping-Tempel in Downtown und fuhren erst nach dem zweiten deutschen Gruppenspiel, einem 1:1 gegen Spanien vor erneut mehr als 63.000 Zuschauern, weiter nach Detroit. Hier ging es dann tatsächlich in erster Linie um das WM-Spiel, welches die Schweiz mit 4:1 gegen Rumänien gewann, aber auch um den Ground selbst: Der Pontiac Silverdome war das erste voll überdachte Stadion, in dem ich jemals ein Fußballspiel gesehen habe, und trotz der nahezu 62.000 Zuschauer fühlte ich mich wie bei einem Hallenturnier.

Danach stand dann eines der touristischen Highlights schlechthin auf dem Programm: San Francisco! Tagelang durchstreiften wir bei fantastischem Wetter diese außergewöhnliche Stadt, besuchten die aus vielen Filmen bekannte Lombard Street mit ihren Schwindel erregenden Kurven, die Piers am Hafen und die berühmte Gefängnis-Insel Alcatraz. Doch auch zwei WM-Spiele im Stanford Stadium von Palo Alto konnten wir binnen 48 Stunden in unseren Aufenthalt einbauen, wobei wir auch ein 3:0 von Turnierfavorit Brasilien über Kamerun erlebten – vor rund 84.000 Zuschauern!

Überhaupt waren die Besucherzahlen in den Stadien bei diesem Turnier geradezu sensationell, deutlich höher als vier Jahre zuvor im fußballverrückten Italien. Auch wir waren ja durchaus etwas skeptisch gewesen vor dieser WM im „Fußball-Niemandsland" USA, was sich anfangs auch zu bestätigen schien, mussten wir doch teilweise den Menschen, die wir bei TV-Spielen in den Bars trafen, die Abseitsregel erklären. Aber US-Amerikaner sind wissbegierige Menschen und lernen schnell, so dass dieses Phänomen im weiteren Verlauf des Turniers kaum noch von Belang war.

In einer solchen Bar am Fisherman's Wharf im Hafen von San Francisco verfolgten wir auch das dritte deutsche Vorrundenspiel gegen Südkorea, hatten wir uns doch zugunsten eines längeren Aufenthalts in der wunderschönen Stadt am Pazifik gegen die Reise ins heiße Dallas entschieden. Heiß und kalt wurde uns indes vor dem Fernseher, hätte die deutsche Elf doch beinahe eine 3:0-Führung verspielt. Dies hätte zwar die Qualifikation für das Achtelfinale nicht verhindert, wohl aber den Spielort Chicago – und somit unseren Reiseplan heftig durcheinandergebracht. Doch wir hatten Glück, es blieb beim letztlich knappen 3:2-Sieg, und Deutschland war der Gruppensieg und die damit verbundene Rückkehr ans Ufer des Michigan-Sees nicht mehr zu nehmen.

Für uns standen zuvor noch zwei Tage im schwülen Washington auf dem Programm. Touristisch verlief der Aufenthalt dort nach unseren Vorstellungen, mit einem Besuch beider Kammern des auch architektonisch eindrucksvollen Kongressgebäudes sowie den unverzichtbaren Fotos vor dem Weißen Haus. Sportlich wartete hier die erste Enttäuschung auf uns, standen wir doch beim Spiel Mexiko gegen Italien „draußen vor der Tür" – die Partie war komplett ausverkauft, die wenigen völlig überteuerten Tickets auf dem Schwarzmarkt kauften uns offenbar hinreichend zahlungskräftige Mexikaner vor der Nase weg. Zum Glück sah der Spielplan schon am nächsten Tag noch eine weitere Partie im Robert F. Kennedy Stadium vor, so dass wir auch diesen Ground erreichen konnten. Diesmal blieben bei 53.000 Zuschauern einige Plätze leer, was sich sehr angenehm auf die Preisvorstellungen der Schwarzhändler auswirkte, so dass wir ohne einen besonders tiefen Griff ins Portemonnaie den 1:0-Sensationssieg von Südkorea gegen Belgien verfolgen konnten.

Die Belgier waren auch der nächste Gegner der deutschen Mannschaft, die sich im Achtelfinale von Chicago vor unseren Augen mit 3:2 durchsetzen konnte und für ein letztes Positiverlebnis bei dieser WM sorgte. Mit zahlreichen uns bekannten Fans feierten wir im Anschluss am Al Bundy-Brunnen, bekannt aus dem

Vorspann der TV-Serie „Eine schrecklich nette Familie", sowie am Abend in diversen Kneipen den Sieg.

Bald darauf begaben wir uns für einen fünftägigen Aufenthalt nach Boston, Austragungsort eines weiteren Achtel- sowie eines Viertelfinalspiels, aber auch ansonsten ein überaus lohnendes Reiseziel. Ausgiebig erkundeten wir die Hauptstadt des Bundesstaates Massachusetts mit ihrem sehr europäisch anmutenden Gepräge, begaben uns auf die historischen Spuren der Boston Tea Party, erlebten ein Baseball-Spiel der Boston Red Sox und statteten sogar der berühmten Harvard University einen Besuch ab, bevor wir uns am Abend in verschiedenen Irish Pubs vergnügten.

Die einzigen Ärgernisse dieses ansonsten so schönen Aufenthaltes waren ausgerechnet unsere beiden Ausflüge zum rund vierzig Kilometer entfernten Foxboro Stadium, in dem wir innerhalb von vier Tagen gleich zweimal mit ansehen mussten, wie die Italiener äußerst glücklich mit jeweils 2:1 gegen Nigeria und Spanien die Oberhand behielten, und damit als Halbfinalgegner der deutschen Mannschaft feststanden. Okay, diese musste sich erst selbst noch für das Aufeinandertreffen der beiden europäischen Fußball-Giganten qualifizieren, aber daran zweifelte angesichts des Viertelfinalgegners Bulgarien natürlich niemand.

„New York, New York" – aber warum denn gleich zweimal mit Bulgarien?

Passenderweise waren sowohl das Viertelfinale als auch das vermeintliche Halbfinale der deutschen Elf im Giants Stadium angesetzt, was für uns eine Weiterreise nach New York bedeutete. Bester Laune und voller Zuversicht versammelten wir uns dort am Morgen des 10. Juli in der Lobby unseres Hotels und machten uns dann mit dem Bus auf zum Stadion, vorbei am Madison Square Garden und dem Empire State Building, was natürlich bereits Vorfreude auf die beiden Sightseeing-Tage danach aufkommen ließ.

Da wurde das Viertelfinale selbst fast zur Nebensache, und so hielt sich auch die Aufregung in Grenzen, als der Schiedsrichter Mitte der zweiten Halbzeit einem Treffer von Rudi Völler wegen angeblicher Abseitsstellung die Anerkennung versagte. Es stand bereits 1:0 für Deutschland, was ja auch reichen würde, und einen

Schönheitspreis erwartete an diesem Tage niemand. Doch dann schlug innerhalb von drei Minuten das Schicksal gleich doppelt zu, in Gestalt eines Freistoßtores von Hristo Stoichkov und eines Hechtkopfballs des in Diensten des HSV stehenden Yordan Letchkov. Während die wenigen mitgereisten Bulgaren den Doppelschlag frenetisch feierten, herrschte in unserem Block Totenstille – der Traum von der erfolgreichen Titelverteidigung war binnen weniger Augenblicke wie eine Seifenblase zerplatzt!

Leo wirkte nach dem Schlusspfiff besonders mitgenommen von dieser geradezu sensationellen Niederlage, aber auch Dirk sowie Harald aus Aachen schauten ziemlich bedröppelt drein. Sie alle waren im Gegensatz zu Robert und mir 1990 nicht in den Genuss gekommen, das Finale von Rom live mit verfolgen zu können, und hätten dies nun natürlich besonders gern nachgeholt. „Man kann eben nicht immer gewinnen", sagte ich mir indes. An die Erinnerung von Italia 90 und das Endspiel im Stadio Olimpico wäre ein Finale in Los Angeles sowieso niemals herangekommen.

So ließen wir uns die Stimmung nicht allzu lange verderben, kehrten schon am Nachmittag in die unserem Hotel gegenüberliegende Kneipe ein und spülten dort bis weit in die Nacht den Frust mit Budweiser und ähnlichem Gebräu hinunter. Der Irish Pub wurde zu unserer Stammkneipe während der vier Tage in New York. Nach jeweils stundenlangem Sightseeing mit Fifth Avenue und Central Park, der Statue of Liberty und dem damals noch existierenden World Trade Center verbrachten wir dort die stimmungsvollen Höhepunkte dieses Aufenthalts. Insbesondere am letzten Abend, nachdem wir auch noch den Finaleinzug der Italiener gegen Bulgarien im Giants Stadium verfolgt hatten, kamen wir dort mit annähernd zwanzig Bekannten aus allen Teilen Deutschlands zusammen. Auch ohne Mikrofone und an der Wand eingeblendete Texte veranstalteten wir spontan einen Karaoke-Wettbewerb, mit Frank Sinatras „New York, New York" als absolutem Lieblingssong und dem melancholischen „My Way" als Zugabe. Dessen Textzeile „I had my share of losing" passte natürlich zum sportlichen Abschneiden der deutschen Mannschaft, aber das war für uns längst in den Hintergrund getreten.

It never rains in Southern California

Der abschließende viertägige Aufenthalt in Kalifornien diente dann mehr der Erholung als dem Fußball – das Finale zwischen Brasilien und Italien würden wir uns sowieso nur im Fernsehen ansehen, auf der Großbildleinwand einer Kneipe im Ortskern von Santa Monica, wie wir gleich am ersten Abend beschlossen. So verbrachten wir die Zeit bis dahin mit Schwimmen und Sonnenbaden am Pazifik und einem Ausflug nach Hollywood und Beverly Hills, für den Leo und ich uns mit den beiden Aachenern Robert und Harald ein Auto mieteten. Ein letztes Fußballspiel besuchten wir auch noch, das „kleine Finale" zwischen Schweden und Bulgarien, welches die Skandinavier in der Gluthitze des „Rose Bowl Stadium" von Pasadena locker mit 4:0 gewannen – vor noch einmal sage und schreibe 84.000 Zuschauern! Es dürfte die größte Kulisse aller Zeiten bei einem „Spiel um Platz 3" einer WM gewesen sein und das nötigte mir wirklich Respekt ab. Die Amerikaner hatten alle Skeptiker eines Besseren belehrt und eine der besten Weltmeisterschaften in der Geschichte dieses Turniers veranstaltet.

Ansonsten möchte ich mir nach diesem fünfwöchigen Aufenthalt wirklich nicht anmaßen, fundierte Urteile über den Charakter dieses Landes und seiner Menschen abzugeben, die viel zitierte „Oberflächlichkeit" zu bestätigen oder zu widerlegen. Ich bin zumindest in diesen fünf Wochen auf sehr viel freundliche Offenheit, Herzlichkeit und Gastfreundschaft gestoßen, mag auch das in jedem Geschäft oder Restaurant zum Abschied zugerufene „Have a nice day" eher der ausgeprägten Dienstleistungsmentalität entsprochen haben als einem wirklichen Interesse am weiteren Verlauf meines Tages.

Sehr interessiert – und mit dieser letzten Anekdote möchte ich dieses Kapitel beschließen – war in jedem Fall ein älterer Amerikaner, schon längst im Rentenalter, den ich in einer der vielen Bars traf, und zwar an deutschem Liedgut! Geradezu inständig bat er mich, ihm doch „this old German song" vorzusingen, der vor über fünfzig Jahren so populär gewesen sei. Dann fiel ihm auch der Titel ein: „Lilli Marleen".

Auch wenn dieser natürlich angesichts seiner besonderen Entstehungsgeschichte und der zeitweiligen propagandistischen Verwendung während des Zweiten Weltkriegs in Deutschland nicht ganz unumstritten ist, wollte ich ihm den Wunsch nicht abschlagen. Halbwegs der Melodie entsprechend und einigermaßen textsicher wusste ich die Herausforderung zu bewältigen, zur großen Freude des älteren Herrn. Ein rund fünfzehnstündiger Heimflug über Chicago nach Frankfurt beendete schließlich eine Reise voll unvergesslicher Erlebnisse, wie wir sie wohl in dieser Form niemals wieder haben werden.

3.5. Mexiko (1999)

Hast Du die WM verpasst, fährst Du halt zum Confed-Cup!

Neben den Weltmeisterschaften zwischen 1930 und 1978 in Südamerika gehörte auch das WM-Turnier im nördlichsten der spanischsprachigen Länder des amerikanischen Kontinents zu den Fußball-Mythen meiner Kindheit. Mexiko 1970 – das waren Gerd Müllers Gala-Auftritte gegen Peru und Bulgarien, Uwe Seelers mit dem Hinterkopf erzielter Ausgleichstreffer im Viertelfinale gegen England und natürlich das anschließende „Jahrhundertspiel" gegen Italien. Ich war damals erst drei Jahre alt und wusste dies alles natürlich nur aus Büchern, aber die kannte ich dafür umso besser.

Als Mexiko sechzehn Jahre später erneut eine Weltmeisterschaft ausrichtete, war ich immerhin 19, doch leider fiel dieses Turnier genau in die Abschlussphase meines Abiturs, und finanziell wäre eine solche Tour damals auch noch kaum für mich realisierbar gewesen. Damit war Mexiko nun eigentlich erst einmal für lange Zeit „raus" bei der Vergabe von FIFA-Turnieren – kaum vorstellbar, dass der Verband mit dem Sitz in Zürich vor den 20er Jahren des 21. Jahrhunderts nochmals eine Weltmeisterschaft in das Land der Azteken vergeben würde.

Auch als in den 1990er Jahren mit dem FIFA Confederations Cup ein neuer Wettbewerb eingeführt wurde, schien das an dieser Situation nichts zu ändern, sollte der Confed-Cup doch stets als Generalprobe für die WM im Jahr darauf dienen – und selbstverständlich im Land des WM-Gastgebers ausgetragen werden. Da man sich aber in der schon immer besonders geschäftstüchtigen Schweiz mit einem neuen Wettbewerb im Vier-Jahres-Turnus offenbar nicht zufriedengeben wollte, kam man für das Jahr nach der WM in Frankreich, also 1999, auf die Idee einer zusätzlichen Ausspielung dieses Pokals und vergab das Turnier nach – Mexiko!

Der Deutsche Fußball-Bund, dank des EM-Titels von 1996 designierter Vertreter des europäischen Kontinents, war keineswegs begeistert über diese zweifelhafte „Ehre". Da man aber dummerweise just zu jener Zeit die FIFA von einer Vergabe der WM 2006 nach Deutschland überzeugen wollte, musste man diese „Kröte" eben schlucken. Wir Fans hingegen waren begeistert, zumindest jene in meinem Alter, die „Mexiko 86" auch nur im Fernsehen verfolgt hatten und nun eine unverhoffte weitere Chance für den Besuch eines Turniers in diesem tollen Land bekamen. So fand sich bald eine kleine Gruppe mir seit langem bekannter Groundhopping-Kollegen, darunter Jörn und Borste aus Hamburg, mit denen ich die Tour zusammen plante und zum großen Teil dann auch gemeinsam durchführte.

Doppelte Blamage in Guadalajara

Ende Juli starteten wir in das Abenteuer und erreichten nach einem Umstieg in Washington D.C. mexikanischen Boden. Tags darauf standen dann auch bereits die ersten beiden Spiele in der deutschen Gruppe auf dem Programm. Wie beim Afrika Cup 1994 in Tunesien hatten sich die Organisatoren auch hier dafür entschieden, dem zahlenden Publikum in der Vorrunde stets gleich 180 statt nur 90 Minuten Fußball zu bieten. Das hatte schon am ersten Tag in dem mit 70.000 Zuschauern bestens gefüllten Estadio Jalisco von Guadalajara leider den Nachteil, dass wir nach der 0:4-Demontage der deutschen Mannschaft durch die von Ronaldinho auf das Feld geführten Brasilianer noch die Partie zwischen Neuseeland und den USA über uns ergehen lassen mussten. Sicher hätten wir das Stadion auch verlassen können, aber das hätte ich den „Kiwis" und den US-Boys gegenüber als respektlos empfunden, und so harrte zumindest ich bis zum Schlusspfiff des von den Amerikanern mit 2:1 gewonnenen Spiels aus. Tags darauf setzte ich mich erst einmal von der Reisegruppe ab und folgte für die nächsten 72 Stunden einem meiner anderen großen Hobbys: Als mittlerweile ausgebildeter Historiker – mein erfolgreich abgeschlossenes Geschichtsstudium lag gut zwei Jahre zurück – begab ich mich auf die Spuren der mexikanischen Unabhängigkeit und besuchte mit dem Bus die in diesem Zusammenhang besonders relevanten Orte: das kleine San Miguel de Allende und das wunderschöne Guanajuato, wo ich mich für zwei Nächte einquartierte. Auf dieser Bustour durch die mexikanische Provinz kam ich auch durch León und Querétaro, aber das erinnerte mich dann wieder eher an die deutsche Fußball-Historie der beiden erwähnten Weltmeisterschaften.

Der Confederations Cup 1999 hingegen wurde nur an zwei Orten ausgetragen, so dass mir selbst die nachfolgenden vier Spiele keinen neuen Ground einbrachten. Erneut im Estadio Jalisco sah ich zunächst ein 2:0 der DFB-Elf über Neuseeland und ein anschließendes 1:0 der Brasilianer gegen die USA. Damit hatten wir nun zwei Tage später in Guadalajara ein „Endspiel" um den Einzug ins Halbfinale gegen die Amerikaner. Im Jahr zuvor bei der WM in Frankreich hatten wir sie noch mit 2:0 besiegt, aber die Truppe, die hier in Mexiko den Adler auf dem Trikot trug, war damit nicht mehr zu vergleichen: Kapitän Lothar Matthäus hatte den Zenit seiner Karriere inzwischen merklich überschritten und war trotzdem noch einer der Leistungsträger in einer Mannschaft, welche die ganze Lustlosigkeit der Funktionäre hinsichtlich dieses Turniers treffend widerspiegelte. So setzten sich die USA verdient mit 2:0 durch und zogen ihrerseits ins Halbfinale ein.

Estadio Azteca – Meine größte Fußball-Kulisse aller Zeiten

Dieses fand nun endlich in Mexiko City statt, so dass wir gleich am nächsten Morgen in die Hauptstadt weiterfuhren, wieder mal mit einem der sehr komfortablen, voll klimatisierten und überaus pünktlichen Überlandbusse. Das galt selbst für die Ankunft in dieser 30 Millionen Einwohner zählenden Mega-Metropole, die wir in den folgenden beiden Tagen erkundeten. Wir besuchten den Hauptplatz Zócalo im Zentrum und das überaus sehenswerte Archäologische Museum und machten einen Abstecher zu den Pyramiden von Teotihuácan – allein dafür hat sich diese Reise schon gelohnt!

In Sachen Fußball war schon der erste Besuch des Estadio Azteca ebenfalls jeden Peso des Eintrittsgeldes wert. Die von 80.000 Fans leidenschaftlich angetriebenen Mexikaner schalteten mit einem 1:0 nach Verlängerung die ungeliebten Nachbarn aus dem Norden aus, womit die Amerikaner das Finale an gleicher Stätte verpassten, und ganz Mexiko sich nun für den vielleicht größten Tag seiner Fußballgeschichte rüsten konnte.

Wir schoben noch einen Zwei-Tages-Trip nach Acapulco dazwischen, der mit zwei Nächten im Bus mal wieder ziemlich anstrengend war – aber wann würden wir noch einmal die Chance auf diesen Traumstrand am Pazifik haben? Immerhin konnten wir uns dort zwischendurch beim Baden im Meer und dank einer im Hotel verbrachten Nacht etwas entspannen. Auch den Abend in einer Strandhütte mit dem Blick auf Sand und Wasser habe ich in bester Erinnerung behalten, auch wenn ich heutzutage vielleicht kein Corona-Bier mehr bestellen würde.

Krönender Abschluss unserer Tour war dann das große Finale im Aztekenstadion zwischen Gastgeber Mexiko und Turnierfavorit Brasilien. Es steht bis heute auf einem der vordersten Plätze in meiner mehr als 1.500 Live-Spiele umfassenden Fußballstatistik, sahen wir doch ein mitreißendes und letztlich sensationelles 4:3 für Mexiko über den bis dahin bereits vierfachen Weltmeister. In meiner Zuschauerstatistik wird dieses Spiel wahrscheinlich sogar auf ewig auf Position 1 bleiben: Mit 110.000 Zuschauern war das Estadio Azteca an diesem Abend selbstverständlich ausverkauft!

Unmittelbar nach Spielende begaben wir uns eilends zum Flughafen und mussten angesichts des engen Zeitplans sogar froh sein, dass die Partie nicht noch in die Verlängerung gegangen war. So begeistert ich auch von Mexiko war, das Flugzeug hätte ich dennoch ungern verpasst. Wir schafften es aber letztlich noch halbwegs komfortabel, begaben uns an Bord und zogen uns unsere Sombreros vor die Augen, um auf dem Rückflug den verpassten Schlaf der vergangenen Nächte nachzuholen.

3.6. Südkorea (2002)

Eine gerettete Serie – dank Quiz-Teilnahme und Nebeneinkünften

Diesmal würde meine Serie reißen – davon war ich ein Jahr zuvor fest überzeugt. Nach drei hintereinander besuchten Weltmeisterschaften und sogar vier Europameisterschaften in Folge stellte die Vergabe des WM-Turniers 2002 einfach eine zu große Herausforderung dar, speziell für meinen Geldbeutel!

Japan galt damals als das teuerste Land der Welt, das war nicht nur ein Klischee, das hatte mir mein Freund Davide bestätigt, und der musste es schließlich wissen: 1999 war er nach Abschluss seines Studiums der Ostasienwissenschaften in das „Land der aufgehenden Sonne" gezogen, um endlich mal „richtig" Japanisch zu lernen. Nun lebte er in Yokohama in einem winzigen Zimmer, das er sich gerade so eben zu leisten in der Lage war, und konnte von seinem Gehalt als Fremdsprachendozent auch ansonsten keine großen Sprünge machen. Erst ein Dreivierteljahr vor dem Turnier war so richtig in mein Bewusstsein gedrungen, dass es da auch noch einen Co-Gastgeber gab. Warum also nicht einen Trip nach Südkorea in Erwägung ziehen, und wenn es auch nur für acht bis zehn Tage war?

Die entscheidende Finanzspritze kam schließlich durch das Zweite Deutsche Fernsehen. Dort hatte ich mich schon Anfang 2001 für eine Teilnahme an der Quiz-Sendung „Risiko" beworben – das Thema: „Geschichte der Fußball-Weltmeisterschaften"! Im Sommer lag dann die Einladung im Briefkasten, und einige Wochen später machte ich mich auf den Weg nach Unterföhring bei München. Dank meiner ohnehin umfangreichen Kenntnisse zu meinem Spezialthema, die ich allerdings auch noch über mehrere Wochen durch intensive Fachlektüre vertieft hatte, sowie eines ganz passablen Allgemeinwissens gelang es mir dort, die ersten drei Runden der Show unbeschadet zu überstehen. Da ich bis dahin einen annähernd im mittleren vierstelligen D-Mark-Bereich liegenden Betrag erspielt hatte, verzichtete ich auf ein weiteres „Risiko" und zog die Reißleine, bevor man mir in der nächsten Runde doch noch die Frage nach dem Ersatztorwart von Ägypten bei der WM 1934 gestellt hätte. Auf die Frage des Moderators Kai Böcking, was ich denn mit dem Gewinn anfangen wolle, sagte ich: „Dann muss ich jetzt wohl doch auch noch zur nächsten Weltmeisterschaft fahren!"

Kurz darauf stieg ich also in die Planung ein, und schon bald hatte ich die Flüge mit Korean Airways ebenso gebucht wie etliche Eintrittskarten für das Turnier. Deutsche WM-Spiele waren nicht dabei, hatte man die DFB-Elf doch für die Vorrunde einer der in Japan spielenden Gruppen zugelost.

Einige Wochen vor dem Turnier ergab sich dann noch eine weitere Chance zur anteiligen Refinanzierung der Reisekosten: Meine Studienfreundin Claudia war zu dieser Zeit bereits in Köln für den Westdeutschen Rundfunk tätig und hatte in der WDR-Redaktion über meine bevorstehende Tour zur WM berichtet. Das traf dort auf großes Interesse und eröffnete die Chance, mal aus der Perspektive eines Fans und Groundhoppers einen Blick auf ein WM-Turnier zu richten. Ich stellte mich also in der Redaktion vor und kam schnell mit den Verantwortlichen dort überein, dass ich sowohl für den Hörfunk als auch die Internet-Redaktion aus Südkorea berichten würde. Ich reiste also erstmals auch als Journalist zu einer Weltmeisterschaft!

Kulturschock Fernost: Endlose Trabantenstädte und unverständliche Straßenschilder

Anfang Juni traf ich in Seoul ein und musste mich hier erst einmal orientieren, um den Weg zum Flughafen-Bahnhof zu finden. Ich nahm den Zug in das rund einhundertvierzig Kilometer südlich von Seoul gelegene Daejeon, da ich mit meinem Reisegefährten Dirk aus Braunschweig vereinbart hatte, dass wir für die ersten Tage unser „Basisquartier" mitten im Lande aufschlagen wollten, um von dort aus leichter die verschiedenen Spielorte anfahren zu können.

Dankenswerterweise hatte die staatliche Eisenbahngesellschaft für WM-Touristen ein spezielles Mehrfahrtenticket herausgegeben, das einem das ständige Anstehen am Schalter ersparte; man musste nur einfach die Strecke auf dem Ticket eintragen und konnte den Zug besteigen. Auf der Fahrt fielen mir beim Blick aus dem Fenster an der jeweiligen Peripherie von Ausgangs- und Zielort unendlich wirkende Ansammlungen von Hochhäusern auf, die stets mit einer Nummer und einem Buchstaben gekennzeichnet waren, was offenbar selbst für die dort lebende Bevölkerung die einzige Möglichkeit der Unterscheidung und Orientierung darstellte. Letztlich konnten diese Trabantenstädte einen aber auch gar nicht allzu sehr verwundern: Südkorea hat immerhin rund 45 Millionen Einwohner auf einer Fläche von nur 100.000 Quadratkilometern und ist damit etwa doppelt so dicht besiedelt wie Deutschland – und irgendwo müssen die vielen Menschen ja wohnen.

Einmal in Daejeon angekommen, musste ich zuerst das von Dirk und mir über das Internet gebuchte Hotel finden, in dem wir uns auch treffen wollten. Das stellte sich als deutlich schwieriger heraus als erwartet, was an der ebenfalls recht gleichförmigen Architektur, vor allem aber den für mich vollkommen unverständlichen Straßenschildern lag. Vielleicht hätte ich mich zuvor etwas mehr mit diesen Schriftzeichen beschäftigen sollen, aber für einen Aufenthalt von kaum mehr als zwei Wochen jetzt auch noch Koreanisch zu lernen, wäre selbst einem Fremdsprachen-Freak wie mir etwas unverhältnismäßig vorgekommen. Wenn ich die nahezu nicht vorhandenen Englisch-Kenntnisse der heimischen Bevölkerung jedoch erahnt hätte, wer weiß, ob ich mir nicht doch ein Basisvokabular angeeignet hätte. So rettete mich an diesem Tag eine Kombination aus Hilfsbereitschaft und dem ausgedruckten Foto des Hotels. Nachdem ich dieses zwei oder drei Einheimischen unter die Nase gehalten hatte, ohne damit eine Reaktion hervorzurufen, führte mich der nächste von mir angesprochene Passant den nur rund zehnminütigen Weg direkt bis vor den Eingang. Also checkte ich schnell ein und begab mich dann auf das Zimmer, wo Dirk mich bereits erwartete und mir von seinen ersten Abenteuern im Lande berichtete.

Am nächsten Tag ging es dann zum ersten gemeinsamen Spiel, welches im Daegu World Cup Stadium stattfand. Dort besiegte Südafrika vor über 47.000 Zuschauern Slowenien mit 1:0. Auch am darauffolgenden Tag wurde uns im Munhak Stadium der Hafenstadt Incheon beim 1:1 zwischen Costa Rica und der Türkei vor auch immerhin 42.000 Zuschauern eher spielerische Magerkost geboten.

Undefinierbares Essen und Kimchi als Notlösung

Das mit der „Kost" stellte sich gleich in diesen ersten Tagen als problematisch dar. Sofern man sich nicht ausschließlich aus internationalen Fast-Food-Ketten ernähren, sondern auch mal etwas Landestypisches essen wollte, wurde es schwierig, waren doch die Speisekarten der Restaurants etwa genauso verständlich wie die Straßenschilder. In größeren Städten gab es noch hinreichend viele Restaurants mit touristenfreundlichen Fotos der dort angebotenen Speisen, aber spätestens bei meinem Besuch der kleinen Stadt Jeonju im Südwesten des Landes wurde es selbst damit eng. Ich war diesmal allein unterwegs, da Dirk den Ground schon ganz zu Beginn seines Aufenthalts erreicht hatte, und so betrat ich um die Mittagszeit auch allein ein Restaurant ohne die erwähnte visuelle Unterstützung der Menüwahl. Ich verließ mich also auf die Empfehlung der Kellnerin, welche mir einige Minuten später eine Schüssel mit einer Art Nudelsuppe brachte. Dagegen wäre ja gar nichts einzuwenden gewesen, doch war die Suppe eiskalt, was angesichts der darin schwimmenden Eiswürfel auch nicht verwundern konnte. Tapfer löffelte ich knapp die Hälfte davon in mich hinein, bevor ich der bestürzten Kellnerin signalisierte, die Schüssel wieder mitzunehmen und mir stattdessen noch etwas Kimchi zu bringen – mit diesem scharfen Kohl, der in Korea eine Art Nationalgericht darstellt, und der auch mir sogar schon vor meiner Reise bekannt war, stillte ich zumindest den ärgsten Hunger. Immerhin hatte ich spätestens jetzt genug Material für einen ersten telefonischen Zwischenbericht an die Hörfunkredaktion des WDR!

Die Qualität des Fußballs wurde indes mit dem Spiel im Jeonju World Cup Stadium deutlich besser; Portugal demontierte dort vor 31.000 Zuschauern die Polen mit 4:0. Anderntags sah ich, nun wieder gemeinsam mit Dirk, im Suwon World Cup Stadion vor ähnlicher Kulisse noch zwei Tore mehr beim rassigen 3:3 zwischen Senegal und Uruguay und einen weiteren Tag darauf immerhin fünf Tore an unserem Basisstandort in Daejeon. Im dortigen, man ahnt es schon, Daejeon World Cup Stadium setzte sich Spanien vor wiederum rund 31.000 Zuschauern mit 3:2 gegen Südafrika durch.

Nun konnte ich endlich auch in einem weiteren Bericht für die Internetredaktion des WDR von einigen sehenswerten Fußballspielen schreiben, wenngleich die landeskundlichen Aspekte natürlich im Vordergrund standen. Zu diesen gehörte auch, dass es in Südkorea nie ein Problem darstellte, auch ohne Laptop und vor Beginn der Smartphone-Ära diese Berichte an einem öffentlichen Ort zu verfassen und dann per E-Mail zu versenden. Gab es in Deutschland seinerzeit nur ganz vereinzelt Internet-Cafés, die zumeist für Ortsunkundige schwierig zu finden waren, so waren hier an jedem Bahnhof mindestens ein halbes Dutzend Computer mit Internetanschluss verfügbar und konnten gegen eine sehr geringe Gebühr genutzt werden. Heute, rund zwanzig Jahre nach der WM 2002, muss man sicher konstatieren, dass Südkorea diesen schon damals bestehenden Vorsprung auf Deutschland in Sachen Digitalisierung eher noch ausgebaut hat.

Am nächsten Tag ging es zum immerhin bereits sechsten Spiel am sechsten Tag meines Aufenthalts erstmals in die Hauptstadt Seoul. Hier waren nun endlich auch mal englische Straßenschilder zu sehen, und auch in der U-Bahn war man nicht ausschließlich von fernöstlichen Schriftzeichen umgeben, so dass die Orientierung deutlich leichter fiel als in der Provinz. Den Weg zum Seoul World Cup Stadium hätten wir aber sicher auch so gefunden, hätten wir doch nur den zahlreichen chinesischen Fans folgen müssen, die wohl trotz der zweifellos anderen Sprache noch eher mit den koreanischen Beschriftungen klargekommen wären. China bei einer Fußball-WM – daran musste man sich auch erst einmal gewöhnen! Länger als für die Vorrunde war das bei diesem Turnier allerdings nicht notwendig; selbst gegen die zu diesem Zeitpunkt noch nicht gerade übermächtig wirkende Türkei gab es vor 45.000 Zuschauern eine glatte 0:3-Schlappe.

Reif für die Insel – nach dem Deutschland-Spiel erst recht

Direkt nach dem Spiel begaben wir uns zum Flughafen – nicht, um bereits wieder die Heimreise anzutreten, sondern um einen Inlandsflug auf die Urlaubsinsel Jeju zu erreichen. Dort stand das erste Achtelfinale auf dem Programm – und zu unserer großen Freude tatsächlich mit Beteiligung der deutschen Mannschaft. Die DFB-Elf hatte ihre Vorrundengruppe als Erster beendet, und so hatten wir richtig spekuliert, dass sie in der Runde der letzten 16 erstmals in Südkorea spielen würde. Zunächst genossen wir aber für einen Tag die herrliche Insel mit ihrer subtropischen Vegetation und den nahe der Inselhauptstadt Seogwipo gelegenen Stränden und wussten danach, warum Jeju in Südkorea die Lieblingsdestination für Hochzeitsreisen ist.

Das erste deutsche K.O.-Spiel bei diesem Turnier im Jeju World Cup Stadium war indes alles andere als ein „Honeymoon". Erst durch ein Tor in vorletzter Minute setzten sich die Adlerträger vor 25.000 Zuschauern mit 1:0 gegen Paraguay durch. Das vorzeitige Aus war damit gerade so eben noch abgewendet worden, aber wir Fans waren nach dieser Zitterpartie eigentlich erst so richtig „reif für die Insel". Leider mussten wir diese alsbald wieder verlassen, stand doch gleich am nächsten Tag in Suwon mit der Partie Spanien gegen Irland ein weiteres Achtelfinale auf unserem Spielplan. Vor 39.000 Zuschauern setzten sich die Iberer nach einer spannenden Begegnung erst im Elfmeterschießen mit 4:3 durch. Danach war endlich mal wieder ein Tag spielfrei – und diesen nutzte ich zu dem größten Abenteuer dieser Reise.

Durch die Demilitarisierte Zone zur Grenze in Panmunjom

Schon von frühester Jugend an haben mich Grenzen fasziniert – kein Wunder, bin ich doch kaum mehr als dreißig Kilometer von der innerdeutschen Grenze entfernt aufgewachsen und habe früher sogar bei Sonntagsausflügen mit meinen Eltern in den Harz manchmal ganz unvermittelt vor einem Grenzzaun im Wald gestanden. An der Berliner Mauer bin ich bei ersten Besuchen in der geteilten Stadt oft sogar kilometerweit entlang gegangen, und in späteren Jahren waren es dann die Peace Walls zwischen den katholischen und protestantischen Wohnvierteln von Belfast oder noch später die mit Stacheldraht gesicherte Linie zwischen dem griechischen und dem türkischen Teil der zypriotischen Hauptstadt Nicosia, die mich in ihren Bann zogen.

All das ist jedoch harmlos verglichen mit der Grenze zwischen Süd- und Nordkorea. Um dort von südlicher Seite aus hinzugelangen, musste ich mich in Seoul für eine Fahrt mit einem Reisebus anmelden, in dem dann ausschließlich Touristen aus Europa und Nordamerika saßen. Mit ihnen gemeinsam fuhr ich durch die Demilitarisierte Zone, die berühmte DMZ, in Richtung des 38. Breitengrades, an dem nach dem Korea-Krieg 1953 das Land in einen kommunistischen Norden und einen kapitalistischen Süden getrennt wurde. Kurz nachdem wir an unserem Zielort ausgestiegen waren, stieg der Gruselfaktor ins Unermessliche. Von nördlicher Seite aus wurden wir über mehrere baumhohe Lautsprecher mit Propaganda beschallt, die ich natürlich nicht verstehen konnte. Außerdem blickten wir auf einige ganz schmucke Hausfassaden hinter der Grenze, die jedoch tatsächlich nur Fassaden und damit gewissermaßen Potemkinsche Dörfer waren, mit denen man offenbar einen real natürlich nicht existierenden Wohlstand suggerieren wollte.

Der Höhepunkt des Aufenthalts spielte sich dann in einer der hellblauen Baracken ab, die in identischer Länge über beide Seiten der Grenzlinie hinausragen und politisches Niemandsland zwischen Nord und Süd darstellen. Innerhalb der Baracke konnten wir uns für wenige Minuten frei bewegen, so dass wir uns rein geographisch für einen kurzen Augenblick in Nordkorea befanden. Man erklärte uns, dass genau in dieser Baracke regelmäßig Konsultationen zwischen diplomatischen bzw. militärischen Delegationen aus Nord und Süd stattfinden, der Norden durch chinesische, der Süden durch amerikanische Vertreter unterstützt. Daran allein merkte man schon, dass der Korea-Krieg 1953 nicht mit einem Friedensvertrag, sondern lediglich mit einem Waffenstillstand zu Ende gegangen war. Als ich fast zwanzig Jahre später die Bilder des Treffens zwischen US-Präsident Donald Trump und dem nordkoreanischen Machthaber Kim-Jong-Un sah, fühlte ich mich lebhaft an meinen eigenen Besuch in Panmunjom im Jahr 2002 erinnert.

Gastgeber mit dem Schiedsrichter, DFB-Elf mit Fortuna im Bunde

Tags darauf in Daejeon zeigte sich dann, dass es allen ideologischen Gräben und tiefen wirtschaftlichen Unterschieden zum Trotz durchaus auch heute noch ein Gefühl der Zusammengehörigkeit zwischen den beiden koreanischen Staaten gibt. Südkorea empfing Italien zum Achtelfinalspiel – und grüßte die Gäste mit einer aus Tausenden von Pappschildern gefertigten Choreographie mit dem Schriftzug „1966"! Damit wollten sie die Azzurri und ihre Fans ganz offensichtlich an die bis dahin größte Schmach in der Geschichte des italienischen Fußballs erinnern, ihr Vorrundenaus bei der WM in England nach einem 0:1 gegen – Nordkorea!

An diesem Tag sollte es für die Italiener zwar angesichts des größeren sportlichen Renommees ihres Gegners nicht ganz so schmachvoll, aber dafür mindestens genauso bitter ausgehen. Vor 39.000 fanatischen Zuschauern, von denen nur ein Bruchteil den Azzurri die Daumen drückte, waren diese zwar die überlegene Elf und mussten sich schon ärgern, überhaupt in die Verlängerung gehen zu müssen. Aber in dieser kam es knüppeldick: Erst wurde der vermeintliche italienische Siegtreffer vom Schiedsrichter aus unerfindlichen Gründen nicht anerkannt, dann erzielte ausgerechnet der in Italiens Serie A beschäftigte Stürmer Ahn seinerseits das „Golden Goal" zum 2:1 der Südkoreaner. Das Stadion raste vor Begeisterung, während die Italiener dem Schiedsrichter an den Kragen wollten.

Noch Jahre später habe ich in italienischen Buchhandlungen literarische Erzeugnisse über die spezielle Gunst des Schicksals – oder der FIFA? – gegenüber dem Gastgeber dieser Weltmeisterschaft gefunden. Es half alles nichts, Italien war draußen – und damit natürlich einer der historisch größten Widersacher der deutschen Elf bei Welt- und Europameisterschaften.

Das DFB-Team konnte drei Tage nach diesem denkwürdigen Abend bereits den Sprung ins Halbfinale klarmachen. Ich überbrückte die Zeit noch mit dem Besuch einiger Tempelanlagen im Großraum Seoul, bevor ich meine Konzentration auf das anstehende Viertelfinale richtete. In diesem stellte sich der deutschen Mannschaft das Team der USA in den Weg, und dafür musste ich noch einmal in den Südosten der koreanischen Halbinsel fahren, in die Automobilmetropole Ulsan. Die gesamte Stadt ist vollständig durch ihr größtes Unternehmen geprägt, selbst die wichtigste Shopping-Adresse ist hier das etwa zehnstöckige Hyundai-Kaufhaus, in dem auch ich vor dem Spiel mindestens zwei Stunden zubrachte. Ansonsten trat das Sightseeing hier etwas in den Hintergrund, und ich fand mich schon frühzeitig vor dem Munsu Football Stadium ein, mein immerhin achter neu erworbener Ground beim zehnten und letzten Spiel dieser Reise.

Es wurde der Abend des Oliver Kahn und des Michael Ballack. Erstgenannter hielt die deutsche Elf zunächst mit diversen Weltklasseparaden immer wieder im Spiel und verhinderte später ein ums andere Mal den Ausgleich der US-Boys, nachdem Letztgenannter zur 1:0-Führung des DFB-Teams getroffen hatte. Dieses stand also tatsächlich trotz bislang eher bescheidener Leistungen im Halbfinale!

Dennoch sollten gerade Kahn und Ballack zu den beiden tragischen Helden dieses Turniers gehören. Während der spätere „Capitano“ der Klinsmann-Ära wegen seiner zweiten Gelben Karte das Finale gegen Brasilien verpasste, ließ der Weltklassetorwart ausgerechnet in jenem wichtigsten Spiel seiner Karriere einen eher harmlosen Schuss zum 0:1-Rückstand passieren, und konnte deshalb ebenso wie seine Mannschaftskameraden „nur“ als Vizeweltmeister den Rückflug nach Deutschland antreten.

Ich selbst war beim Finale schon längst wieder zu Hause und verfolgte es um die Mittagszeit gemeinsam mit meiner Freundin in einer Kneipe in Düsseldorf. Schade, gern hätte ich erstmals seit 1990 in Rom wieder einen WM-Titel für die deutsche Mannschaft erlebt. Auf ein Neues also, 2006 bei der Weltmeisterschaft im eigenen Land, sagte ich mir.

Die WM in Südkorea stellte für mich die letzte große Fußballreise in ein Land außerhalb Europas dar. Bei der nächsten Weltmeisterschaft auf einem anderen Kontinent, 2010 in Südafrika, war ich gerade wenige Monate zuvor Vater geworden und somit natürlich verhindert. Auch 2014 in Brasilien lief leider noch an mir vorbei, da die Kombination aus privaten und beruflichen Verpflichtungen eine solche Reise einfach nicht mehr ermöglichte. Daher beschränkten sich meine Groundhopping-Aktivitäten für deutlich mehr als ein Jahrzehnt auf den europäischen Kontinent und zeitweilig sogar fast ausschließlich auf das eigene Land. Erst im Jahr 2015 sollte ich von einer Geschäftsreise nach Fernost profitieren und der Sammlung meiner Länderpunkte einen weiteren außerhalb von Europa hinzufügen können.

3.7. China (2015)

Brasilianische Stürmer im Rentenalter und ein wahnwitziger Torwart

Diesmal musste es einfach hinhauen. Es war immerhin schon mein dritter Besuch in China, aber der Länderpunkt war noch immer nicht erreicht. Kein Wunder, war ich doch nicht zu meinem Privatvergnügen hier, sondern um den Standort Krefeld, dessen Wirtschaftsförderung ich seit 2007 leitete, angemessen zu repräsentieren. Zu diesem Zweck war ich im Herbst 2012 bereits ein erstes Mal mit einer von unserem damaligen Oberbürgermeister angeführten Delegation in das „Reich der Mitte“ aufgebrochen und hatte dort gleich am ersten Tag auch die Verbotene Stadt mit dem Kaiserpalast in Peking besuchen können, bevor der Besuch in Xuzhou, der Stadt des größten in Krefeld angesiedelten chinesischen Unternehmens, auf dem Programm stand.

2014 war ich dann mit meinem Kollegen Andreas ein erstes Mal auch in Shanghai, der faszinierenden Stadt am Ufer des Huangpu-Flusses mit der atemberaubenden Skyline des am Reißbrett geplanten und in sensationeller Geschwindigkeit errichteten Stadtteils Pudong. Auch eine Fahrt auf die Aussichtsplattform des Oriental Pearl Tower stand auf dem Programm. Gewisse Freiräume bieten solche Dienstreisen ja durchaus manchmal, aber zumeist nur für wenige Stunden und in der Regel dann auch nicht zur richtigen Zeit.

Nun also der zweite Besuch in Shanghai, gemeinsam mit Andreas sowie zwei Rechtsanwälten aus Köln, die auch eine gewisse Affinität zum runden Leder hatten. Daher warfen wir diesmal schon frühzeitig einen Blick in den Spielplan der „Chinese Super League" und fanden heraus, dass ein Heimspiel von Shanghai Shenhua in unseren Reisezeitraum fiel. Also signalisierten wir unseren chinesischen Gastgebern auch schon frühzeitig, für diesen Abend doch bitte kein gemeinsames Dinner zu organisieren, sondern uns einen Besuch im Stadion zu ermöglichen.

Bei der typisch chinesischen Gastfreundschaft wurde dies dann so interpretiert, dass man uns selbstverständlich bis vor den Eingang des Hongkou Stadium begleitete, die Tickets für uns organisierte, uns sogar noch einen blau-weißen Fanschal um den Hals band und dann viel Spaß beim Spiel wünschte – Widerrede zwecklos! Man hatte eben nicht vergessen, im Jahr zuvor auch bei uns in Krefeld sehr freundlich empfangen worden und sogar an einem Sonntag zu einer Stadtrundfahrt mit anschließendem Mittagessen eingeladen gewesen zu sein.

Ebenso erfreulich verlief dann der Stadionbesuch selbst, erlebten wir doch vor mehr als 18.000 Zuschauern nicht nur einen sehr stimmungsvollen Abend mit gutem Support für das renommierte Heimteam und den Gast von Shandong Luneng, sondern auch ein recht gutklassiges Spiel mit einigen Akteuren speziell in den Sturmreihen der beiden Teams, deren Namen verdächtig brasilianisch klangen. In besonderer Erinnerung wird mir indes der chinesische Torwart der Gäste bleiben. In der Schlussphase des Spiels stürmte er mehrfach mit nach vorn, obwohl es zu diesem Zeitpunkt 1:1 stand und dies für Shandong ein sehr achtbares Resultat gewesen wäre. Sein Wahnwitz wurde tatsächlich in der Nachspielzeit belohnt, als er zumindest mittelbar am 2:1-Siegtreffer der Gäste beteiligt war.

Mein erster Länderpunkt in Asien nach Südkorea 2002 war also nicht nur etwas für die Statistik, sondern eignete sich durchaus auch für ein „Best of" besonders verrückter Fußballerlebnisse!

3.8. Japan (2018)

„I am sorry, Sir, but the game is sold out!"

So fehlte mir von den drei großen Ländern in Fernost nun also nur noch Japan für meine Groundhopper-Sammlung. Auch hier war es bei meinem Erstbesuch im Jahr 2012 nicht gelungen, mich von der Reisegruppe meines beruflich bedingten Besuches hinreichend lange absetzen zu können, um ein Spiel der J-League verfolgen zu können.

2018 sollte eine weitere Chance kommen, erneut in einer mehrköpfigen Delegation, aber diesmal anders als damals mit einem sehr fußballbegeisterten Oberbürgermeister. Also konnte ich mit dem „Segen" des Delegationsleiters schon frühzeitig die relevanten Spielpläne wälzen und zumindest einen Abend dafür in unserem ansonsten ziemlich eng getakteten Besuchsprogramm freischaufeln.

Dieses sah auch hier Empfänge in den Muttergesellschaften gleich mehrerer in Krefeld ansässiger japanischer Firmen vor, insbesondere im Großraum Tokio bei Weltunternehmen wie Canon oder Hitachi, aber auch bei dem Piano-Hersteller Kawai in der direkt am Pazifik gelegenen Stadt Hamamatsu. Gerade durch den Zwei-Tages-Trip dorthin blieb letztlich nur ein einziger freier Abend für den möglichen Besuch eines Fußballspiels – und der FC Tokyo spielte an diesem Tag auswärts!

Also musste ich mich noch etwas eingehender mit der Umgebungskarte der japanischen Hauptstadt beschäftigen und schauen, welche der an diesem Samstagabend angesetzten Partien realistischerweise für uns erreichbar war – und siehe da: Auch Kawasaki Frontale spielte an diesem Tag, und zwar tatsächlich im eigenen Stadion. Dies alles ließ sich im Vorfeld über das Internet herausfinden, selbst die Verbindungen per U-Bahn und Vorortzug und der geeignete Umsteigebahnhof konnten irgendwie recherchiert werden – nur die vorherige Bestellung von Tickets war leider unmöglich. Nun gut, es würde schon klappen, immerhin war mit Nagoya Grampus an dem Tag keine absolute Top-Mannschaft zu Gast. Trotzdem brachen wir schon sehr frühzeitig zu viert von unserem Hotel auf, als der große Tag gekommen war, und fuhren mit den beiden zuvor korrekt recherchierten Verkehrsmitteln in die südlich von Tokio gelegene Nachbarstadt Kawasaki. Auch den Weg zum Stadion hatte ich zutreffend ermittelt, und nachdem wir uns in einem Geschäft an der Hauptstraße noch mit Fanschals und sonstigen Souvenirs eingedeckt hatten, näherten wir uns erwartungsfroh dem Ground.

Was wir dort vorfanden, ließ indes nichts Gutes erahnen: Lange Schlangen vor den Eingängen, Tausende von Fans aus Nagoya hinter der Gästekurve – und das knapp zwei Stunden vor dem Anpfiff! Wenige Augenblicke später bestätigten sich die Befürchtungen, als wir uns in Richtung der Gegentribüne weiterbewegt hatten und das erste „Sold out"-Schild über einem der Kassenhäuschen prangte. Wir gingen hinter die Kurve der Heimfans und schließlich um das gesamte Stadion herum, aber überall dasselbe Bild – ausverkauft! Ich wollte mich nicht so schnell geschlagen geben und versuchte es gleich an zwei verschiedenen Ticketschaltern, nicht ohne den jungen Damen dort klarzumachen, dass wir aus Europa kamen und dies wahrscheinlich unsere einzige Möglichkeit für lange Zeit sei, endlich mal ein Spiel unserer japanischen Lieblingsmannschaft Kawasaki Frontale zu sehen – aber die Antwort lautete in beiden Fällen, ebenso höflich wie endgültig: „I am sorry, Sir, but the game is sold out!"

Wir standen bereits ganz dicht davor, den Rückweg zum Bahnhof anzutreten, als uns das Schicksal doch noch hold war – in Gestalt zweier unabhängig voneinander ganz in unserer Nähe stehender Personen, die jeweils genau ein Ticket übrighatten. Als langjähriger Schwarzmarkt-leidgeprüfter Groundhopper hätte ich ohne jeden Zweifel locker den dreifachen normalen Preis bezahlt, um den Länderpunkt Japan einzutüten, aber zu meiner großen Überraschung war dies überhaupt nicht nötig. Es schien den beiden Herren sogar peinlich zu sein, überhaupt den von ihnen selbst entrichteten Betrag wieder erstattet zu bekommen, so dass wir die beiden Karten wahrlich für einen Spottpreis erstanden – aber eben leider auch nur zwei. Zu gern hätten wir natürlich noch zwei weitere Karten erworben, aber so viel Glück hatten an diesem Abend leider auch wir nicht. Daher wurde entschieden, dass die beiden größten Fußballfans aus unserer Gruppe ins Stadion gehen und die beiden anderen schon ins Hotel zurückfahren und dort in der Bar die Plätze anwärmen würden. An dieser Stelle daher noch einmal ganz offiziell: Danke, Andreas und Markus, dass Ihr uns damals den Vortritt gelassen habt!

Frank und ich mussten zwar zu zwei hunderte von Metern voneinander entfernten Eingängen gehen, um unseren jeweiligen Einzelplatz in den beiden einander praktisch gegenüberliegenden Blöcken einzunehmen, aber wir waren mit dabei, als eine halbe Stunde später im Todoroki Athletics Stadium der Anpfiff erfolgte. Die Atmosphäre unter den rund 24.000 Zuschauern war sensationell, speziell der Anhang aus Nagoya hatte sich seinen Support offenbar von den italienischen Ultras abgeschaut und wirkte mit den rot-gelben Vereinsfarben fast wie ein Auswärtsblock des AS Rom. Aber auch die Heimfans machten mächtig Stimmung und trieben ihr Team letztlich zu einem 3:1-Sieg – und wenige Wochen später sogar zur Meisterschaft in der J-League! Nach diesem Erlebnis konnte ich nur sagen: Ich komme sehr gern wieder, japanischer Fußball – aber macht es mir bitte beim nächsten Mal mit dem Eintritt ins Stadion nicht ganz so schwer!

3.9. Israel (2019)

Vom Flughafen direkt ins Stadion – für Gäste aus Deutschland durchaus normal

Mit dieser Reise ging für mich ein lang gehegter Wunsch in Erfüllung – und der Fußball spielte dabei diesmal nur eine Nebenrolle. Von einem Aufenthalt in Israel hatte ich in der Tat schon lange geträumt. Die überragende Geschichte dieser Wiege mehrerer Weltreligionen, der Brennpunkt des Nahostkonflikts, der Dualismus der beiden grundverschiedenen Städte Tel Aviv und Jerusalem, noch dazu die Lage zwischen Mittelmeer und Rotem Meer – konnte es ein noch spannenderes Reiseziel geben?

Privat hatte ich es irgendwie trotzdem noch nie geschafft dort hinzukommen, wozu die stets mit einem dicken Fragezeichen zu versehende Sicherheitslage im Lande wohl nicht unwesentlich beigetragen hatte. Nun also stand ein Kurzbesuch auf meiner beruflichen Agenda, hatten wir doch seit einiger Zeit Kontakt zur Auslandshandelskammer und Niederlassung der NRW-Wirtschaftsförderung in Tel Aviv. Innerhalb von drei Tagen wollten wir uns dort einen persönlichen Eindruck von der vielbeschworenen Start-Up-Kultur und dem Innovationsklima in Israel machen, um daraus Ansatzpunkte für Kooperationen mit mittelständischen Unternehmen in Krefeld und am Niederrhein abzuleiten. Zum Glück sah unser Programm neben dem Besuch diverser Coworking Spaces und dem Zusammentreffen mit etlichen Unternehmern und Existenzgründern auch einen eintägigen Ausflug nach Jerusalem vor – damit wir auch ein „vollständiges" Bild von Israel mit seinen beiden Antipoden aus Tradition und Moderne bekämen.

Der Besuch eines Fußballspiels war natürlich nicht vorgesehen und in dem dicht gedrängten Programm auch eigentlich so gut wie unmöglich. Immerhin, wir würden an einem Sonntagnachmittag in Tel Aviv landen, und so wagte ich doch einige Wochen vor unserer Abreise, als die zeitgenauen Ansetzungen des relevanten Spieltags der Ligat Ha'al endlich feststanden, einen Blick in die wesentlichen Groundhopper-Apps. Daraus war zu erfahren, dass Maccabi Tel Aviv leider schon am Samstagabend spielte und Hapoel ohnehin auswärts antrat. Aber es gab in der Saison mit einem mir bis dahin gänzlich unbekannten Verein noch einen dritten Erstligisten: Bnei Yehuda Tel Aviv!

Über mehrere Wochen warf ich immer mal wieder einen Blick in die Apps, aber die Informationen über die Ansetzung des Heimspiels gegen MS Ashdod blieben bis zuletzt widersprüchlich. Insofern wusste ich selbst am Tag unserer Abreise noch nicht genau, ob nun wirklich am Abend im Stadion von Tel Aviv ein Fußballspiel stattfinden würde – und wenn ja, um welche Zeit.

Fast hätte sich die Relevanz dieser Frage sowieso erübrigt, startete unser Flieger vom Frankfurter Flughafen doch aufgrund umfangreicher Sicherheitschecks mit beträchtlicher Verspätung. Ausgerechnet meinen Reisegefährten und Mitarbeiter hatten die Bediensteten der israelischen Airline nach dem Stichprobenprinzip ziemlich arg in die Mangel genommen und ihn geradezu einem Kreuzverhör zu seinen Reisezielen und Absichten in Israel unterzogen. Schließlich ging es dann doch endlich los, und ohne weitere größere Verzögerungen auf dem Flug selbst oder bei der Einreisekontrolle passierten wir schließlich die Schleuse in den Empfangsbereich des Ben-Gurion-Flughafens.

Dort gingen wir sofort zum Taxistand, nahmen das erstbeste für uns verfügbare Gefährt und nannten dem Fahrer die Adresse unseres dummerweise auch noch im Norden von Tel Aviv gelegenen Hotels. Auf der Fahrt dorthin sahen wir nach etwa einer halben Stunde plötzlich zu unserer Linken ein gleißendes Licht am bereits fast vollständig dunklen Abendhimmel – das konnten nur die Flutlichter des Bloomfield Stadium sein! Also musste die Information bezüglich des Heimspiels von Bnei Yehuda richtig sein, und wenn nun auch noch die in der App genannte Anstoßzeit zutreffend war, hatten wir noch etwas mehr als eine Stunde Zeit bis zum Anpfiff.

Wir kamen am Hotel an, checkten dort in Windeseile ein, schmissen unsere Koffer und Taschen aufs Bett und machten uns sofort auf den Weg. Immerhin hatten wir rund fünf Kilometer Fußmarsch vor uns, eine weitere Taxi-Fahrt hätte wegen des dichten Stadtverkehrs an diesem Werktag, welcher der Sonntag in Israel nun mal ist, keinen Zeitvorteil gebracht. Aber zum Glück war der Weg an der Küste entlang sehr schön, die Orientierung relativ einfach und wir beide gleichermaßen gut zu Fuß, so dass wir knapp zwanzig Minuten vor Spielbeginn am Stadion eintrafen und nach Erwerb der Tickets und eines Getränks auf der Tribüne Platz nahmen.

Die Atmosphäre war sehr entspannt, die Ränge mit nur 1.500 Zuschauern spärlich besetzt, aber dennoch machten die Bnei-Yehuda-Anhänger einen guten Support und trieben ihre Mannschaft zu einem 2:0-Sieg. Während des Spiels machten wir einige Fotos und sandten sie unseren Gastgebern von der AHK Israel mit einem der üblichen Messenger-Dienste. Als wir am nächsten Morgen in der Auslandshandelskammer eintrafen, um dort unser offizielles Reiseprogramm zu starten, wurden wir mit großer Begeisterung empfangen: „Ihr seid wirklich die coolsten Gäste, die wir jemals hatten. Vom Flughafen direkt ins Stadion – völlig verrückt!“, sagten unsere Gastgeber mit einer Mischung aus Kopfschütteln und Bewunderung. Dass derartige Aktionen für mich als Groundhopper seit Jahrzehnten nichts Ungewöhnliches darstellen, behielt ich an diesem Tag lieber für mich.

Weitere Dienstreisen nach Israel und anderswo? Wegen Corona Fehlanzeige!

Unser weiterer Aufenthalt verlief sehr abwechslungsreich und in mehrfacher Hinsicht „spannend“. Speziell an der Küste war just in diesen Tagen mal wieder die Hölle los, nachdem der israelische Geheimdienst einen Hamas-Führer ermordet und damit Raketenangriffe aus dem Gaza-Streifen provoziert hatte, welche speziell die nahe gelegene Stadt Ashdod ins Visier nahmen. Trotz des israelischen Raketenabwehrsystems, das eigentlich für Tel Aviv einen sehr wirksamen Schutz darstellt, wurden wir dadurch gleich am zweiten Tag unseres Aufenthalts von Sirenen aufgeschreckt und mussten für einige Minuten den Frühstückstisch gegen den Luftschutzbereich unseres Hotels eintauschen. Dennoch begaben wir uns gemeinsam mit einer der Mitarbeiterinnen der Auslandshandelskammer anschließend für einen Tagesausflug nach Jerusalem und lernten diese faszinierende Stadt mit Klagemauer, Via Dolorosa und Grabeskirche kennen, bevor wir auf der Rückfahrt auch noch einen zweistündigen Aufenthalt in der Holocaust-Gedenkstätte Yad Vashem einlegten.

Beruflich waren wir auch durchaus erfolgreich. Wir kehrten nicht nur mit vielen neuen Eindrücken, sondern auch zahlreichen Visitenkarten oder LinkedIn-Adressen von der Reise zurück und planten bald darauf die nächsten Schritte. Gern wollten wir im kommenden Jahr mit einer Unternehmerdelegation vom Niederrhein noch einmal nach Israel fahren und Kontakte zwischen den hiesigen Mittelständlern und dortigen Technologie-Start-Ups vermitteln. Ein erster Schritt dazu sollte bereits Mitte März ein gemeinsam mit unserer IHK am Mittleren Niederrhein veranstalteter Informationsabend sein.

Anfang März 2020 wurde er kurzfristig abgesagt – ebenso wie der folgende Spieltag sämtlicher Fußballligen, nahezu alle Kulturveranstaltungen und auch sonst so ziemlich alles, worauf man sich gefreut und was man zum Teil lange geplant hatte. Die Welt hatte plötzlich andere Sorgen!

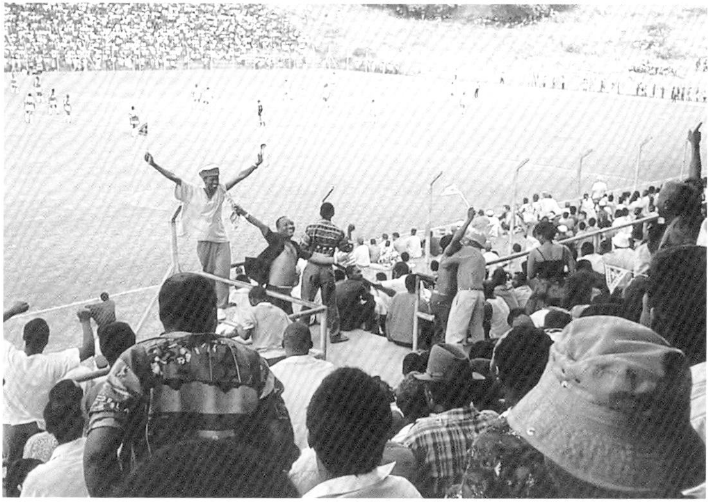

Umlazi 1991.

Santiago de Chile 1993.

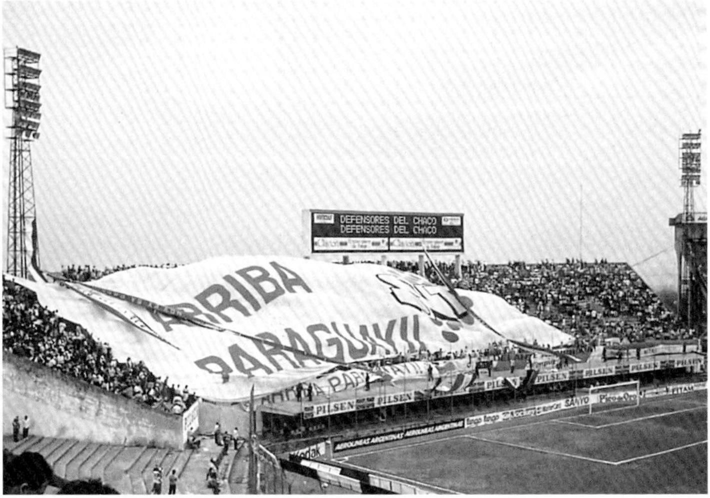

Asuncion 1993.

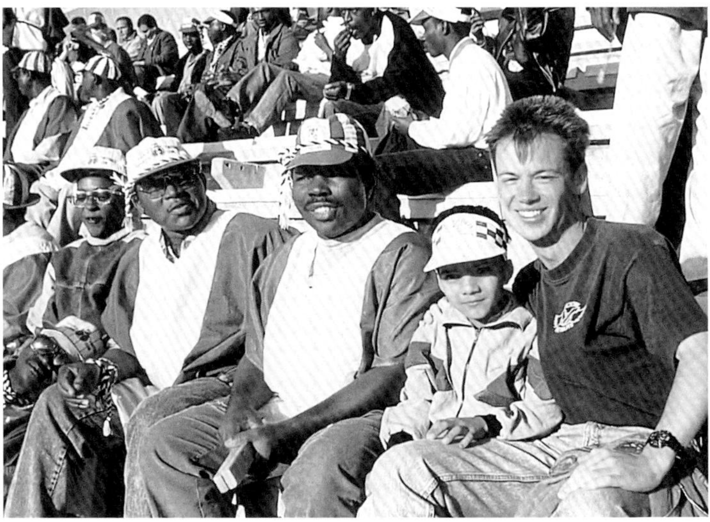

Afrika-Cup 1994, mit Nigeria-Fans.

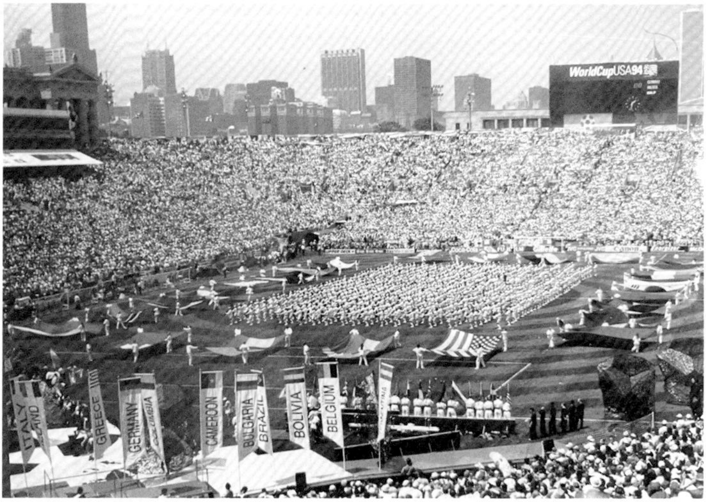

WM 1994 Chicago.

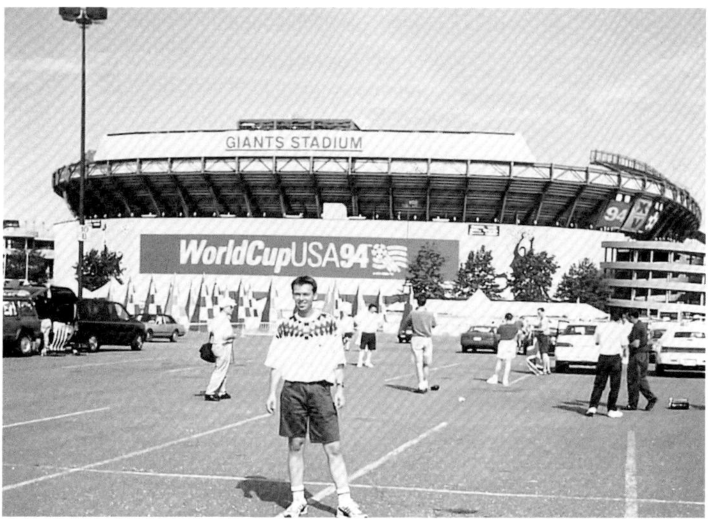

New York 1994.

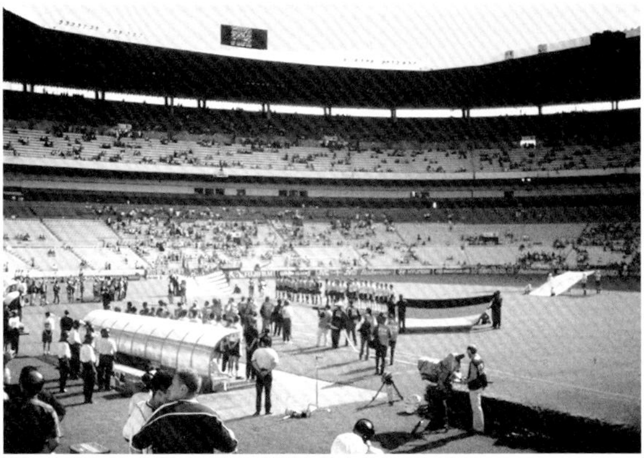

Mexiko 1999, Guadalajara.

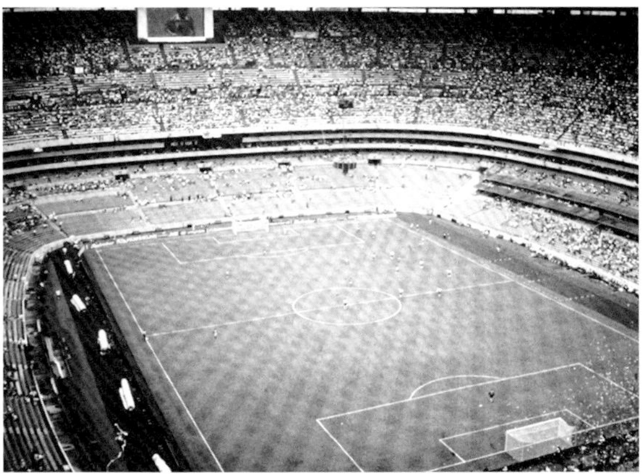

Mexiko 1999, Azteca.

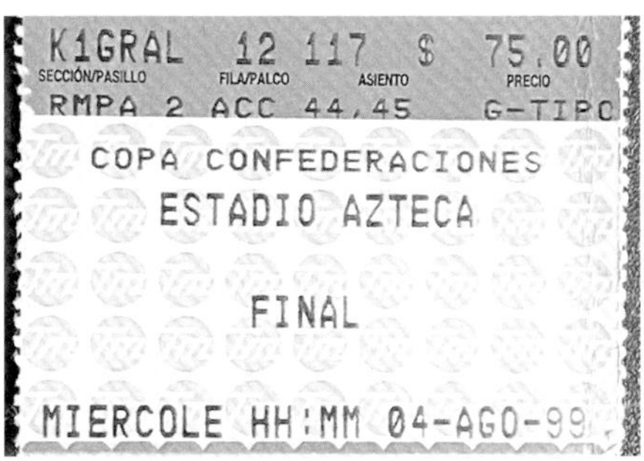

Endspielticket Mexiko 1999.

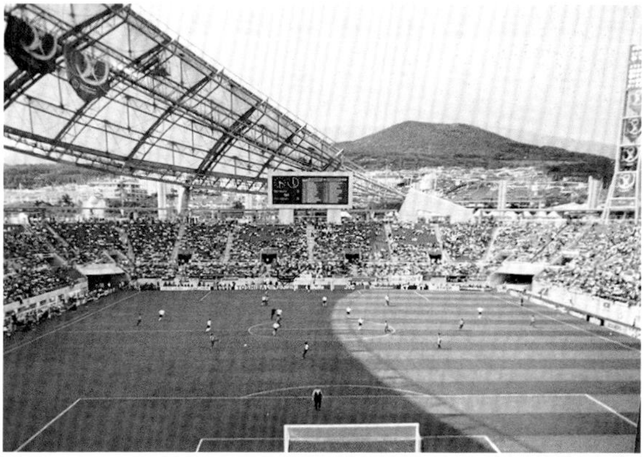

WM 2002 Seogwipo.

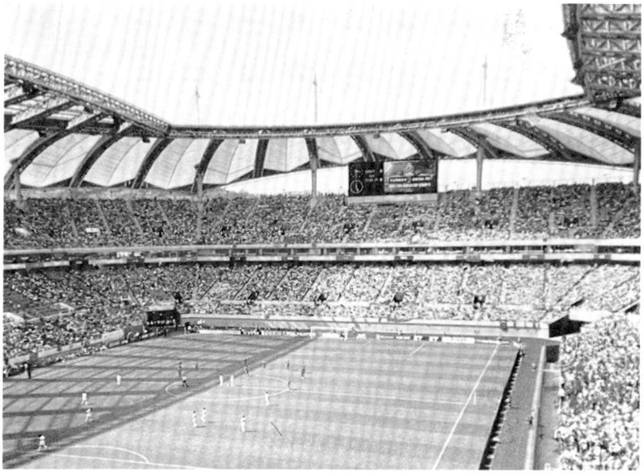

WM 2002 Seoul.

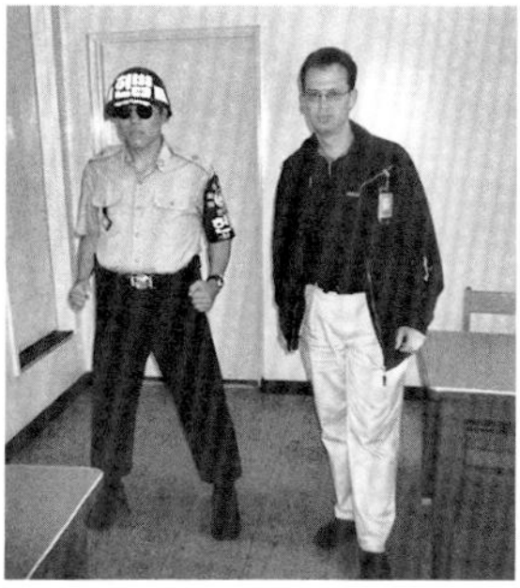

Grenzkabine Panmunjom 2002, innen.

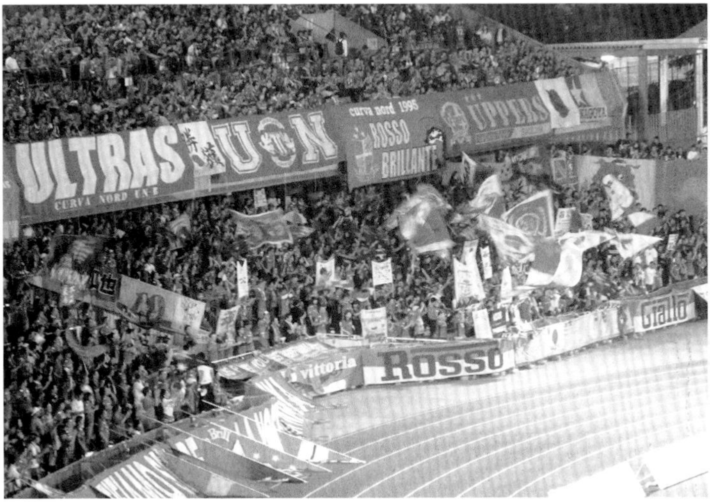

Kawasaki 2018, Gästekurve.

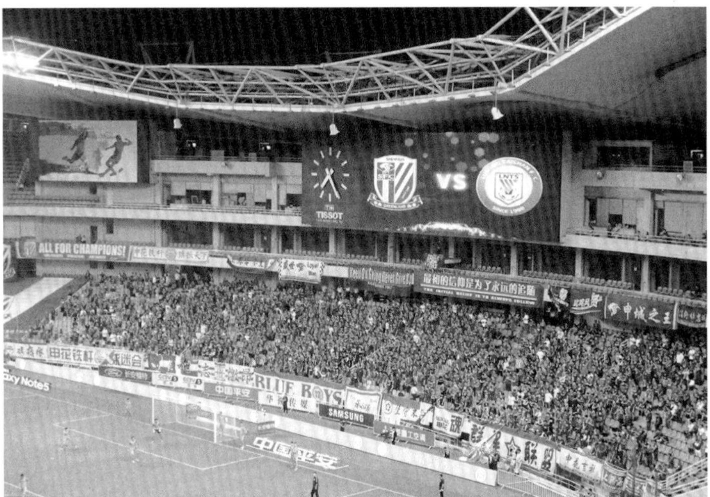

Shanghai – Shandong 2015.

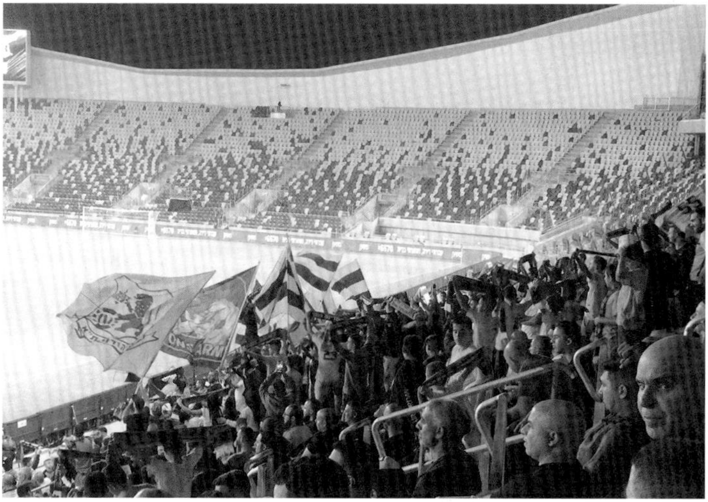

Tel Aviv 2019.

4. Groundhopping in Zeiten der Pandemie

Von der vermeintlichen Selbstverständlichkeit offener Grenzen

Als Deutscher, der Ende der 1960er Jahre im Westteil unseres Landes geboren wurde, gehört man ohne Zweifel gleich in mehrfacher Hinsicht zu den privilegierten Menschen auf diesem Erdball – dessen war ich mir stets bewusst, und ich habe es auch nie als selbstverständlich angesehen. Nationalsozialismus und Weltkriege lagen in meinem Geburtsjahr 1967 schon über zwei Jahrzehnte zurück, den politischen Preis der Nachkriegsordnung mussten vor allem unsere bedauernswerten Landsleute gut dreißig Kilometer östlich meiner Heimatstadt Braunschweig bezahlen und finanziell ging es uns dank Marshall-Plan und Wirtschaftswunder ebenfalls ziemlich gut.

Zudem kannte ich zumindest den Großteil Europas seit frühester Jugend als einen Kontinent der offenen Grenzen, und als mir mit Anfang zwanzig so langsam die möglichen neuen Reiseziele und Groundhopping-Länderpunkte auszugehen drohten, fiel der Eiserne Vorhang zwischen Ost und West, und es eröffneten sich plötzlich zahlreiche neue Destinationen. Zudem boten mir ein Studium ohne Anwesenheitspflichten und eine dank (groß-)elterlicher Unterstützung und diverser Nebenjobs zumeist recht gut gefüllte Kasse speziell in den frühen 1990er Jahren zahlreiche außereuropäische Reiseziele und Fußballgrounds, die ich in späteren Jahren, insbesondere Richtung Asien, ausbauen konnte; zuletzt vor allem als Nebenprodukt beruflich bedingter Aufenthalte dort.

Der früher einmal grüne und seit vielen Jahren rote Reisepass mit der Aufschrift Bundesrepublik Deutschland bzw. Europäische Union war dabei immer ungemein hilfreich gewesen, hatte viele Türen geöffnet und die Einreise in Länder ermöglicht, welche den Bürgerinnen und Bürgern zahlreicher anderer Staaten verschlossen blieben; so geschehen zuletzt noch im November 2019 in Israel – ein weiterer Grund zur Dankbarkeit für die eigene privilegierte Herkunft!

Nur auf diese Weise, in der Kombination aus relativem Wohlstand und offenen Grenzen, konnte ich schließlich Anfang 2020 auf fast vier Jahrzehnte intensiver Reisetätigkeit zurückblicken – in Deutschland, Europa und dem Rest der Welt! Es erschien mir nahezu undenkbar, dass es jemals anders würde sein können.

Warum denn auch? Bundeskanzlerin Angela Merkel hatte in der immerhin schon fünfzehnten Neujahrsansprache ihrer Amtszeit gesagt, dass die 20er Jahre des 21. Jahrhunderts „gute Jahre für uns alle" werden könnten und das dachte ich auch. Zweifel daran hegten wohl nur individuell vom Schicksal benachteiligte Menschen oder notorische Pessimisten – oder jene, die am letzten Tag des Jahres 2019 eine Nachricht aus dem fernen China aufgeschnappt und ernst genug genommen hatten, in der die Staatsführung erstmals die Existenz eines neuartigen Virus in der Stadt Wuhan erwähnte.

Mich erreichten derartige Mitteilungen zuerst etwa Mitte Januar, als wir von unseren chinesischen Bekannten in Xuzhou auf die dortige gesundheitliche Situation und Versorgungsengpässe mit medizinischen Masken hingewiesen wurden. Noch war dies alles aber zumindest gefühlt weit entfernt, noch fuhr ich auch bedenkenlos mit dem Zug quer durch Deutschland zu Fußballspielen wie Eintrachts Heimspiel gegen Carl-Zeiss Jena Anfang Februar und freute mich auf eine Reise zu meinem Studienfreund Christian Ende des Monats in Verona. Am Karnevalssamstag machte ich mich auf den Weg und kaufte mir am Kölner Hauptbahnhof noch zur Einstimmung die italienische Zeitung La Repubblica, die auf der Titelseite über die tragischen Ereignisse von Hanau berichtete, die ausländerfeindlichen Morde in der Kleinstadt in Hessen – aber eben nicht über ein aus China stammendes Virus.

Albtraum Corona – erste Begegnung ausgerechnet in Norditalien

Einige Stunden später wurde ich nach meiner Ankunft in Norditalien erstmals unmittelbar mit diesem für mich neuen Thema konfrontiert, als man mir gleich nach dem Aussteigen aus dem Flugzeug ein Temperaturmessgerät an die Stirn hielt – und das ausgerechnet in der bei meinen früheren Besuchen immer so entspannt wirkenden lombardischen Stadt Bergamo! Dass sie schon wenige Wochen später weltweit zu trauriger Berühmtheit gelangen sollte, war hier natürlich noch nicht ansatzweise absehbar.

Nach einem ersten noch völlig normal verlaufenen Tag, an dem ich mit Christian durch die schöne und gut frequentierte Innenstadt von Verona gelaufen war, änderte sich die Sachlage ab dem nächsten Tag grundlegend. Schon am Sonntagmorgen hieß es, dass der Karneval von Venedig abgebrochen werden müsse, diverse Museen geschlossen würden – und gleich vier der für den Nachmittag angesetzten Fußballspiele der Serie A, darunter auch die Heimbegegnung von Hellas Verona, abgesagt worden seien. Das war natürlich ein echter Schock, auch wenn wir gar keinen Besuch im Bentegodi-Stadion geplant hatten, sondern den Tag lieber am Gardasee verbrachten.

Anderntags war ich schon froh, überhaupt noch von Verona mit dem Flixbus wegzukommen, in Bergamo das Flugzeug nach Düsseldorf nehmen und zwei Stunden später in der NRW-Landeshauptstadt ohne Probleme den Flughafen verlassen zu können. „Bezahlen" musste ich meinen Karnevalsstrip nach Norditalien acht Tage später trotzdem noch: Bei einer großen Wirtschaftsveranstaltung in Krefeld, zu der sogar NRW-Ministerpräsident Laschet anreiste, und bei der auch ich für eine Podiumsrunde auf der Bühne eingeplant war, musste ich leider kurzfristig „passen", da ich mich eben eine Woche zuvor in einem „Risikogebiet" aufgehalten hatte – eine jener zahllosen neuen Vokabeln, die wir seit März 2020 im ganzen Land bzw. in der jeweiligen Sprache überall auf der Welt lernen mussten!

Neue Realität – neue Begrifflichkeiten

Im Fußball hießen die beiden Horror-Vokabeln des Frühjahrs 2020 „Geisterspiele" und „Saisonunterbrechung". War meine Eintracht am Abend des 9. März noch vor normal gefüllten Rängen im Rostocker Ostseestadion angetreten, um dort nach einer wahrhaft unterirdischen Leistung mit 0:3 zu verlieren, so fand das Bundesliganachholspiel zwischen Borussia Mönchengladbach und dem 1. FC Köln zwei Tage später auf Geheiß der Behörden erstmals vor leeren Rängen im Borussia-Park statt.

Tags darauf dann die Vollbremsung von Deutscher Fußball-Liga und DFB: Sämtliche Partien auf allen Ebenen wurden zunächst für die beiden kommenden Wochenenden abgesetzt! Es war schon jetzt klar, dass es dabei nicht bleiben würde.

Immerhin waren Mitte März von der Politik noch viel einschneidendere Maßnahmen verhängt worden, insbesondere die Schließung von Schulen und Kindergärten, welche sowohl unsere Familie als auch etliche meiner Mitarbeiterinnen und Mitarbeiter in der Wirtschaftsförderung Krefeld vor große Herausforderungen stellte.

Binnen kürzester Zeit musste der Arbeitsalltag völlig neu organisiert und mussten die Beschäftigten in zwei Gruppen aufgeteilt werden, um die Auswirkungen potenzieller Infektionen oder „Quarantäneketten" – noch so eine neue Vokabel – möglichst gering zu halten. Nach wenigen Wochen war Homeoffice ebenso zur Normalität geworden wie Videokonferenzen mit Zoom, Microsoft Teams oder Webex – Programme, mit denen wir uns zuvor kaum beschäftigt hatten, und die man nun täglich mehrfach nutzte, um die Kommunikation des Unternehmens nach innen und außen aufrecht zu erhalten.

An einen Urlaub war in diesem Frühjahr 2020 nicht zu denken – und das gleich in doppelter Hinsicht. Zum einen musste ich als Geschäftsführer meines Unternehmens die so grundlegend veränderten Rahmenbedingungen managen und konnte mich nicht für eine ganze Woche oder länger von meinem Arbeitsplatz entfernen, zum zweiten waren die meisten Urlaubsdestinationen sowieso kaum noch zugänglich. Endgültig abgenommen wurde uns die Entscheidung, als Ende März Ryanair die für Mitte April geplanten Flüge nach Portugal stornierte.

Nun wanderten die Reiseführer über Lissabon und Porto, wo wir unseren Osterurlaub verbringen wollten, in den Schrank und wurden durch andere Literatur ersetzt: den binnen weniger Tage zum Kassenschlager im Internet-Buchhandel avancierten Roman „Die Pest" von Albert Camus und ein Sachbuch über die Geschichte der Spanischen Grippe. Diese konnte einem noch mehr das Blut in den Adern gefrieren lassen als die Dystopie des berühmten französischen Schriftstellers, hatte doch die Spanish Flu vor genau einhundert Jahren nicht nur rund 50 Millionen Menschen das Leben gekostet, sondern in vier Infektionswellen zwischen Anfang 1918 und Mitte 1920 insgesamt mehr als 24 Monate die Welt in Atem gehalten.

An derartige Opferzahlen wie kurz nach dem Ersten Weltkrieg dachte sicher trotz der erschütternden Bilder aus Bergamo oder einigen anderen Städten niemand, immerhin hatte sich ja auch die Medizin seit damals erheblich weiterentwickelt. Aber dass eine Pandemie – wie die Corona-Krise schon nach wenigen Wochen genannt wurde – auch im 21. Jahrhundert durchaus zwei Jahre dauern könnte, das wurde uns bereits in dieser Frühphase von diversen Experten prognostiziert.

Ich wollte mir das kaum ausmalen, aus diversen Gründen, zu denen – ich gebe es gern zu – auch meine geliebte Reisefreiheit und mein noch immer großes Interesse am Fußball auch in anderen Ländern und eben am Groundhopping gehörten. Immerhin hatte ich mit Carolin in Lissabon auch ein Heimspiel von Benfica besuchen wollen, welches uns nun wie der gesamte Osterurlaub in Portugal leider entging – aber es war natürlich auch uns beiden klar, dass es in diesem Frühjahr 2020 zweifellos schlimmere Schicksale auf der Welt gab.

Saisonfortsetzung und Aufstieg vor leeren Rängen

Und der Fußball in Deutschland? Der pausierte Ende April immer noch. Während sich in den beiden Bundesligen ein Neustart für Mitte Mai abzeichnete, geriet die Diskussion um Fortsetzung oder Saisonabbruch in der 3. Liga zu einem Hauen und Stechen zwischen den Vereinen mit ihren so unterschiedlich gelagerten Interessen. Speziell die abstiegsbedrohten Teams aus Sachsen-Anhalt plädierten vehement für einen Abbruch mit Aussetzung des Abstiegs und suchten dabei sogar die Unterstützung ihres Ministerpräsidenten, welcher die Austragung von Fußballspielen in seinem Bundesland dann auch prompt für die nächsten Wochen für unmöglich erklärte. Noch fragwürdiger erschien mir das Vorgehen des Zweitplatzierten SV Waldhof Mannheim, der sich ebenfalls für eine vorzeitige Beendigung der Saison aussprach und dabei unverhohlen den Anspruch erhob, dann eben „am grünen Tisch“ aufzusteigen – und das bei immerhin elf noch ausstehenden Spieltagen!

Der Deutsche Fußball-Bund kämpfte von Anfang an für die Saisonfortführung und setzte sich schließlich durch, indem er für seine höchste Spielklasse das von der Deutschen Fußball-Liga für die beiden Bundesligen entwickelte Hygienekonzept kopierte und für Ende Mai den Re-Start auch in der 3. Liga verfügte.

Teil des Hygienekonzepts waren natürlich so genannte „Geisterspiele“ – also komplett leere Ränge bis zum Saisonende! Es war klar, dass dies nicht ohne Auswirkung auf die Ergebnisse an den restlichen Spieltagen und die Endtabellen bleiben würde – zumindest in den grundsätzlich durch große Spannung gekennzeichneten Ligen; für den erneuten Titelgewinn des FC Bayern München in der Bundesliga war es vollkommen gleichgültig.

Zwei Klassen tiefer indes rutschten beide der Mitte März noch an der Spitze rangierenden Teams zum Saisonende aus den Aufstiegsrängen, während ausgerechnet die Braunschweiger Eintracht zu den größten Profiteuren der Saisonunterbrechung gehören sollte. War die gesamte bisherige Spielzeit noch durch geradezu unerklärliche Leistungsschwankungen gekennzeichnet gewesen, die am Ende bestenfalls einen Platz im Tabellenmittelfeld ermöglicht hätten, so wählte Trainer Marco Antwerpen für das ungewöhnliche Spielformat auf der Zielgeraden genau die richtige Taktik. Immerhin waren die elf verbleibenden Spieltage in einem Zeitraum von Ende Mai bis Anfang Juli zu absolvieren, was für fünf „englische Wochen" hintereinander sorgte. Kurzerhand wurden aus dem großen Kader zwei unterschiedliche Teams gebildet, von denen eines an den Wochenenden und das andere dienstags oder mittwochs zum Einsatz kam. Die daraus gewonnene konditionelle Überlegenheit ermöglichte eine Siegesserie, welche das Team binnen weniger Wochen an die Tabellenspitze katapultierte. Und auch wenn es kurz vor dem Saisonende einen bitteren Rückschlag gab, bedeutete bereits der vorletzte Spieltag die Entscheidung: Mit einem 3:2 ausgerechnet über den SV Waldhof Mannheim und bei gleichzeitigen Punktverlusten der härtesten Konkurrenten machte die Eintracht die Rückkehr in die 2. Bundesliga perfekt!

Es war zweifellos der glücklichste und unverdienteste Aufstieg der Vereinsgeschichte, und er wäre ohne die von der Corona-Krise hervorgerufene Saisonunterbrechung niemals zustande gekommen – aber um welchen Preis war dies geschehen? Auf der Anzeigetafel erfuhren die Spieler von ihrem großen Glück, dass ein in der Nachspielzeit in München erzieltes Tor ihnen den Aufstieg beschert hatte. Vor der leeren Südkurve umarmten sie sich und feierten mit einer Sektdusche den Aufstieg, während einige hundert nach dem Schlusspfiff zum Stadion geeilte Fans vor den verschlossenen Toren ein bisschen Feuerwerk abbrannten und mit Wolters Pilsener auf den Erfolg anstießen. Ein geradezu trauriges Bild, wenn man an sämtliche Erst- und Zweitligaaufstiege der Vergangenheit dachte!

EM-Verschiebung und Europapokal-Farce

Traurig war auch, was sich rund um die beiden Europapokalwettbewerbe abspielte, welche Mitte März natürlich ebenfalls unterbrochen worden waren. In zwei Endturnieren mit jeweils nur einer Begegnung wollte man die Viertel- und Halbfinalspiele austragen, um dann wie üblich in einem Endspiel die jeweiligen Sieger zu ermitteln. Die Suche nach den Spielorten war in einem nahezu flächendeckend von derselben Pandemie heimgesuchten Kontinent natürlich gar nicht so einfach. Insbesondere Italien oder Spanien schieden dafür ganz sicher aus, allein schon wegen der mangelnden gesellschaftlichen Akzeptanz für ein sportliches Großereignis nach den grauenvollen Bildern von Bergamo oder Madrid. In vielen anderen Ländern wäre man organisatorisch oder infrastrukturell nicht in der Lage gewesen, binnen kürzester Zeit die Voraussetzungen für ein solches Turnier zu schaffen. Die Wahl fiel für die Europa League schließlich auf Nordrhein-Westfalen, und so fanden Mitte August auf einmal insgesamt sieben hochkarätige internationale Begegnungen zwischen Rhein und Ruhr statt, mit dem Finale in Köln-Müngersdorf.

Unter normalen Umständen hätte ich mich sofort um Tickets für mindestens zwei oder drei dieser Partien bemüht, aber unter normalen Umständen hätten diese ja auch gar nicht an diesen ungewöhnlichen Orten stattgefunden. Die „neue Normalität" hieß auch für die UEFA Geisterspiele: So nahm der Sieger des Wettbewerbs ebenso vor leeren Rängen seinen Pokal in Empfang wie wenige Tage später der FC Bayern München die Trophäe der Champions League – und dies ausgerechnet im Estadio da Luz der portugiesischen Hauptstadt Lissabon, wo ich eigentlich Mitte April gemeinsam mit meiner Tochter ein Ligaheimspiel von Benfica hatte sehen wollen!

Doch wir konnten uns zumindest mit der weiterhin bestehenden Aussicht auf ein Länderspiel der portugiesischen Nationalmannschaft mit ihrem Superstar Cristiano Ronaldo trösten: Dieses hatte eigentlich bereits am 20. Juni in München gegen Deutschland stattfinden sollen, als Vorrundenspiel der Europameisterschaft 2020. Die war indes von der UEFA schon im Frühjahr abgesetzt und auf das folgende Jahr verschoben worden, mit einem identischen Spielplan wie beim ursprünglichen Format, so dass unsere Eintrittskarten ihre Gültigkeit behielten, und wir nun dem 19. Juni 2021 entgegenfiebern durften. Dass es an diesem Tag im zweiten Versuch dann klappen und die Pandemie bis dahin längst beendet sein würde, daran hatte ich als unverbesserlicher Optimist keinen Zweifel – eine Spanische Grippe mit über zweijähriger Dauer, so etwas würde sich im 21. Jahrhundert nicht wiederholen!

Einstweilen musste man sich jedoch mit deutlich weniger prestigeträchtigen Grounds und bescheideneren Zuschauerzahlen zufriedengeben, wenn man überhaupt mal wieder Live-Fußball sehen wollte. Die Chance dazu kam für mich Ende August, an dem von Lissabon aus gesehen anderen Ende Europas.

Groundhopping-Oase in der Hauptstadt der Digitalisierung

Dieses Reiseziel hatte mich schon seit langem gereizt: Tallinn! Die Hauptstadt Estlands mit ihrer wunderschönen Altstadt als Reminiszenz an die Vergangenheit auf der einen und ihrer dynamischen Zukunftsausrichtung auf der anderen Seite, noch dazu direkt an der Ostsee gelegen – ein wahres Traumziel. Musste ich im Vorjahr in Israel mit Jerusalem und Tel Aviv noch zwei verschiedene Städte besuchen, um diesen Antagonismus zwischen Tradition und Moderne zu erleben, so vereinte Tallinn ihn in ein und derselben Stadt.

Der Zeitpunkt für meinen Besuch konnte kaum besser gewählt sein, sollte ich doch ab Anfang September über meine Tätigkeit als Geschäftsführer der Wirtschaftsförderung hinaus noch eine weitere Beschäftigung in Krefeld antreten – als Dezernent für Wirtschaft, Digitalisierung und Internationales in der Stadtverwaltung –, und welche Stadt wäre als Einstimmung darauf besser geeignet gewesen als die „Hauptstadt der Digitalisierung"? So buchte ich für den letzten Tag meines leider nur dreitägigen Aufenthalts über Get your guide eine geführte Tour mit dem Titel „Explore the start-up scene in Tallinn", bei der dann der Besuch eines Technologiezentrums, der Technischen Universität und mehrerer Coworking Spaces auf der Agenda stehen würden.

Gleich am Morgen meines Ankunftstages erlebte ich hingegen das Kontrastprogramm in Gestalt einer historischen Stadtführung unter dem Motto „Tales of Old Reval", eine Tour durch die mittelalterliche Geschichte der Stadt unter ihrem einstigen Namen, die ich ebenfalls nur wärmstens empfehlen kann. Danach erkundete ich noch stundenlang auf eigene Faust die Plätze und Gassen, Kirchen und Museen der Altstadt, bevor ich mich in mein bescheidenes Quartier am Rande derselben begab, um mich wenigstens für eine Stunde von der bisherigen Reise zu erholen, die immerhin schon mitten in der Nacht mit der Autofahrt von Krefeld zum Flughafen in Weeze am Niederrhein begonnen hatte.

Am Abend stand dann der angenehme und angesichts der monatelangen Abstinenz nun besonders von mir geschätzte Nebeneffekt dieser Tour auf dem Programm, nämlich mein erster Stadionbesuch nach annähernd sechs Monaten Pause. Schließlich waren in Estland, anders als in den meisten anderen Ländern Europas, zu diesem Zeitpunkt bereits wieder Zuschauer bei Sportveranstaltungen zugelassen – zwar nur maximal eintausend, aber diese Marke wurde bei Ligaspielen hierzulande ohnehin so gut wie nie übertroffen.

So machte ich mich erwartungsfroh auf den Weg zur A. Le Coq Arena, dem nach einer Biermarke benannten Nationalstadion von Estland, das ich nach einem etwa halbstündigen Fußmarsch aus der Innenstadt erreichte. Dort trat der Serienmeister Flora Tallinn in einem Derby gegen TJK Tallinna Legion an, und auch wenn letztlich tatsächlich nur gut 500 Zuschauer anwesend waren, fühlte es sich unglaublich gut an, nach fast einem halben Jahr erstmals wieder eine Eintrittskarte für ein Fußballspiel in den Händen zu halten. Es gab sogar einen kleinen Fanblock hinter dem von der Haupttribüne aus gesehen linken Tor und eine kurze Pyro-Show durch den Flora-Anhang, der am Ende einen knappen 1:0-Erfolg bejubeln durfte.

Äußerst zufrieden trat ich den Rückweg an, ließ den Abend in einer Musikkneipe der Altstadt ausklingen und sandte von dort meinem langjährigen Groundhopper-Kollegen Dirk eine Kurznachricht mit einem Foto aus dem Stadion. Kurz darauf kam seine Antwort und mit ihr der Schock: Er hatte erfahren, dass Estland mit sofortiger Wirkung die Grenzen für Gäste aus dem Hochrisikoland Deutschland dichtgemacht hatte! Da hatte ich auf der einen Seite gerade noch Glück gehabt, am Morgen überhaupt noch ins Land gekommen zu sein, auf der anderen Seite verhieß dies natürlich nichts Gutes für meinen Rückflug drei Tage später: Wenn der Ryanair-Flug von Weeze am Dienstagmorgen eventuell schon gar nicht mehr nach Tallinn starten würde, wie sollte es dann einen Rückflug von Tallinn nach Weeze geben?

Ich ließ mir am nächsten Tag erst einmal nicht die Stimmung davon verderben, sondern setzte mein Besichtigungsprogramm mit dem Besuch des Schlosses Kadriorg und eines Geschichtsmuseums fort und spazierte danach noch etliche Kilometer weiter entlang am Ostseestrand bis hin nach Pirita, dem Austragungsort der Segelwettbewerbe bei den Olympischen Spielen 1980 in Moskau. Den Nachmittag verbrachte ich wieder in der Altstadt, bevor ich mich für den Abend tatsächlich noch für den abermaligen Besuch der A. Le Coq Arena entschied: Dort trat diesmal zwar nur der FC Levadia Tallinn an und es war eine noch bescheidenere Zuschauerzahl zu erwarten als am Vorabend, aber angesichts der Unsicherheit, wann ich danach überhaupt wieder in den Genuss von Live-Fußball kommen würde, machte ich mich erneut auf den Weg zu dem etwa drei Kilometer südlich des Zentrums gelegenen Stadion.

Dort war ich diesmal nicht der einzige Gast aus Deutschland, sondern traf sogar einen der mir aus früheren Zeiten noch bekannten Groundhopper-Kollegen, einen HSV-Fan aus Ulm, den ich seit über zwei Jahrzehnten nicht gesehen hatte. Gemeinsam mit seinem Reisegefährten stellten wir zu dritt mehr als ein Prozent der Gesamtzahl unter den lediglich 250 Besuchern in dem dafür eigentlich viel zu schönen Stadion, in dem die Gastgeber in einem weiteren Derby Tallinna Kalev mit 3:0 besiegten.

Mit der Tour durch die Start-Up-Szene und einem Shoppingbummel am Nachmittag verlief auch der Montag ganz nach meinem Geschmack. Als am Dienstag zu meiner großen Erleichterung auch Ryanair mich nicht im Stich ließ, sondern zuverlässig und pünktlich an den Niederrhein zurückbeförderte, war diese Reise nicht nur ein großer Erfolg, sondern gleichsam wie eine Oase inmitten der Pandemie-Wüste für mich gewesen.

Holpriger Neustart und sofortiger Wiederabstieg

In Deutschland startete Mitte September die neue Saison – und zwar tatsächlich vor Zuschauern, wenn auch anfangs nur einem Mini-Publikum: In Braunschweig konnten lediglich 500 Fans, die bei der Verlosung der Tickets Glück gehabt hatten, einen spektakulären 5:4-Sieg über Hertha BSC in der 1. Runde des DFB-Pokals verfolgen. Ab Ende September wurden mit dem ersten Heimspiel der neuen Zweitligasaison bereits wieder einige Tausend Zuschauer zugelassen.

Damit hatte ich meinen Stadionzugang nun sicher, ungeachtet der deutlich größeren Zahl von Dauerkarteninhabern, die somit weiterhin auf ihr Glück in der Lostrommel hoffen mussten. Nun zahlte es sich aus, dass ich gut zehn Jahre zuvor, im Frühjahr 2010, eine von 350 „Lebenslangen Dauerkarten“ erworben hatte, welche der BTSV Eintracht in einer einmaligen Aktion zwecks Tilgung der letzten Altschulden an den Markt gebracht hatte. Nicht nur, dass der seinerzeit dafür aufgebrachte Einmalbetrag sich genau jetzt amortisiert hatte – nein, ich gehörte gerade in dieser nie für möglich gehaltenen Situation, in der das Fassungsvermögen unseres Stadions auf rund 3.800 Plätze begrenzt war, zu den wenigen Privilegierten, die auf jeden Fall ihr Ticket fest einplanen konnten!

Anders verhielt es sich indes für meine Tochter, die mir natürlich mit dem verständlichen Wunsch in den Ohren lag, auch möglichst bald einmal wieder ins Stadion mitkommen zu dürfen. Unbedingte Voraussetzung dafür war der Erwerb einer Dauerkarte für sie, weil sie nur auf diese Weise überhaupt eine Chance auf Zuteilung eines Einzeltickets haben würde. Schweren Herzens überwies ich mehr als dreihundert Euro und überraschte sie Anfang September mit der Eingangsbestätigung. Tatsächlich hatten wir bereits beim ersten Heimspiel Ende des Monats gegen Holstein Kiel das Glück, dass auch ihre Nummer aus der Lostrommel gezogen wurde, und wir dann also gemeinsam die Reise nach Braunschweig antreten konnten. Das Spiel endete 0:0 – und es sollte für uns beide die einzige Live-Begegnung der gesamten Saison bleiben!

Beim nachfolgenden Heimspiel Mitte Oktober waren wir leider verhindert. Ende des Monats wurde Carolin für die Partie gegen Nürnberg unglücklicherweise kein Ticket zugelost, weshalb auch ich zu Hause blieb, und ab Anfang November war das „Tauwetter“ in den deutschen Fußballstadien schon wieder beendet, und es stand der erste Corona-Winter vor der Tür.

Dieser bedeutete diesmal monatelang Geisterspiele, was nicht nur weitere Stadionbesuche verhinderte, sondern auch sportlich fatale Konsequenzen hatte: Ohne die Unterstützung des Publikums stand unsere spielerisch limitierte Mannschaft nach den verheißungsvollen ersten Auftritten bald auch im eigenen Stadion zumeist auf verlorenem Posten und rutschte in der Tabelle immer weiter ab. Gab es auch im Frühjahr – vor weiterhin leeren Rängen – dank mehrerer gelungener Transfers noch einmal einen Aufschwung, so gelang in den letzten Wochen der Saison gar nichts mehr. Ende Mai wurde mit einem 0:4 beim Hamburger SV im ebenfalls menschenleeren Volksparkstadion der Abstieg besiegelt.

Von Null auf Hundert – und zurück auf Null

Unmittelbar nach dem Ende der Saison in den drei höchsten Spielklassen wurde endlich über eine Wiederzulassung von Zuschauern bei Sportveranstaltungen diskutiert. Anfang Juni stand der letzte Spieltag in der Regionalliga West auf dem Programm, und ich klickte mich am Vorabend durch die relevanten Websites und Apps, aus denen ich erfuhr, dass am folgenden Nachmittag beim Spiel des SV Straelen tatsächlich 500 Besucher eingelassen würden. Ich fragte Carolin, ob sie auch Lust auf einen Stadionbesuch hätte, und bestellte dann sogleich die beiden Tickets für das Stadion an der Römerstraße. Dort erlebten wir vor ziemlich genau dieser Maximalkulisse einen 3:1-Sieg der Gastgeber über den SV Lippstadt 08 – unter normalen Umständen im Leben eines Groundhoppers sicher kaum einer Erwähnung würdig, aber diesmal mein erstes Live-Fußballspiel nach mehr als acht Monaten, der längsten Zwangspause aller Zeiten.

Wenige Tage danach begann die aus dem Vorjahr verschobene und immer noch als EM 2020 firmierende Europameisterschaft. Nach dem Willen von UEFA-Präsident Michel Platini sollte es das erste paneuropäische Turnier in der EM-Geschichte werden – letztlich wurde es die erste pandemische Europameisterschaft. Das hielt den Verband aber nicht davon ab, an sämtlichen Spielorten die Zulassung einer relevanten Zahl von Zuschauern von den Ausrichtern zu verlangen, weshalb Bilbao und Dublin ihre Bereitschaft zurückzogen, während man sich in München auf eine 20-Prozent-Belegung der Allianz-Arena und somit rund 14.000 Plätze einigte. Obwohl wir bei der nun notwendigen Auslosung tatsächlich Glück hatten und weiterhin zu den Karteninhabern für den 19. Juni gehörten, mussten wir letztlich aus dringenden persönlichen Gründen von der Reise Abstand nehmen und die Tickets verfallen lassen.

War dies schon ziemlich enttäuschend, dann sorgte der weitere Verlauf der EM bei mir eher für Fassungslosigkeit, was weniger mit dem frühen Ausscheiden der deutschen Nationalelf zu tun hatte, als vielmehr mit der völligen Instinktlosigkeit der UEFA im Hinblick auf die Zuschauerzahlen bei diesem Turnier. Als ob es keine Corona-Krise gäbe, wurden Runde um Runde mehr Besucher in die Stadien gelassen und bevölkerten dann natürlich auch die entsprechenden öffentlichen Verkehrsmittel auf den Anfahrtswegen, bis hin zu einem nahezu ausverkauften Londoner Wembley-Stadion beim Finale zwischen England und Italien – ausgerechnet zwei der bis zu diesem Zeitpunkt am stärksten von der Pandemie betroffenen Länder Europas!

In Deutschland regierte hingegen in den ersten Wochen der neuen Ligasaison noch das Augenmaß, wurden die Höchstkapazitäten der Stadien nur langsam und sukzessive wieder nach oben angepasst. Anfang August sah ich Eintracht vor kaum mehr als 6.000 Besuchern gegen den Hamburger SV aus dem DFB-Pokal ausscheiden, Ende September waren beim Liga-Spitzenspiel gegen Waldhof Mannheim immerhin schon wieder mehr als 7.000 Zuschauer zugelassen.

Erst danach brachen deutschlandweit alle Dämme, gaben DFL und DFB in Abstimmung mit den Landesregierungen und lokalen Behörden wieder „grünes Licht“ für nahezu vollständig besetzte Stadien. Es sollte ein kurzes Intermezzo werden, das durch Szenen wie beim ausverkauften rheinischen Derby zwischen Köln und Mönchengladbach, als man unter den 50.000 Besuchern auf den Rängen nur vereinzelt einen Mund- und Nasenschutz ausmachen konnte, bald nachhaltig in Misskredit geriet.

Ich selbst hielt mich von derartig hochfrequentierten Spielen fern, auch aus Rücksicht auf meine Tochter, die bei aller Fußballbegeisterung verständlicherweise ein noch höheres Interesse daran hatte, weiterhin regelmäßig den Präsenzunterricht in der Schule verfolgen zu dürfen – nach mehreren Monaten des Distanzlernens zu Beginn des Jahres 2021! So fuhr ich im November und Dezember nur noch zu einem Regionalligaspiel des KFC Uerdingen beim Nachbarn VfB Homberg, vor 800 Zuschauern im Duisburger PCC-Stadion, sowie gemeinsam mit Carolin zum Auswärtsspiel unserer Eintracht bei Viktoria Köln vor einer auch nicht viel größeren Kulisse.

Kurz vor Weihnachten stand dann noch das Spitzenspiel gegen den 1. FC Kaiserslautern auf dem Programm, in einer bereits wieder von massiven Begrenzungen der Besucherzahlen geprägten Situation. Mit 5.000 Zuschauern war die Partie im Eintracht-Stadion restlos ausverkauft, und ich erlebte an der Seite meines Bruders ein gerechtes 1:1, welches uns auf dem 2. Tabellenplatz und somit in einer aussichtsreichen Position für die Rückrunde der Saison beließ. Ob wir allerdings in dieser Rückrunde noch ein weiteres Spiel live im Stadion verfolgen könnten oder wieder nur vor dem Fernseher sitzen würden, das war angesichts der neuen und noch um ein Vielfaches ansteckenderen Virusvariante Omikron unsicherer denn je. Nach fast zwei Jahren der Pandemie hatten die Pessimisten vom Frühjahr 2020 leider Recht behalten, und es stand zu befürchten, dass zumindest hinsichtlich der Dauer die Spanische Grippe der Jahre 1918 bis 1920 durch Corona und dessen vielfältige Mutationen noch weit überboten werden würde.

Dies bedeutete auch für meine Ambitionen als Groundhopper ein erneutes „Stoppschild" und legte nahe, sich für die nächsten Monate andere Wochenendbeschäftigungen zu suchen. Was für diesen nun vor mir liegenden zweiten Corona-Winter blieb, waren die Hoffnung auf bessere Zeiten – und die Erinnerung an viele grandiose Reisen und sonstige unvergessliche Momente in mehr als vier Jahrzehnten meines Lebens in den Stadien Deutschlands, Europas und der restlichen Welt. Wenige Tage nach meiner Rückkehr aus Braunschweig von diesem vielleicht erneut für längere Zeit letzten Stadionbesuch habe ich damit angefangen, dieses Buch zu schreiben.

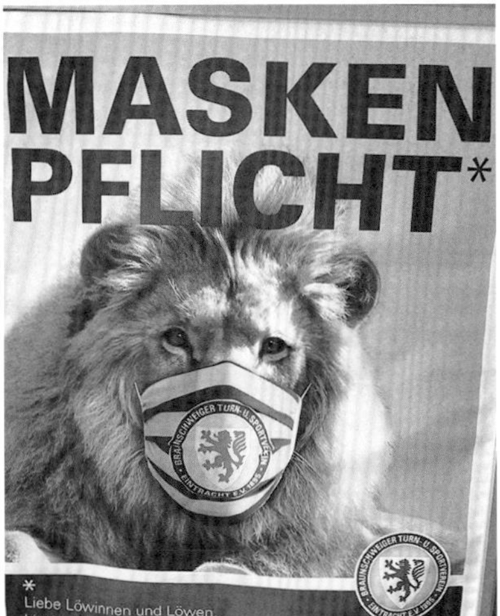

Maskenpflicht im Stadion.

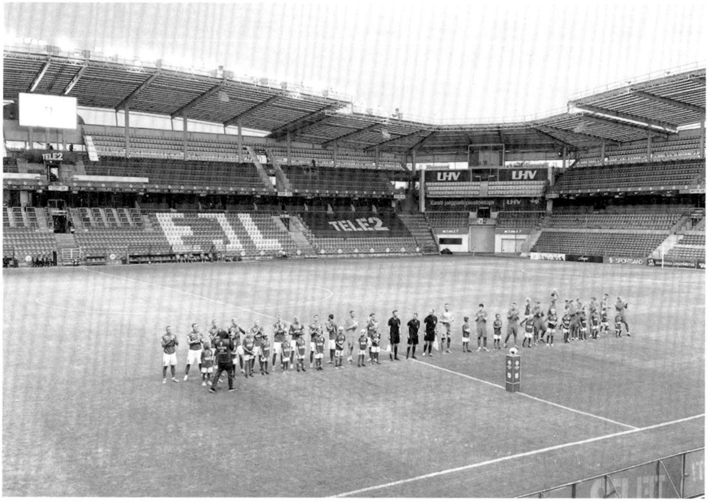

Tallinn 2020, Mannschaften.

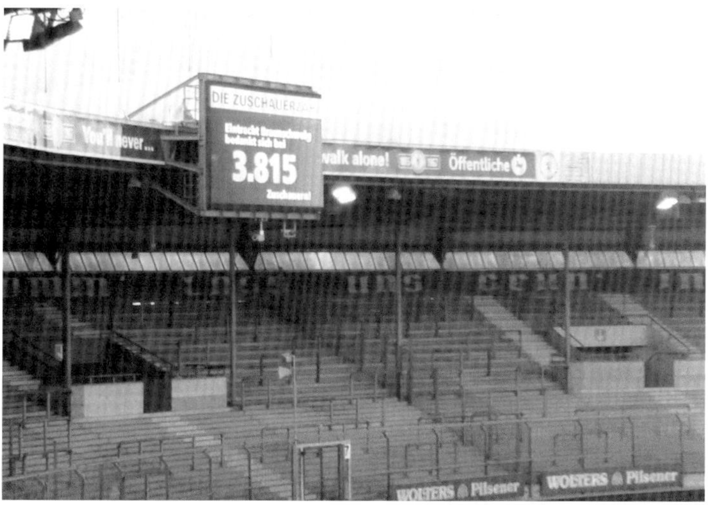

Eintracht-Stadion in Corona-Zeiten.

5. Ein vorläufiges Fazit

Der lange Weg zurück zur Normalität

Inzwischen sind seit diesem letzten Spiel des Jahres 2021 schon wieder etliche Monate vergangen. Die Saison 2021/22 und damit die dritte von der Corona-Pandemie geprägte Spielzeit liegt hinter uns. Ganz so schlimm wie damals befürchtet ist es in der Rückrunde dann doch nicht gekommen, zumindest hinsichtlich der Zugangsmöglichkeiten zu den Stadien und ihrer jeweils maximalen Auslastung. Lediglich ganz zu Beginn des neuen Jahres waren wieder Geisterspiele angesagt, wenn auch nicht in sämtlichen Bundesländern. Allerdings trat dann alsbald ein anderes Phänomen auf den Plan, das durch die besondere Eigenart der neuen hochgradig ansteckenden Virusvariante hervorgerufen wurde: nämlich die Infizierung und Erkrankung zahlreicher Spieler. Diese reichte bis hin zur Durchseuchung nahezu kompletter Mannschaften und machte dann natürlich deren Auftritt auf dem Platz unmöglich.

Ich war gleich Mitte Januar davon betroffen, als ich mich zunächst über die vom Berliner Senat beschlossene Ausnahmeregelung mit bis zu 3.000 Zuschauern ebenso gewundert wie gefreut hatte. Prompt buchte ich daraufhin eine Bahnfahrt in die Bundeshauptstadt, um dort den Auftritt meiner Eintracht gegen Viktoria 89 zu verfolgen, der einzigen Drittligapartie am ersten Spieltag des neuen Jahres, zu der überhaupt Zuschauer zugelassen waren. Auch die Tickets für die Begegnung im Jahn-Sportpark für meinen in Berlin lebenden Bruder und mich hatte ich bereits online bestellt, als zwei Tage vor der Reise die Spielabsage kam, weil die Gastgeber kaum noch ein komplettes Team auf das Feld bringen konnten.

Dies sollte keine Ausnahme bleiben. Im Gegenteil, die Spielpläne sämtlicher Profi- und Amateurligen in Deutschland und zahlreichen anderen Ländern wurden in den folgenden Wochen und Monaten heftig durcheinandergewirbelt. Die Stadien indes öffneten bald wieder ihre Tore, wenn auch anfangs noch sehr zaghaft, mit einer Maximalkapazität von lediglich 500 bis weit in den Februar hinein – zumindest in Niedersachsen! Fast überall sonst galt schon ab Anfang Februar die von den Ministerpräsidenten der Länder vereinbarte Regelung „25 Prozent des Fassungsvermögens und maximal 10.000“ – aus meiner Sicht die vernünftigste Maßnahme seit Langem, und dem damaligen Infektionsgeschehen deutlich angemessener als so manche Extremfestlegung in die eine oder andere Richtung aus den Monaten zuvor. Doch ausgerechnet die Staatskanzlei in Hannover scherte aus und beschloss die Beibehaltung der bisherigen Obergrenze. Mich kostete diese merkwürdige Entscheidung das Heimspiel gegen Freiburg Mitte des Monats, da ich nicht gewillt war, für ein Spiel vor 500 Leuten rund siebenhundert Kilometer durch die Gegend zu reisen und stundenlang mit Maske in der Bahn und dann auf der Tribüne zu sitzen. Dann eben doch lieber ein weiteres Mal der Fernsehsender mit dem magentafarbenen Logo – man konnte in diesen Wochen wirklich an dem von mir früher einmal so geschätzten Föderalismus verzweifeln!

So blieben mir in den ersten Wochen des Jahres nur einige Ausflüge in die Regionalliga West, in der ich vor ohnehin nur dreistelligen Kulissen immerhin noch zwei neue Grounds einsammeln konnte (die ich hier auch nicht schuldig bleiben will: nämlich die IMS-Arena in Velbert bei einer Partie des KFC Uerdingen sowie das Waldstadion Beeck in Wegberg beim Gastspiel von Fortuna Köln).

Nach Braunschweig reiste ich erst Ende Februar erstmals wieder, als gegen den MSV Duisburg schon wieder mehr als 8.000 Zuschauer ins Eintracht-Stadion strömten, darunter erstmals nach langer Zeit auch wieder meine Tochter Carolin. Gemeinsam verfolgten wir einen 2:1-Sieg in einer Partie, die mit einer Schweigeminute begonnen hatte – aber nicht für die immer noch zahlreichen Opfer der Corona-Pandemie, sondern wegen der nächsten großen Krise, die zwei Tage zuvor in Gestalt des russischen Überfalls auf die Ukraine über Europa und die Welt hereingebrochen war. Man konnte sich wirklich langsam fragen, ob und wann es überhaupt jemals wieder so etwas wie Normalität geben würde!

Zumindest brachte der Monat März nicht nur endlich schönes Wetter und frühlingshafte Temperaturen, sondern im Fußball auch die Rückkehr größerer Zuschauerzahlen in den Stadien. Schon bald darauf kam es zur Aufhebung aller zahlenmäßigen Beschränkungen und an manchen Orten sogar zur Aussetzung jeglicher coronabedingten Auflagen. Dies führte in den meisten Stadien auch zur Rückkehr der organisierten Fan-Szene bzw. der Ultras, welche die Wiederaufnahme des Supports vielfach genau von dieser Aufhebung aller diskriminierenden Maßnahmen abhängig gemacht hatten.

In Braunschweig war dies bis Anfang April noch nicht der Fall, weshalb die Ultras dem heimischen Block 9 in der Südkurve ebenso fernblieben wie den Auswärtsspielen. Auch ohne sie erlebte ich jedoch schon Ende März ein sehr stimmungsvolles Niedersachsenduell vor 13.000 Zuschauern in Osnabrück. Ende April durfte ich dann sogar erstmals seit fast drei Jahren wieder ein ausverkauftes Spitzenspiel gegen Magdeburg im Eintracht-Stadion erleben, dann auch wieder inklusive Ultra-Support. An diesem Freitagabend wurde uns ein Flutlichterlebnis besonderer Art geboten, zu dem ich mit meinem Eintracht-Freund Wolfgang aus Krefeld anreiste, und für das ich gern erst morgens um vier wieder zu Hause am Niederrhein war, speziell nach dem für die Rückkehr in die 2. Bundesliga weichenstellenden 2:1-Sieg unserer Mannschaft.

Es war endlich mal wieder so wie in alten Zeiten. Somit bot sich eine gute Gelegenheit, die beiden großen Krisen der Gegenwart für einige Zeit auszublenden und sich zumindest einmal wieder für mehr als 90 Minuten auf die Faszination Fußball und das Erlebnis Stadion zu konzentrieren – beinahe so wie an unzähligen großen und weniger großen Tagen in den mehr als vier Jahrzehnten zuvor!

Denn eines ist klar: So sehr uns die Corona-Krise seit Anfang 2020 in Beschlag genommen und unser Leben bestimmt hat, so stellt sie doch in meinem Dasein als Fußballfan und Groundhopper nur eine vergleichsweise kurze Episode dar, mit deren Schilderung ich es daher jetzt auch bewenden lassen will. Stattdessen möchte ich mich nun den im Rahmen dieses Fazits wesentlich wichtigeren Fragen zuwenden, nämlich denen nach den Gründen und Motiven dieser jahrzehntelangen Aktivitäten und Überzeugungen: Warum bin ich überhaupt Fußballfan und Groundhopper geworden und es seit damals bis zum heutigen Tag geblieben? Zwei Fragen, die man meines Erachtens nur getrennt voneinander beantworten kann.

Warum wird man Fußballfan – und dann auch noch von dem Verein?

„Hättest du dir nicht einen erfolgreicheren Verein aussuchen können?" Ich weiß nicht, wie oft meine Frau mir in den mehr als zwanzig Jahren unseres Zusammenlebens diese Frage gestellt hat. „Dann würde bei uns am Wochenende nicht so oft die Stimmung darunter leiden", schiebt sie zumeist gleich ihre Motivation für die Frage hinterher – und ich kann es ihr noch nicht mal verübeln, denn in der Tat gab es schon seit Anfang der 1990er Jahre deutlich mehr Enttäuschungen als Anlässe zum Jubel, wenn man bei der Wahl des Vereins dieselbe Entscheidung getroffen hatte wie ich dereinst.

Dabei könnte ich es mir leichtmachen und einfach sagen, dass ich mir doch durchaus einen sehr erfolgreichen Verein „ausgesucht" habe, nämlich einfach den, der bei meiner Geburt im Mai 1967 an der Tabellenspitze der Bundesliga stand und wenige Wochen später Deutscher Meister wurde und der noch bei meinem ersten Stadionbesuch im August 1977 realistische Chancen zu haben schien, dieses Kunststück zum Saisonende zu wiederholen.

Spaß beiseite und Realität auf den Tisch: Seinen Verein „sucht man sich nicht aus", er wird einem „gegeben" – in meinem Fall durch eine jahrzehntelange Familientradition und durch meine Geburt lediglich drei Kilometer vom Stadion dieses Vereins entfernt, auch wenn meine Eltern schon bald darauf meine Heimatstadt Braunschweig berufsbedingt gegen den neuen Wohnort Salzgitter eintauschen mussten.

Auch das Dasein als Fußballfan insgesamt ist in aller Regel nicht das Ergebnis eines wohlüberlegten gedanklichen Prozesses, sondern vielmehr die unausweichliche Konsequenz eines ersten Stadionerlebnisses im kindlichen oder jugendlichen Alter und der ab diesem Tag nicht mehr auslöschbaren Faszination, die man dabei empfunden hat.

Was aber macht diese Anziehungskraft aus, und warum haben dieser Sport und sein Umfeld über einen so langen Zeitraum hinweg sogar weite Teile meines Lebens maßgeblich mitgeprägt, ja über viele Jahre mein Denken und Handeln so wesentlich beeinflusst?

Über die Faszination des Fußballs ist spätestens seit Mitte des 20. Jahrhunderts unendlich viel philosophiert worden. Es war wohl die Bundestrainer-Legende Sepp Herberger, der die einfachste und griffigste Formel zur Erklärung der unvergleichlich starken Anziehungskraft dieser Weltsportart Nummer Eins fand: „Weil se net wisse, wie's ausgeht", begründete er schon in den 1950er Jahren jenes für alle Fußball-Skeptiker so unbegreifliche Phänomen, dass regelmäßig allein in Deutschland hunderttausende Menschen zum Teil sogar lange Anreisen in Kauf nehmen, um zweiundzwanzig in bunte

Trikots gehüllten Akteuren beim Kampf um einen Ball zuzusehen.

In diesen einfachen Worten liegt sicherlich ein Großteil der Wahrheit und somit der Begründung verborgen. In der Tat ist es wohl in erster Linie die Spannung, welche das Interesse an einem einzelnen Fußballspiel oder auch einer ganzen Ligasaison entfacht, diese Ungewissheit des Ausgangs, die Möglichkeit, dass noch in der allerletzten Minute ein abgefälschter Schuss aus dem Hinterhalt das Ergebnis auf den Kopf stellt, und dabei nicht immer die bessere Mannschaft auch wirklich siegreich vom Platz geht. Wie oft haben auch wir Anhänger der Braunschweiger Eintracht diese Erfahrung gemacht, häufig auf leidvolle Weise, aber mehrfach doch auch im umgekehrten Sinne, wenn ein nicht mehr für möglich gehaltener Treffer in der Nachspielzeit (wie im Mai 2002 gegen Wattenscheid 09) Anlass für hemmungslose Freudenausbrüche war.

Was ist damit verglichen schon die künstlich erzeugte Spannung eines Krimis von Hitchcock oder Edgar Wallace oder des sonntäglichen Tatort-Films, in dem am Ende der Mörder doch entlarvt wird, damit die Gerechtigkeit sich durchsetzt? Im Fußball gibt es oftmals keine Gerechtigkeit und gerade das macht wohl auch einen Großteil seiner Faszination aus. Leider hat diese Spannung in den letzten zwei Jahrzehnten speziell in den Top-Ligen der größten europäischen Fußballnationen erheblich gelitten. Dies unterstreicht insbesondere die deutsche Bundesliga mit dem Serienmeister Bayern München nachdrücklich, so dass das alte Herberger-Zitat hier nur noch in eingeschränktem Maße gilt. Auch in anderen Ländern hat sich dieses Phänomen der häufigen Double- und Triple-Gewinner immer stärker herausgebildet, je mehr die Kommerzialisierung des Fußballs vorangeschritten ist – aber dazu mehr im Schlussteil dieses Buches.

Eine ausreichende Erklärung dafür, warum allein in Deutschland noch immer jedes Jahr Millionen von Menschen in die Stadien pilgern, konnte die bloße Spannung des Spiels ohnehin nie sein. Schließlich kann man diese auch am Fernsehschirm erleben, seit vielen Jahren sogar mit immer ausgefeilteren technischen Finessen und zuweilen einer sehenswerten Halbzeit-Show garniert.

Was also ist es darüber hinaus, das die Menschen noch immer, bzw. nach dem Corona-Lockdown wieder, in die Stadien und speziell in die Fanblöcke treibt? Von der „befreienden Wirkung des

Schreiens“ war in diesem Zusammenhang schon oft die Rede; hier komme schließlich ein „menschlicher Urinstinkt“ zum Zuge, der ansonsten zumeist von der Vernunft und dem allgemein erwarteten Verhaltenskodex in der modernen Gesellschaft erstickt werde – so oder ähnlich habe auch ich es im Laufe der Jahre in diversen mehr oder weniger seriösen Publikationen gelesen.

In der Tat ist der Fußball wohl oft ein Ventil für unterdrückte Gefühle und das Stadion ein Ort, an dem man ausleben kann, was einen anderswo viel schneller an den Rand der Gesellschaft stellen würde: „Hier bin ich Mensch, hier darf ich es sein“ – eine sicher verständliche Fluchtreaktion auf den im Alltagsleben stets gegenwärtigen Anpassungszwang, die ich auch bei mir selbst im Laufe der Jahre immer wieder habe beobachten können. Gerade zu Zeiten, da ich derartigen Zwängen in besonders starkem Maße ausgesetzt war und in meinem damals jugendlichen Alter noch mehr mit diesen gehadert habe als in späteren Jahren, war dies in ausgeprägter Weise der Fall: Speziell während meiner Ausbildung in der Bank und in den ersten drei Monaten bei der Bundeswehr habe ich das Wochenende in den Stadien noch stärker herbeigesehnt und noch intensiver genossen als sonst, war das Bedürfnis nach Kompensation doch in diesen Lebensphasen am deutlichsten spürbar.

Gegner des Fußballsports und seiner Anhängerschaft bringen an dieser Stelle zumeist das Argument vor, diese Kompensation erfolge gerade bei Fußballfans doch nahezu regelmäßig auf gewalttätige Weise und keineswegs nur verbal. Damit bin ich nun, wie konnte es auch anders sein, bei dem Thema angelangt, welches in dem Zusammenhang früher oder später immer aufgeworfen wird: der Gewalt in den Stadien – auch wenn es in meinen Augen und nach meinem eigenen Erleben nur einen Randaspekt darstellt.

Sicherlich – und auch dieses Buch ist mit etlichen Textstellen über Ereignisse speziell aus den 1980er und frühen 1990er Jahren, insbesondere bei Auswärtsspielen des eigenen Vereins oder der Nationalmannschaft, ein Beleg dafür – war dieser Aspekt immer ein Teil der Realität und ist es bis heute geblieben. Aber in aller Regel kann man sich davon sehr gut distanzieren, so dass ein Stadionbesuch in Deutschland einschließlich der Anreise heutzutage nur ein sehr überschaubares Risiko darstellt, sofern man nicht gerade in Fankleidung in die Stammkneipe der Ultras des ärgsten Rivalen geht oder ähnlich verrückte Dinge tut. Das Risiko, auf einer Kirmes in eine Schlägerei verwickelt zu werden, ist aus meiner Sicht deutlich höher, wie einige Vorfälle auch am Niederrhein in jüngster Vergangenheit gezeigt haben.

Auch die akustischen Aktivitäten der Fanblöcke in Deutschland sind nach meiner festen Überzeugung weder damals noch heute je von gewalttätigen oder auch nur aggressiven Inhalten dominiert worden, wenngleich es einzelne Gesänge und Sprechchöre mit sehr eindeutigen Texten gegen die „historischen Rivalen" natürlich stets gegeben hat. Zuletzt waren es dann insbesondere neue Feindbilder wie die Symbole der Kommerzialisierung, welche dabei ins Visier genommen wurden – manchmal auch geradezu sprichwörtlich, wie im Fall des Mäzens der TSG Hoffenheim im Februar 2020.

Obwohl mir keine empirischen Daten darüber vorliegen, so wage ich doch zu behaupten, dass in den Sprechchören und Gesängen der Bundesliga-Stadien im Laufe der Jahrzehnte der Ausdruck der Verbundenheit der Fans untereinander und mit dem eigenen Verein stets klar vorherrschend war. Wer jemals in einem Fanblock gestanden hat, dessen Mitglieder minutenlang zu einem Lied wie dem berühmten „You´ll never walk alone" die Schals ihres Vereins in die Höhe gereckt und inbrünstig gesungen haben, wird sicherlich wissen, wovon ich rede. Es ist ein wahres Gänsehaut-Erlebnis, wie man es ansonsten wohl nur bei außergewöhnlich guten Konzerten erleben kann. Und es zeigt, wie sehr der Fußball in der Tat noch heute zuweilen in der Lage ist, jenes „letzte Lagerfeuer, um das die Menschen sich scharen", zu sein, wie es der ehemalige DFB-Präsident Fritz Keller vor einigen Jahren mal durchaus treffend auf den Punkt gebracht hat. Ich habe das allgemein menschliche und auch mein ganz persönliches Bedürfnis nach Emotionen, Zusammenhalt und Identifikation jedenfalls über viele Jahre kaum irgendwo sonst in derselben Weise befriedigt gesehen wie im Stadion und speziell in meiner Jugend im Fanblock.

Vom Fan zum Groundhopper: Erklärungsnot hoch zwei

Seit über dreißig Jahren lebe ich nun am Niederrhein. Das bedeutet auch, dass ich seit mehr als drei Jahrzehnten überwiegend von Menschen umgeben bin, denen gegenüber die Wahl meines Lieblingsvereins ziemlich erklärungsbedürftig ist. Sobald die Konversation das Thema „Fußball“ erreicht hat, und die alles entscheidende Frage gestellt und von mir beantwortet worden ist, bildet sich in aller Regel großes Erstaunen im Gesicht meines Gegenübers ab. Erst nach einer ausführlichen Schilderung meiner Herkunft und Familiengeschichte löst sich das anfängliche Stirnrunzeln langsam wieder auf.

Erklärungsnot kannte ich jedoch schon vor meinem studienbedingten Umzug im Herbst 1990 ziemlich gut, seitdem ich mehr als fünf Jahre zuvor begonnen hatte, regelmäßig auch zu Spielen ohne Beteiligung meines eigenen Vereins zu fahren. „Was willst du denn da? Ich denke, Eintracht spielt erst morgen“, hieß es dann oft, wenn ich mich bereits freitags um die Mittagszeit direkt von der Schule oder Berufsschule aus auf den Weg in den Norden oder Westen der damals noch kleineren Bundesrepublik machte, obwohl meine Mannschaft erst samstags im Süden des Landes im Einsatz war oder sogar ein Heimspiel hatte. Tja, warum macht man so etwas? Irgendwann reichte mir ein Spiel am Wochenende einfach nicht mehr aus, und ich wollte die Zeit zwischen Freitagmittag und Sonntagabend bestmöglich mit spannenden Erlebnissen füllen, neue Städte und Stadien kennenlernen und dank des in diesem Buch mehrfach erwähnten Tramper-Monats-Tickets der Bundesbahn war dies relativ leicht und einigermaßen preiswert möglich.

Innerhalb weniger Jahre habe ich auf diese Weise nahezu sämtliche Großstädte zwischen Kiel und Konstanz besucht, zumal ich auch die Zeit zwischen den diversen Fußballspielen zumeist noch für Stippvisiten in die mir noch fehlenden Städte nutzte, die auf der Landkarte der Bundesligisten gar nicht zu finden waren. Auf diese Weise habe ich unser Land sicher schon in jungen Jahren deutlich besser kennengelernt als die allermeisten meiner damaligen Mitschüler oder späteren Kommilitonen oder Arbeitskollegen, von denen ich manchmal den Eindruck hatte, dass sie die griechische Inselwelt besser kannten als ihr eigenes Bundesland.

Bei mir war es hingegen über den Fußball hinaus nicht zuletzt mein schon damals ausgeprägtes Interesse an Geschichte und Politik, welches mich immer, wenn es die Zeit irgendwie erlaubte, wieder in eine neue Stadt trieb, deren Sehenswürdigkeiten und häufig auch Museen ich dann zumindest einen Teil dieser Zeit widmete. Doch auch die Stadien selbst waren natürlich mit ihrem spezifischen Umfeld und ihrer ganz eigenen Bauweise stets ein geradezu magnetischer Anziehungspunkt für mich, auch wenn in den 1980er Jahren nicht unbedingt jedes davon einen Architekturpreis gewonnen hätte, sondern viele eher in die Kategorie „langweilige Betonschüssel" fielen.

Ein großer Vorteil des Groundhoppings im engeren Sinne in Abgrenzung zu Stadionbesuchen im Gefolge des eigenen Vereins war es natürlich, diese Stadien viel besser kennenlernen und sich in ihrem Umfeld wesentlich freier bewegen zu können. Wurde man bei Auswärtsspielen oftmals direkt zur Gästekurve geführt und dort bis zum Schlusspfiff in den entsprechenden Sektor verfrachtet, ohne auch nur einen Blick in die übrigen Stadionbereiche werfen zu können, so hatte man als Groundhopper ganz andere Freiheiten. Man konnte sich seinen Steh- oder Sitzplatzbereich nach eigenem Gutdünken (oder Geldbeutel) auswählen und vorher auch noch mal um sämtliche der übrigen nicht zum Gästebereich zählenden Blöcke herumgehen. So konnte ich schon auf meiner ersten Tour im Frühjahr 1985 jeweils für die Dauer des Spiels beispielsweise den Aachener Tivoli oder das Hamburger Millerntor aus der Perspektive der heimischen Fans kennenlernen.

Dies tat ich dann in den folgenden Jahren auch mehr als ausgiebig, weil mir dieses authentische Erlebnis in zahlreichen Stadien unseres Landes immer besser gefiel. Allerdings schickte sich mein eigener Verein bereits ab dem Sommer 1985 an, in Gestalt mehrerer Abstiege und fast genauso vieler Wiederaufstiege wie eine Flipperkugel durch das deutsche Ligasystem zu schießen, womit sich immer wieder neue Gegner im Spielplan wiederfanden, und ich deren Grounds dann eben doch sehr häufig aus der Perspektive des Auswärtsfahrers erlebte: Waren es bis Mitte des Jahrzehnts noch das Volksparkstadion oder das Münchener Olympiastadion gewesen, die ich auf diese Weise besuchen durfte, so hießen die Ziele alsbald Solingen oder Aschaffenburg, später dann sogar Lüneburg oder Bremerhaven oder das unsägliche Herzlake.

Insofern darf ich wohl behaupten, meinen Verein innerhalb Deutschlands an so vielen verschiedenen Orten unterstützt zu haben wie sonst kaum jemand. Als Anhänger eines ewigen Erstligisten hat man ja eigentlich jedes Jahr dieselben Auswärtsspiele und muss darauf hoffen, wenigstens im DFB-Pokal mal ein etwas

„exotischeres" Los zu ziehen. Aber gut, dafür darf man der eigenen Mannschaft dann eben häufig oder sogar regelmäßig zu Europapokalspielen kreuz und quer durch den Kontinent folgen, was mir leider nie vergönnt war. Für derartige Touren musste ich dann eben meine Aktivitäten als Groundhopper im engeren Sinne schon frühzeitig ausweiten.

„Aber wieso reist man dafür um die halbe Welt?"

Es ist im Verlauf meiner bisherigen Schilderungen wohl hinreichend deutlich geworden, dass neben dem Fußball das Reisen meine zweite große Leidenschaft ist. Damit meine ich natürlich nicht irgendwelche Badeaufenthalte auf den Balearen, sondern solche Reisen, die den eigenen Horizont erweitern und neue Erkenntnisse oder Lebenserfahrungen vermitteln. „Reisen bildet", diese Weisheit erscheint vielleicht etwas abgegriffen, und doch bin ich zutiefst davon überzeugt, dass kein Buch und kein Film authentische Erlebnisse, die man selbst irgendwo auf der Welt machen darf, jemals ersetzen kann. Das traf für mich persönlich schon in den 1980er Jahren in besonderer Weise in der DDR und in Jugoslawien zu, in späteren Jahren dann in vielen weiteren Ländern Europas, aber natürlich auch in Südafrika oder Lateinamerika sowie im Nahen und Fernen Osten.

Nun muss man natürlich nicht unbedingt Fußballfan sein, um ein Interesse an fremden Menschen, Ländern und Kulturen zu entwickeln. Reiselustig sind eigentlich die meisten Menschen, die ich im Laufe meines Lebens zu meinem Freundes- oder zumindest engerem Bekanntenkreis gezählt habe. Einige von ihnen sind sicher kaum weniger in der Welt herumgekommen als ich, und sie hatten nach der Rückkehr von einer neuen Tour auch stets sehr interessante Dinge zu berichten. Aber ich möchte doch behaupten, dass mir die Kombination aus Reisen und Fußball bei zahllosen Gelegenheiten ganz besonders tiefe Einblicke in das Alltagsleben in anderen Ländern ermöglicht hat, die weit über das hinausgingen, was man normalerweise als Tourist erlebt. Welcher Ausländer würde sich beispielsweise in England in Städte wie Leeds oder Barnsley verirren, wer käme in Italien auf die Idee, Cremona oder Empoli („Was wollt ihr denn in Empoli?") zu besuchen? Dabei begegnen einem die Menschen dort zumeist wesentlich interessierter und aufgeschlossener, als dies im von Touristen überrannten York oder Chester bzw. in Florenz oder Siena der Fall ist.

Wem sonst als einem Fußballfan auf der Suche nach einem Stadion käme es in den Sinn, in den großen Metropolen Europas die eingefahrenen Touristenpfade zu verlassen und sich bis an die äußerste Peripherie von Lissabon oder Istanbul hinauszuwagen, wo oftmals kein Mensch mehr Englisch spricht? Ich habe jedenfalls unzählige Städte oder Stadtviertel nur aufgrund meiner Fußballleidenschaft kennengelernt – und natürlich auch die dort lebenden Menschen, zu denen nicht selten der Zugang, die einzige Möglichkeit der Kontaktaufnahme das gemeinsame Interesse am Fußball war. Gerade wenn ich ganz allein unterwegs war – egal, ob auf dem Balkan, in Paraguay oder Südkorea –, habe ich dies in besonderer Weise erfahren.

Doch ich bin diesen vielen Solo-Touren zum Trotz keineswegs ein Eigenbrötler geworden; auch die Gemeinschaft mit zahlreichen Gleichgesinnten habe ich am Groundhopping stets geschätzt. Dies traf beispielsweise für eine ganze Reihe gemeinsamer Reisen speziell in den 1990er Jahren zu, wenn wir manchmal auch in größeren Gruppen die deutsche Nationalmannschaft zu ihren Spielen im Ausland begleiteten. So charterte unser Fanclub beispielsweise 1991 einen Bus nach Cardiff zum EM-Qualifikationsspiel gegen Wales, und es gab zwischen den Fans von annähernd einem Dutzend verschiedener Vereine an Bord keinerlei Animositäten; stattdessen traten die sonst üblichen Rivalitäten komplett in den Hintergrund.

Aber auch wenn man vermeintlich ganz allein oder zu zweit unterwegs war und dann plötzlich an den entlegensten Orten auf andere Groundhopper traf, wie beispielsweise auf Fari 1992 mitten in der Nacht auf dem Bahnhof von Bukarest, den „Teamchef" 2011 in Istanbul oder zuletzt noch den „Ulmer" 2020 in Tallinn, so waren dies natürlich tolle Erlebnisse. Wer, außer einem Groundhopper, trifft so häufig unvermutet an derartigen Orten auf langjährige Bekannte?

Am meisten haben mich am Groundhopping aber die Erfahrungen mit anderen Fankulturen, speziell natürlich im Ausland, und deren Choreografien und Gesänge fasziniert. Gerade bei meinen Reisen zu großen Turnieren standen stets das Internationale und die Möglichkeit, in kurzer Zeit Fans aus ganz Europa bzw. aller Welt kennenzulernen, im Vordergrund. Insofern ist es kein Wunder, dass ich zwischen 1988 und 2016 insgesamt siebzehn Turniere besucht und dafür häufig genug mehrere Wochen Urlaub genommen habe. Entschädigt für die Mühen und Kosten wurde ich durch zahllose unvergessliche Begegnungen mit irischer („Come on you boys in green") oder schottischer Gesangskultur, afrikanischer Fußballfolklore wie 1994 in Tunesien oder mit der an Hysterie grenzenden Begeisterung der koreanischen Fans bei ihrer Heim-WM 2002.

Doch auch auf meinen Reisen zu einzelnen Spielen kreuz und quer durch Europa und in andere Teile der Welt habe ich immer nach diesen speziellen Momenten gesucht und sie vielfach gefunden, insbesondere in Italien, wenn ich im Stadion von Sampdoria Genua zeitweilig selbst Teil des heimischen Ultra-Blocks war, oder auch im Stadio Olimpico des AS Rom. Wenn man dort in der Kurve steht und kurz vor dem Spiel die berühmte Hymne „Grazie Roma" erklingt, welche der Liedermacher Antonello Venditti 1983 aus Anlass der Meisterschaft der giallorossi komponiert hat, dann weiß man, was authentische Emotionen sind. „You´ll never walk alone" mag als Stadionhymne ungleich bekannter sein, aber sie ist inzwischen in aller Welt so oft kopiert worden, dass es für dieses Erlebnis schon längst keiner Reise nach Liverpool mehr bedarf, sondern ein kurzer Samstagsausflug auf die Dortmunder Südtribüne völlig ausreichend sein kann.

Ich war beim Groundhopping stets auf der Suche nach Authentizität, nach Unverwechselbarkeit, und deshalb ist meine Lieblingshymne in den Stadien der Welt eben „Grazie Roma". Dies liegt neben der eingängigen Melodie auch an ihrem Text, der in unvergleichlicher Weise die Fähigkeit des Fußballs beschreibt, Fremde für neunzig Minuten zu Freunden zu machen: „Dimmi cos´è che ci fa sentire amici anche se non ci conosciamo, dimmi cos´è che ci fa sentire uniti anche se siamo lontani (…)"

Auch wenn mir von meinen mehrfachen Besuchen des Stadio Olimpico keine langanhaltenden Freundschaften erhalten geblieben sind – für etwa zwei Stunden fühlte ich mich wie ein Teil dieser „amici uniti", der „vereinten Freunde", auch wenn ich sie nicht wirklich kannte und zumeist schon am Tag nach dem Spiel wieder weit von ihnen entfernt war. – Auch das macht die spezielle Faszination des Groundhoppings aus!

„Und welchen Preis zahlt man dafür?"

Wenn ich alle Eintrittskarten, Bus- und Bahntickets, Flugscheine und sonstige Quittungen über Fährpassagen und Ähnliches, die ich im Zusammenhang mit Fußballspielen im Laufe der mehr als vierzig Jahre angesammelt habe, auf einen großen Stapel legen und deren (umgerechnete) Preise aufaddieren würde, so käme dabei sicher in etwa der Gegenwert eines Neuwagens mindestens aus dem Hause Porsche zusammen.

Doch die Frage nach dem „Preis", den man für seine jahrzehntelangen Aktivitäten als Fußballfan und Groundhopper zahlt, kann sich natürlich nicht allein auf den monetären Aspekt beschränken. Es ist nicht von der Hand zu weisen, dass dieses doch sehr spezielle „Hobby" auch noch ganz andere Auswirkungen auf das Privatleben sowie auf Schule, Ausbildung und Beruf hat – was gleich in mehreren Kapiteln dieses Buches deutlich geworden sein dürfte.

Wer, außer ein Fußballfan, käme auf die Idee, einen Tag vor seiner ersten schriftlichen Abiturprüfung noch auf Reisen zu gehen und erst abends um zehn wieder zu Hause einzutreffen? Warum sonst sollte man seine schriftliche Abschlussprüfung in der Ausbildung eine halbe Stunde vor dem eigentlichen Ende abgeben, wenn nicht wegen eines wichtigen Fußballspiels und der letzten Möglichkeit, dieses pünktlich mit der Bahn zu erreichen? Wer wäre so verwegen oder vielleicht auch verrückt, am Tag der mündlichen Abschlussprüfung in eher „unkonventioneller" Garderobe in seinen Ausbildungsbetrieb zu gehen und damit die ganzen „gestandenen Bankkaufleute" in helle Aufregung zu versetzen, wenn nicht ein Fußballfan wenige Stunden vor einem bedeutsamen Spiel bei der Europameisterschaft?

Auf der anderen Seite stand gerade in der Bank wohl kaum je zuvor ein Auszubildender so sehr im Blickpunkt der Aufmerksamkeit wie ich nach dem Zeitungsartikel mit der Überschrift „Azubi in VIP-Loge" im Februar 1987. Die Frage des älteren Kollegen, ob ich denn „auch zu diesen Radikalen" gehöre, konnte ich sicher guten Gewissens verneinen – damals wie heute. Und doch habe ich im Laufe meiner vielen Jahre als Fußballfan und Groundhopper sicher zahlreiche Entscheidungen getroffen, die zumindest für Außenstehende durchaus ziemlich radikal anmuten mögen. Gerade während meines Studiums beschränkten sich die „Eskapaden“ nicht auf die Wahl der Kleidung an einem Prüfungstag, sondern erstreckten sich gleich mehrfach auf jeweils etliche Wochen, in denen ich den Vorlesungen und Seminaren an der Uni fernblieb, um beispielsweise die deutsche Nationalelf zur EM in Schweden oder der WM in den USA zu begleiten. Es lässt sich nicht ganz von der Hand weisen, dass sich mein Studium dadurch um mindestens ein, wahrscheinlich eher zwei Semester verlängerte. Selbst im Juni 1996 setzte ich mich kurz vor den entscheidenden Prüfungen noch für eine Woche zur Europameisterschaft nach England ab, in dem Fall aber sogar in Abstimmung mit meinem Professor, welcher die Abgabe meiner Magisterarbeit erwartete – und bei deren Bewertung dann auch keinerlei Abzüge vornahm.

Genau zu jener Zeit war ich übrigens seit wenigen Wochen mit meiner Freundin zusammen – so wie heute noch immer, wobei wir freilich schon seit annähernd zwanzig Jahren verheiratet sind. Nach einigen sehr kurzlebigen vorherigen Beziehungen war sie die Erste, welche die neue Rolle der „Nummer Eins“ in meinem Leben eroberte und die den Fußball und das Groundhopping in der Rangfolge meiner Prioritäten auf den zweiten Platz verwies. Viele andere Extrem-Fußballfans, von denen ich auch etliche seit vielen Jahren kenne und schätze, kommen niemals an diesen Punkt in ihrem Leben und sind zu keiner Zeit bereit, diese Prioritäten zu ändern und aus ihrer Sicht „faule Kompromisse“ zu machen. Ich kann dazu nur sagen: Es ist ihre Sache und ihre Lebensentscheidung! Ich habe sie für mich zwar anders getroffen, aber das muss jeder für sich selbst wissen und im Einklang mit seinen Bedürfnissen entscheiden. Ich kann mich jedenfalls noch heute besser mit Menschen unterhalten, die dieses Leben konsequent weitergeführt haben und auch mit Mitte fünfzig ihrer großen Leidenschaft um die halbe Welt hinterher reisen, als mit solchen, die nie aus der Komfortzone ihrer Pauschalurlaube herausgefunden und sich schon zu einem allzu frühen Zeitpunkt im Leben nur noch mit Reihenhaus und Garten beschäftigt haben. Alles hat seine Vor- und Nachteile und egal, welchen Lebensweg man wählt, bezahlt man eben auch immer einen Preis dafür. Habe ich selbst über viele Jahre zugunsten meines Daseins als Groundhopper auf eine feste Beziehung verzichtet, so bedeutete genau diese und spätestens dann die Geburt unserer Tochter im Jahr

2010 auf der einen Seite eine große Freude und viele wertvolle neue Lebenserfahrungen, aber andererseits eben auch einen Verzicht in anderer Hinsicht, eine deutliche Einschränkung meiner bis dahin gewohnten Reisefreiheiten.

Aber ich kann natürlich nicht verhehlen, dass ich schon frühzeitig damit begonnen habe, Carolin auch diese Welt, die mich seit meiner eigenen Kindheit fasziniert, nahezubringen. Offenbar war dies auch durchaus erfolgreich, wie unser gemeinsamer Stadionbesuch in Empoli im Frühjahr 2019 zeigte, als sie sich gegen das berühmte Kunstmuseum in Florenz und für eine hässliche Stahlrohrtribüne mit fahnenschwingenden Fans aus Ferrara entschied. Wie sie sich im weiteren Verlauf ihres Lebens in ähnlichen Situationen entscheiden wird, welchen „Preis" sie dann eher zu zahlen bereit ist, muss sie natürlich selbst wissen. Ich habe den Preis des Daseins als Fußballfan und Groundhopper jedenfalls über mehrere Jahrzehnte gern bezahlt, weil ich eben auch sehr viel dafür zurückbekommen habe – und das führt mich zu der letzten offenen Frage in diesem Kapitel.

„Und was hat Dir das alles gebracht?"

„Das Leben in den Stadien hat mich mehr gelehrt als dreizehn Jahre Schule", hat mein italienischer Freund Fabio mir irgendwann einmal geschrieben. Auch in seinem bereits erwähnten Buch „Vita da Ultrà" hat er diese Überzeugung umfangreich dargelegt. Wenngleich ich in meiner eigenen ebenfalls dreizehnjährigen Schulzeit durchaus einige recht fähige Lehrer hatte, an die ich gern und dankbar zurückdenke, so muss ich doch sagen, dass ich Fabios Meinung weitgehend teile. Theoretisches Wissen kann niemals praktische Lebenserfahrungen ersetzen, und ich habe nun mal einen Großteil der Erfahrungen in meiner Jugend, dem sicherlich die Persönlichkeit am stärksten prägenden Lebensabschnitt, im Umfeld der Fußballstadien gemacht.

Hier habe ich, von Hause aus eigentlich eher in einer ziemlich „behüteten" Umgebung aufgewachsen, Bevölkerungsgruppen kennengelernt, unter denen es gänzlich anderer Verhaltensmuster bedurfte, um sich durchzusetzen und seiner Meinung Geltung zu verschaffen, als ich es aus Elternhaus und Schule gewohnt war. Hier musste man nicht in erster Linie geistreiche Bemerkungen anbringen oder stichhaltig argumentieren wie im Sozialkundeunterricht an meinem Gymnasium, sondern man musste Vereinstreue, Gemeinschaftsgeist, eine gute Kenntnis der szeneüblichen Rituale und Gesänge und eine gewisse Trinkfestigkeit an den Tag legen, um von den anderen respektiert zu werden – und man durfte sich in etwas riskanteren Situationen nicht sofort aus dem Staub machen. Ich habe meine Lektionen gelernt und diese sind mir dann später auch in anderen Bereichen meines Lebens, wenn ich speziell bei der Bundeswehr oder auch auf vielen Reisen im In- und Ausland mit Menschen etwas „rauheren Zuschnitts" konfrontiert war, ungemein hilfreich gewesen. Sie haben mir eine realistische Einschätzung, ja geradezu einen 7. Sinn für Risiken und Gefahren auf den Weg für mein weiteres Leben gegeben. Nach Erlebnissen wie 1987 vor dem Stadion von Ulm habe ich jedenfalls keine Veranlassung mehr gesehen, im Angesicht von Kampfhunden unnötigerweise den Helden zu spielen, weshalb ich im Zweifelsfall lieber rechtzeitig die Straßenseite wechsle, wenn mir irgendeine zwielichtige Gestalt mit einem Pitbull ohne Maulkorb entgegenkommt.

Doch auch meine sehr geringe Neigung zu Klischees und Vorurteilen führe ich in einem wesentlichen Maße auf mein Leben in den Stadien zurück, wenn auch hier sicher in besonderer Weise auf die vielen damit in Verbindung stehenden Auslandsreisen. Besonders gern denke ich in diesem Zusammenhang an die Erlebnisse mit den „indigenen" Fans von Deportes Temuco mit ihrem so überraschend „normalen" Outfit 1993 in Santiago de Chile oder auch die netten Gespräche mit den Anhängern von Nigeria 1994 beim Afrika-Cup in Tunesien zurück.

Den extremsten Perspektivwechsel erlebte ich freilich bereits drei Jahre zuvor am südlichen Ende desselben Kontinents: Seit jenem Tag im März 1991, da ich im Stadion der Township Umlazi als wahrscheinlich einziger Weißer unter 25.000 Schwarzen saß, glaube ich zu wissen, wie man sich als Vertreter einer Minderheit in einem fremden Land fühlt. Welcher Lehrer oder Universitätsprofessor hätte mir in einem theoretischen Vortrag jemals derartige Einsichten vermitteln können?

Dennoch will ich das Bücherwissen oder auch entsprechende Seminare und Vorlesungen hier keineswegs diskreditieren, ganz im Gegenteil. „Man sieht nur, was man weiß", heißt das Motto eines bekannten deutschen Verlagshauses, und das halte auch ich für absolut zutreffend. Deshalb habe ich ja auch Geschichte und Politikwissenschaften studiert, und deshalb habe ich mich stets vor einer weiteren Reise sehr umfassend mit der Historie und aktuellen Situation des jeweiligen Landes beschäftigt. Andernfalls wäre ich mir wohl kaum der historischen Bedeutung des Estadio Nacional von Santiago de Chile bei meinen beiden Besuchen dort bewusst gewesen.

Ausgelöst wurden diese und zahlreiche andere Reisen wie 1999 nach Mexiko oder 2002 nach Südkorea aber in der Tat durch die dort stattfindenden Fußballspiele bzw. Turniere, so dass mein Lieblingssport für mich zweifellos neue Horizonte eröffnete, in Gestalt von Destinationen, die ich andernfalls vielleicht gar nicht aufgesucht hätte. Auch die Wahl meines dritten Studienfaches Italienisch ging, wie im Italien-Kapitel dieses Buches beschrieben, auf ein Stadionerlebnis und die erstmalige Begegnung mit der entsprechenden Fankultur etliche Jahre zuvor zurück. Es muss schon eine sehr prägende Begegnung gewesen sein, wenn man sich davon zu einem mehrjährigen autodidaktischen Erlernen einer Fremdsprache motivieren lässt.

Nun gut, Fremdsprachen sind eben für mich – das dürfte in diesem Buch hinreichend deutlich geworden sein – sowieso eine weitere große Leidenschaft neben Fußball, Reisen und Geschichte. Sie waren aber auch auf vielen meiner Touren extrem hilfreich und haben mir ermöglicht, in zahlreichen Ländern in Europa und Lateinamerika kostspielige Hotels zu meiden und stattdessen eher landestypische Quartiere und Privatzimmer zu buchen. Neben den vielen unvergesslichen Kontakten zu den jeweiligen Vermietern – wie 1992 in Bukarest, 1993 in Asunciòn oder 1999 in Krakau – haben sie auch meine Geldbörse geschont, was bei der Vielzahl der Reisen auch absolut notwendig war. So habe ich auf diesen Fußballreisen auch eine weitere wichtige Kompetenz erlernt, nämlich Sparsamkeit – insbesondere auf meiner zweiten Inter-Rail-Tour 1987, als ich nach dem Diebstahl eines Portemonnaies in der Lissaboner U-Bahn mit dem wenigen verbliebenen Bargeld noch fast zwei Wochen auskommen musste, und es trotzdem noch irgendwie zu vier neuen Grounds zwischen Barcelona und Genf reichte.

Voraussetzung dafür war stets auch eine gut durchdachte Planung, was in späteren Jahren bei weiteren Reisen zu deutlich entfernteren Zielen – wie ganz besonders 1994 zur WM in den USA – in noch stärkerem Maße galt. Hier war ich mit meinem Freund Leo schon Monate zuvor in die Vorbereitungen eingestiegen, um die Kosten-Nutzen-Relation dieser Reise zu optimieren, was dann auch bestens gelang. Als wichtige Kompetenzen für mein späteres Berufsleben sind daraus zweifellos ein gutes Zeitmanagement und ein ausgeprägtes Organisationstalent erwachsen. Diese Stärken konnte ich beispielsweise sehr gut zum Einsatz bringen, als ich mich 2006 in meiner Funktion als Stadtmarketing-Leiter in Dinslaken erstmals auch beruflich mit einer Fußball-WM beschäftigen durfte und für die so genannte DIN-Arena eine Ausstellung und ein WM-Quiz konzipierte bzw. durchführte.

Noch wichtiger ist es in meinem heutigen Berufsleben, mich überhaupt kompetent über Fußball unterhalten zu können, denn das runde Leder ist nicht nur die Weltsportart Nummer Eins, sondern eben auch eines der wichtigsten und universellsten Gesprächsthemen. Schon oft sind mir meine umfangreichen Erlebnisse in den Stadien in Konversationen mit Geschäftspartnern in aller Welt zugutegekommen und dienten als Brücke über sprachliche und kulturelle Grenzen hinweg, beispielsweise bei zahlreichen Treffen mit Unternehmensvertretern aus der Türkei oder Investoren aus Südkorea.

Das treffendste Beispiel für diese Tatsache ereignete sich im Frühjahr 2015 in Krefeld selbst, als das dänische Logistikunternehmen DSV seinen neuen Standort in Sichtweite der Autobahn 44 eröffnete, und eigentlich unser kurz vor dem Ausscheiden aus seinem Amt stehender Oberbürgermeister das Grußwort sprechen sollte, jedoch kurzfristig verhindert war. Dadurch fiel mir diese Aufgabe zu, was unseren Gast, den extra aus Kopenhagen angereisten Chief Executive Officer des Unternehmens, anfangs nicht zu begeistern schien. Etwas pikiert blickte er drein, als ich die eigentlich für meinen Chef konzipierte Rede, die ich zuvor noch leicht abgewandelt hatte, vortrug. Im Anschluss daran kam ich aber näher mit ihm ins Gespräch, brachte dieses auf das Thema „Fußball“ und den dänischen Sieg bei der Europameisterschaft 1992 im Finale gegen Deutschland, welches ich live im Stadion von Göteborg verfolgt hatte. Da war das Eis gebrochen, war ich plötzlich der beste Freund des CEO, und er wich für den Rest der Feierstunde kaum noch von meiner Seite.

Die Frage, was mir das alles „gebracht“ hat, ist damit aus meiner Sicht spätestens an dieser Stelle beantwortet, und damit will ich auch dieses Fazit beenden – wobei es sich natürlich um ein vorläufiges Fazit handelt, denn andernfalls wäre der nachfolgende Ausblick ja überflüssig.

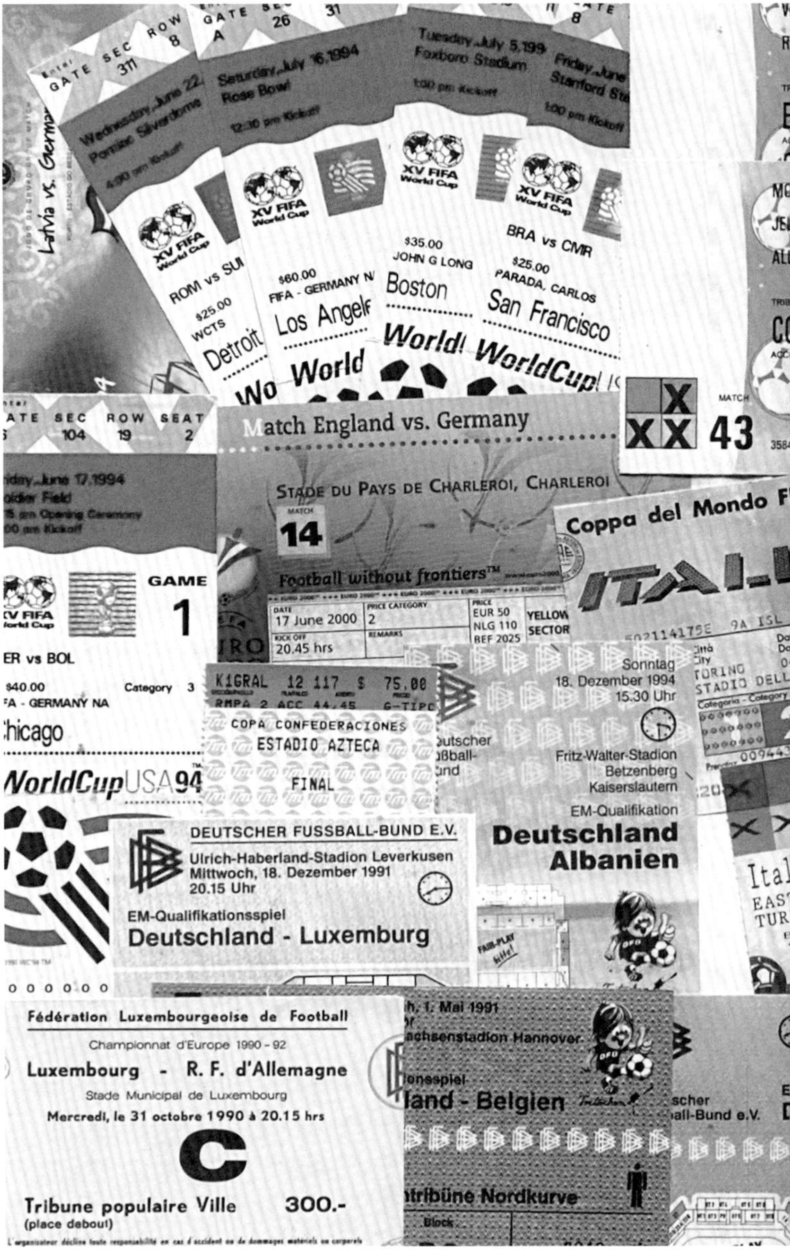

Ticketsammlung.

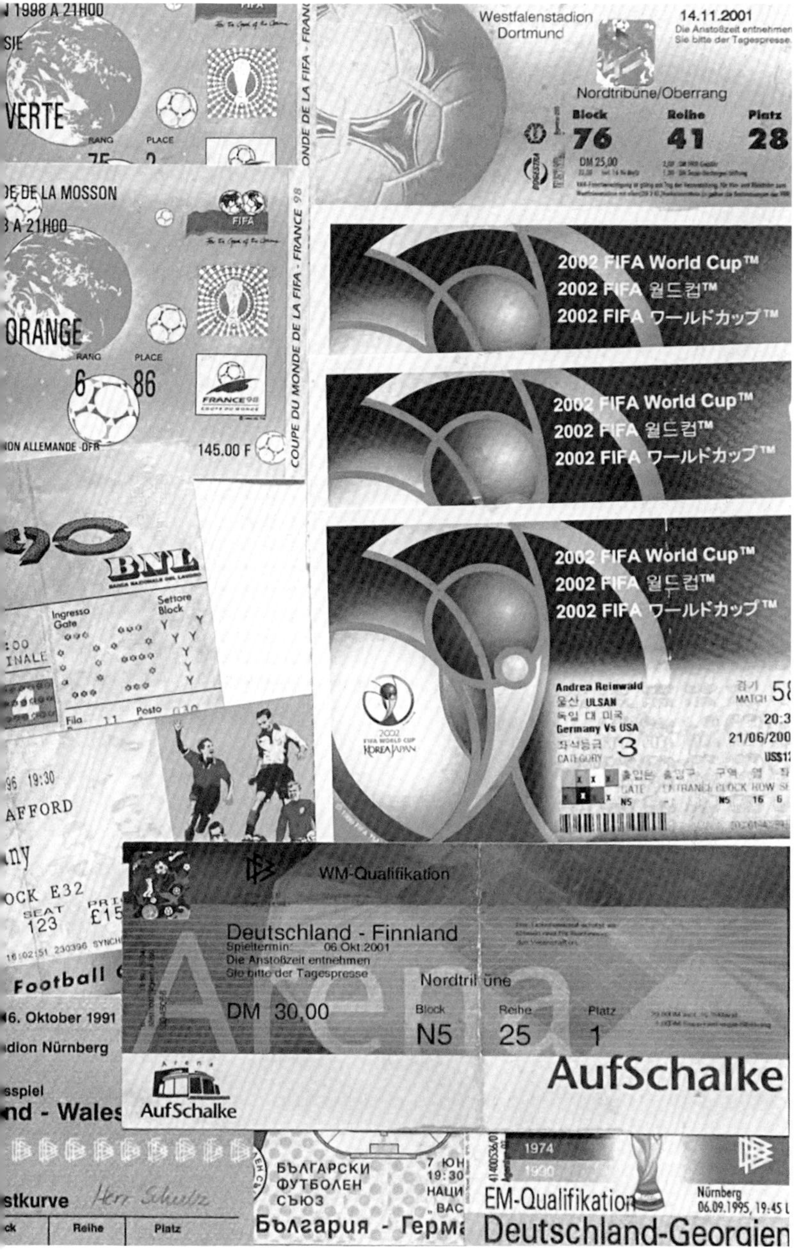
Westfalenstadion Dortmund
14.11.2001
Nordtribüne/Oberrang
Block 76 Reihe 41 Platz 28
2002 FIFA World Cup™
2002 FIFA 월드컵™
2002 FIFA ワールドカップ™
Andrea Reinwald
Germany Vs USA
WM-Qualifikation
Deutschland - Finnland
DM 30,00
AufSchalke
EM-Qualifikation
Deutschland-Georgien
ORANGE
145.00 F
COUPE DU MONDE DE LA FIFA - FRANCE 98

6. Ausblick – Und wie geht es jetzt weiter?

Pandemien und Kriege als größte Fragezeichen

Wie es jetzt weiter geht mit meinem Leben als Fußballfan und Groundhopper oder auch mit dem Fußball insgesamt? Ganz ehrlich, ich habe keine Ahnung. Prognosen sind ja bekanntlich immer schwierig, vor allem, wenn sie die Zukunft betreffen. Dieser launige Spruch wird häufig bemüht, wenn man sich außerstande sieht, den Fortgang einer Entwicklung einzuschätzen oder die Eintrittswahrscheinlichkeit bestimmter Ereignisse vorauszusagen. Im März 2022 konnte der Spruch einem fast im Halse steckenbleiben, als ein Diktator in Moskau dem von seinen Truppen angegriffenen Land und letztlich der ganzen Welt mit dem Einsatz von Atomwaffen drohte und damit in ultimativer Konsequenz die Zukunft der gesamten Menschheit und unseres Planeten in Frage stellte. Welche Bedeutung hätte im Vergleich dazu die Frage nach der Zukunft des Fußballs oder des Groundhoppings oder der nach meinen persönlichen künftigen Ambitionen in dieser Hinsicht?

So sollte man aber nach meiner festen Überzeugung nicht denken, denn dann hätte nicht nur ich nach diesem bizarren Interview des Kreml-Herrschers die Arbeit an diesem Buch einstellen können, sondern auch ganz viele andere Menschen hätten ihre im Vergleich zu einem möglichen 3. Weltkrieg ebenso belanglosen Aktivitäten beenden müssen. Auch meine Eltern haben Anfang der 1960er Jahre, wie sie mir vor langer Zeit einmal erzählt haben, ihr normales Leben fortgesetzt, als die Welt in der sogenannten „Kuba-Krise" schon einmal am Rande des Abgrunds stand, und deshalb habe ich dies für mich anno 2022 genauso entschieden.

Doch selbst wenn man dieses größte Fragezeichen hinter jedweder künftigen Entwicklung einmal außer Acht lässt, so bleibt immer noch das zweifellos etwas kleinere Fragezeichen einer immer noch mitnichten überwundenen Pandemie. Die Corona-Krise hat Deutschland, Europa und die Welt noch immer im Griff, allen Lockerungen und sinkenden Inzidenzen des Frühjahrs 2022 zum Trotz. Eine keineswegs auszuschließende Kombination der beiden Komponenten „hohes Ansteckungspotenzial" plus „schwerwiegende Verläufe" könnte alle bisher erlebten Notsituationen der Jahre 2020 bis 2022 in der Zukunft um ein Vielfaches übertreffen – und damit natürlich auch für den Fußball verheerende Konsequenzen haben, von den Möglichkeiten des Groundhoppings mal ganz zu schweigen.

Ich will mir auch dies nicht näher ausmalen und glaube auch nicht daran, immerhin habe ich in diesem Buch mehrfach meine Neigung zum Optimismus zum Ausdruck gebracht. Eines ist mir jedoch klar: Wenn sich die Welt und ihr liebster Sport doch noch einmal einer solchen und eventuell noch längeren Pandemie gegenübersehen sollten, so würden die meisten Vereine in den Fußballligen in Deutschland und Europa in schwerer und die Existenz bedrohender Weise darunter leiden. Nur einige wenige würden hingegen allenfalls ein Abschmelzen ihrer Festgeldkonten registrieren oder ihre internationalen Investoren um eine „Nachzahlung" bitten müssen.

Das bringt mich zu einem weiteren Fragezeichen in der künftigen Entwicklung des Fußballsports, welches aber im Gegensatz zu Pandemien und Kriegen ein hausgemachtes Problem ist – und zwar eines, dessen Wurzeln mindestens drei Jahrzehnte zurückreichen.

Fortschreitende Kommerzialisierung als weiterer Risikofaktor

Am 26. Mai 1993 verfolgte ich mein zweites Endspiel hintereinander im Europapokal der Landesmeister. Im Münchener Olympiastadion traf der AC Mailand auf Olympique Marseille, und es gab durchaus einige Parallelen zum Finale ein Jahr zuvor im Londoner Wembley-Stadion zwischen Barcelona und Sampdoria: Zumindest vom Ergebnis her war es sogar identisch, erneut entschied ein einziges Tor die umkämpfte Partie. Und doch hatte sich etwas verändert, als die wackeren Franzosen nach ihrem überraschenden 1:0-Sieg den „Henkelpott" in die Höhe reckten, auch wenn es mir damals noch gar nicht richtig bewusst wurde: Die berühmteste Trophäe im europäischen Vereinsfußball wurde erstmals dem Sieger der sogenannten „Champions League" überreicht.

Für mich ist es bis heute mein letztes live im Stadion verfolgtes Europapokalfinale geblieben. In den folgenden Jahren habe ich die Endspiele um diese neue „Champions League", die ich genauso in Anführungszeichen zu setzen mir angewöhnt habe wie dereinst die Journalisten der BILD-Zeitung die „DDR", häufig nicht einmal mehr im Fernsehen angeschaut. Dies habe ich erst recht nicht getan, wenn es sich einmal wieder um das Aufeinandertreffen zweier Teams aus ein und derselben Liga oder gar, wie immerhin zweimal geschehen, um ein Madrider Stadtderby handelte. Schließlich wurde dann bereits aus der Endspielpaarung deutlich, dass es sich nicht um zwei „Champions" handeln konnte, sondern dass zumindest einer der Kontrahenten in der nationalen Meisterschaft der Vorsaison bestenfalls Zweiter geworden sein konnte. Niemand verkörpert dies so gut wie der deutsche Werksverein Bayer „Vizekusen", Stammgast des Wettbewerbs und im Jahr 2002 sogar Finalist, obwohl seine Anhänger selbst mehr als ein Jahrzehnt später immer noch keine Antwort parat hatten, als wir beim Gastspiel der Braunschweiger Eintracht im März 2014 in der BayArena den beliebten Song „Ihr wart noch nie Deutscher Meister" anstimmten. Trotzdem ist ein Verein wie Bayer 04 nicht nur wegen der regelmäßig fließenden Millionenbeträge aus dem „Werk", sondern eben auch dank der Antrittsgelder und Prämien der „Champions League" heutzutage nicht nur meinem Verein, sondern auch vielen langjährigen, aber eher im Mittelfeld der Tabelle verharrenden Bundesligisten gegenüber von den finanziellen Möglichkeiten her haushoch überlegen.

Die im September 1992 gestartete „Champions League" war sicher nicht der Ursprung der Kommerzialisierung des Fußballs in Deutschland – hier hatte schon knapp zwei Jahrzehnte zuvor sogar ausgerechnet meine Braunschweiger Eintracht als Vorreiter der Trikotwerbung in der Bundesliga eine Pionierfunktion übernommen. Aber die „Champions League" katapultierte binnen weniger Jahre dieses Sponsoring in völlig neue Dimensionen und sorgte nicht nur für ein wesentlich ausgeprägteres finanzielles, sondern eben auch für ein geradezu zementiertes sportliches Ungleichgewicht in den meisten Ligen Europas.

Der aus Cottbus stammende Journalist Christian Spiller, Anhänger des inzwischen auch längst in die Regionalliga abgestürzten Ex-Bundesligisten FC Energie, bringt dies in seinem im April 2022 erschienenen und äußerst lesenswerten Buch „Der Fluch der Megaclubs. Wie die reichsten Vereine der Welt den Fußball zerstören" sehr anschaulich und detailreich auf den Punkt. Sogar dem „Erfinder" der „Champions League", dem ehemaligen UEFA-Funktionär Gerhard Aigner, hat er in einem Interview die Aussage abgetrotzt: „So viel Geld geht an so wenige Vereine. Das ist ein Problem." (Spiller 2022, S. 88)

In Deutschland ist dieses Problem besonders augenfällig geworden, wie die Ende April 2022, und somit wieder einmal schon Wochen vor Saisonende, errungene zehnte Meisterschaft in Serie des FC Bayern München unterstreicht. Seit einiger Zeit werden daher Ideen diskutiert, wie man die Bundesliga auch an der Spitze endlich wieder spannend machen könnte, von der Einführung von Play-Off-Spielen zum Saisonende bis hin zu ziemlich utopisch anmutenden Vorschlägen. Dazu gehören jene, welche die Journalistin Alina Schwermer in einem ebenfalls Anfang 2022 erschienenen Buch vorstellt, das nicht ganz zufällig den Titel „Futopia. Ideen für eine bessere Fußballwelt" trägt: „Der Fußball muss gerechter, schöner, freier werden. (…) Mit einem finanziellen 50 + 1, das den Konzernen ihre Übermacht nimmt, einer weltweiten Sportsozialkasse, die Gelder umverteilt. Geldstrafen für langweilige Wettbewerbe. Und einem System, wo die Klubs am meisten Punkte bekommen, die relativ zu ihren Voraussetzungen am besten sind." (Schwermer 2022, S. 120)

Dass dies zumindest in Deutschland auf ewig eine Utopie bleiben wird, ist wohl nicht nur meine Einschätzung. In der Bundesliga hat ja bereits die von einigen Klubs Ende 2020 angeregte gleichmäßigere Verteilung der Fernsehgelder den erbitterten Widerstand der Branchenführer hervorgerufen und ist kläglich gescheitert.

Selektion des Publikums über Eintrittsgelder

Etwa parallel zur Einführung der „Champions League" stiegen auch die Ticketpreise in Deutschland und Europa immer stärker an. Kostete noch bei der Europameisterschaft 1988 in Deutschland die teuerste Endspielkarte den heutzutage geradezu lächerlich anmutenden Preis von rund 50 Euro bzw. 99 D-Mark (und ein Stehplatzticket in der Kurve sogar nur 23 D-Mark!), so brachte die EM vier Jahre später in Schweden bereits mehr als eine Verdopplung dieser Beträge – von Schwarzmarktzuschlägen ganz zu schweigen! Konnte ich noch bis in die späten 1980er Jahre hinein teilweise für 5 D-Mark (in Worten: fünf!) das DFB-Pokalfinale besuchen, so brachte auch hier ab der Mitte des darauffolgenden Jahrzehnts die zunehmende Eventisierung des Ereignisses im „deutschen Wembley" eine Vervielfachung der Eintrittspreise – weshalb ich dem „Event" nach dem

Triumph des 1. FC Kaiserslautern über den Karlsruher SC im Mai 1996 bis heute ferngeblieben bin.

Wie im Kapitel „Großbritannien und Irland“ dieses Buches beschrieben, habe ich nach der EM 1996 auch in England die großen Stadien und Vereine gemieden, und als Reaktion auf die explodierenden Ticketpreise nur noch gelegentlich unterklassige Partien besucht. Mein letztes großes Spiel auf Vereinsebene auf der Insel habe ich sogar schon im Januar 1994 an der Anfield Road besucht, als die beiden erfolgreichsten Vereine des Landes aufeinandertrafen und dabei zumindest noch eine einigermaßen überzeugende Stimmung geboten wurde. Der Groundhopper-Kollege Ingo Braun aus Frankfurt, Autor des 2010 erschienenen Buches „Von Haifa nach Havanna“, schildert seine etwa ein Jahrzehnt später gemachten Erlebnisse auf der Insel bereits mit vernichtenden Worten: „Die Leute zahlen 200 Pfund und mehr auf dem Schwarzmarkt, um einmal ManU gegen Liverpool live sehen zu können, und erhalten dafür eine Stimmung wie auf dem Friedhof. Bei vielen der großen Clubs konnte man zunehmend den Eindruck gewinnen, es finden sich mehr Touristen auf den Rängen als Supporter. Die echten Fans können sich kaum noch die Tickets leisten, und wer sich doch eines leisten kann, sieht sich mit dutzenden Verboten und massiver Kameraüberwachung konfrontiert.“ (Braun 2010, S. 38)

Ganz so schlimm ist es in Deutschland bislang zum Glück noch nicht. In puncto Stimmung hat die Bundesliga der Premier League längst den Rang abgelaufen, weshalb schon seit vielen Jahren englische Groundhopper nach Deutschland kommen, um mal wieder ein Stadionerlebnis zu haben, wie sie es aus ihrem Land kaum noch kennen. Doch auch hierzulande müssen wir sehr stark aufpassen, dass die auch von mir in diesem Buch als „durchgestylte Event-Tempel“ bezeichneten Stadien nicht ihr ursprüngliches Flair verlieren, sofern sie es jemals hatten.

Eines muss man dem englischen Ligafußball freilich lassen: Eine „Alleinherrschaft“ eines einzelnen Vereins wie in der Bundesliga des FC Bayern gibt es in der Premier League nicht. Auch im Frühjahr 2022 lieferten sich mit Liverpool und Manchester City zwei Teams ein dramatisches Titelrennen. Außerdem war nur wenige Monate zuvor der Chelsea FC Weltpokalsieger geworden. Doch um welchen Preis war dies geschehen? Der ruhmreiche Club aus dem Londoner

Westen war zum Spielball eines russischen Oligarchen geworden, der sich offenbar aus Langeweile über seine vielen Häuser und Luxusyachten noch ein zusätzliches Statussymbol gekauft hatte – und sich dann kurz nach Beginn des russischen Angriffskrieges gegen die Ukraine von seiner Funktion zurückziehen musste und den Chelsea FC einem ungewissen Schicksal überließ.

Haben andere englische Vereine oder auch der in Frankreich inzwischen zum Serienmeister avancierte Hauptstadtclub mit ihren aus dem Nahen Osten stammenden Investoren deshalb eine bessere oder ethisch eher vertretbare Wahl getroffen? Mitnichten, wie noch einmal Christian Spiller überzeugend darlegt: „Es ist eher unwahrscheinlich, dass die Scheichs aus Katar, den Emiraten oder Saudi-Arabien schon als Kind in Bettwäsche von Manchester City, Paris Saint-Germain oder Newcastle United geschlafen haben. Ihr Investment ist Teil einer größeren Strategie. Der Lieblingssport der Welt bietet ihnen eine große PR-Bühne. (…) Für eine Region, die sich auf eine Zeit nach dem Öl vorbereitet, sind Hochglanzbilder ihrer jubelnden Fußballer gern gesehene Werbung. Fußball als Soft Power." (Spiller 2022, S. 105)

Der Spätherbst 2022 wird diese „Soft Power"-Strategie auf ihre vorläufige Spitze treiben.

Weltmeisterschaft in Katar – eine Schande für den Fußball

Der 2. Dezember 2010 war einer der dunkelsten Tage in der Geschichte des Weltfußballs und insbesondere seines Verbandes. Gleichzeitig wurden an diesem Tag die Weltmeisterschaften für die Jahre 2018 und 2022 vergeben– und die FIFA schaffte es tatsächlich, gleich zwei historische Fehlentscheidungen binnen weniger Augenblicke zu verkünden. Mit feierlichem Gesichtsausdruck präsentierte ihr Generalsekretär Sepp Blatter der geschockten Weltöffentlichkeit die beiden Pappkärtchen mit den Aufschriften „Russia" und „Qatar".

Was in den nächsten Tagen, Wochen und Monaten folgte, war ein Aufschrei des Entsetzens auf der einen Seite – besonders vernehmlich von den unterlegenen Mitbewerbern aus Großbritannien bzw. Australien – und eine Beschwichtigung der FIFA-Funktionäre im Hinblick auf die zweifelhafte Situation in beiden Gewinnerländern rund um die elementaren Themen Demokratie und Menschenrechte. Letztere werde man speziell in Katar besonders gut im Auge behalten, hieß es, und hinsichtlich der politischen Mitbestimmung würde ein solches Fußballfest ja gerade durch die Aufmerksamkeit der ganzen Welt in den Wochen des Turniers und bereits in den Monaten zuvor eine sehr positive Wirkung entfalten können.

Offenbar hatte man am Zürich-See nichts aus der Geschichte gelernt. Hatte etwa die WM 1978 zur Demokratisierung in Argentinien geführt? Oder war die dortige Militärjunta nicht erst mehrere Jahre später durch ganz andere Gründe – nämlich den verlorenen Krieg um die Falkland-Inseln bzw. Islas Malvinas 1982 – nachhaltig und entscheidend diskreditiert worden? Schon oft hatten autokratische Herrscher oder Diktatoren derartige sportliche Großveranstaltungen für ihre propagandistischen Zwecke missbraucht, beginnend mit Mussolini bei der Fußball-WM 1934 in Italien und Hitler mit Olympia 1936 in Berlin. Nun also Putins Russland, dem das Turnier auch nicht entzogen wurde, als vier Jahre später die Krim annektiert wurde, und weitere Schritte zur Destabilisierung der Ukraine eingeleitet wurden, die im Februar 2022 schließlich in einen verbrecherischen Krieg mündeten. Dieser begann übrigens nur acht Monate später, nachdem im russischen St. Petersburg mehrere Spiele der Europameisterschaft stattgefunden hatten, um in diesem wenig schmeichelhaften Kontext auch die Rolle der UEFA zu erwähnen, welche in derselben Stadt im Mai 2022 eigentlich sogar noch das Finale ihrer „Champions League" austragen wollte.

Ähnliches ist für den Gastgeber der WM 2022 sicher nicht zu befürchten. Das Emirat am arabischen Golf steht nicht im Verdacht, Angriffskriege gegen seine Nachbarstaaten zu planen, und es wäre dazu wohl auch kaum in der Lage. Doch die Summe der sonstigen, sagen wir mal, „negativen Aspekte", welche Katar auf sich vereinigt, machen diesen Teil der FIFA-Entscheidung vom Dezember 2010 keinen Deut besser als die Wahl Russlands für die WM 2018.

Als Fußball-Traditionalist, als der ich mich in diesem Buch sicher gleich mehrfach geoutet habe, sträuben sich mir sowieso die Nackenhaare, wenn man das wichtigste Turnier dieser Sportart in ein Land vergibt, welches zu dieser Tradition absolut nichts beigetragen hat. Aber gut, das wurde seinerzeit auch über die Gastgeber der von mir besuchten Turniere von 1994 und 2002 gesagt und zuletzt auch noch vor der WM 2010 in Südafrika, wenngleich damals vor allem die zweifelhafte Sicherheitslage im Lande im Mittelpunkt der Diskussionen stand. Trotzdem muss man einem Weltfußballverband sicherlich zugestehen, auch mal neue Wege zu gehen und die WM in Länder zu vergeben, die bis dahin kaum an Weltmeisterschaften teilgenommen haben, um die Sportart auch dort populärer zu machen und ihr neue Anhänger zu bescheren. Alle drei Turniere können rückblickend als durchaus erfolgreich eingestuft werden. Katar bedeutet in dieser Hinsicht aber aus meiner Sicht eine „Grenzüberschreitung", ja geradezu eine Verhöhnung aller sich mit den Wurzeln des Fußballs identifizierenden Menschen in aller Welt. Die erstmalige Verlegung einer WM in die Monate November und Dezember ist hierfür geradezu sinnbildlich.

Noch wesentlich schlimmer als der Bruch mit den Traditionen des Fußballs ist aber sicher die Menschenrechtslage in Katar. Angeblich sollen auf den Baustellen der WM-Stadien mehrere Tausend Arbeiter gestorben sein, welche zuvor in katastrophalen Wohnheimen hausten, die hierzulande gegen den Artikel 1 des Grundgesetzes verstoßen würden. Der Protest der FIFA war all die Jahre hindurch halbherzig und ambivalent, womit die immer wieder angekündigten Verbesserungen ebenso auf halber Strecke steckengeblieben zu sein scheinen.

Immerhin acht dieser Stadien hat man für das Turnier an den Rand von Doha oder irgendwo in den Wüstensand der nahen Umgebung platziert und wird sie dann während der WM trotz deren Verlegung in die nicht ganz so heiße Jahreszeit mit gigantischen Anlagen auf erträgliche Temperaturen herunter kühlen müssen. Sicher hat Jakob Krais recht, wenn er in seinem 2021 erschienenen Buch „Spielball der Scheichs. Der arabische Fußball und die WM in Katar" schreibt, „dass Golfplätze in der Hitze Andalusiens oder Eishockeyarenen im ewigen Sonnenschein Floridas schon lange eine Selbstverständlichkeit sind – und kaum weniger absurd". (Krais 2021, S. 209)

Aber man darf sich natürlich fragen, was nach der WM mit diesen Hochglanzarenen passieren wird. Kaum denkbar, dass in einer neuen „Qatar Premier League" auch nur ein einziges davon jemals wieder gut gefüllt sein wird. Aber mit Nachhaltigkeit und Klimaschutz hat man es in Katar ja ohnehin nicht so, schließlich steht das Land weltweit an der Spitze der Klimasünder, wenn man die Liste der sogenannten „Country Overshoot Days“ aus dem Jahr 2021 als Kriterium zugrunde legt: Hier wird gemessen, an welchem Tag im Jahr die natürlichen Ressourcen unseres Planeten verbraucht wären, wenn jedes Land so leben würde wie das jeweils untersuchte Land. Liegt der globale Durchschnitt für 2021, also der „Earth Overshoot Day“, bereits bei einem ziemlich besorgniserregenden 29. Juli und der Wert für Deutschland bei einem wenig rühmlichen 5. Mai, so wären die natürlichen Ressourcen der Erde bereits am 9. Februar verbraucht, wenn die ganze Welt so leben würde wie Katar.

Die WM 2022 verspricht für Fußballfans aus aller Welt viele spannende Begegnungen in einem exotischen Land und gerade für Groundhopper neben einem neuen „Länderpunkt“ sicher selbst bei einem Kurzaufenthalt fast die komplette Sammlung der dortigen Stadien mit ihrer durchaus beeindruckenden Architektur. Gerade die kurzen Entfernungen im Lande und der Spielplan werden vielen Fans den Besuch von zwei Spielen pro Tag ermöglichen, was mir bei einer WM noch nie gelungen ist – nicht einmal 1990 in Italien. Insofern hätte ein Besuch des Turniers natürlich seinen Reiz.

Aber ich müsste schon nahezu sämtliche Werte und Überzeugungen über Bord werfen, um die Reise nach Katar tatsächlich anzutreten, in ein Land, in dem Menschenrechte und Klimaschutz mit Füßen getreten werden, und an deren Stadien das Blut von Tausenden rechtloser Arbeiter aus den ärmsten Ländern der Welt klebt.

„Es ist egal, bei welchem Verein ich spiele“

Gespannt sein darf man mit Blick auf die WM in Katar natürlich auch auf die Aufstellung des Gastgebers. Wahrscheinlich wird man sich über zahlreiche so gar nicht arabisch klingende Namen wundern, wie schon bei der Handball-WM 2015, als Katar im eigenen Land mit einer eher international anmutenden Auswahl an Spielern beinahe den Titel geholt hätte.

Nun ja, an dieser Stelle wollen wir natürlich nicht aus dem Glashaus mit Steinen werfen. Auch der DFB hat Ende der 1990er Jahre, in den übelsten Zeiten des „Rumpelfußballs“ Ribbeckscher Prägung, einen gewissen Paulo Rink, 1973 im brasilianischen Curitiba geboren und keineswegs zwischen Flensburg und Berchtesgaden aufgewachsen, kurzerhand einbürgern und zum Nationalspieler werden lassen. Aber es waren doch eher Ausnahmen, wie man sie immer schon mal auch in anderen Ländern registrieren musste. Damit man mich nicht falsch versteht: Es ist für mich völlig okay, wenn Spieler, die in Sizilien, Anatolien oder meinetwegen auch Neuseeland zur Welt gekommen sind, eines Tages für die deutsche Nationalelf spielen – sofern sie hier zumindest einen bedeutsamen Teil ihres Lebens und ihrer fußballerischen Ausbildung verbracht haben und nicht erst mit dem leicht durchschaubaren Zweck einer Aufwertung des Nationalteams eingebürgert werden, obwohl selbst der berühmte „deutsche Schäferhund" in ihrer Vita nicht nachweisbar ist.

Das sollte dann natürlich für alle Länder gelten und so auch für Katar; andernfalls entwertet man Fußballweltmeisterschaften und lässt sie auf dasselbe Zirkusniveau absinken wie die „Champions League" mit ihren völlig austauschbaren Teams.

In dieser bzw. allgemein auf Vereinsebene ist es eben leider seit vielen Jahren ganz normal, dass internationale Starensembles gegeneinander antreten, und man die Herkunft des jeweiligen Vereins kaum noch identifizieren kann. Wenn in den 1970er und 1980er Jahren Europapokalspiele im Fernsehen übertragen wurden, konnte man sich noch auf typisch englischen „kick and rush"-Fußball oder italienischen Catenaccio freuen, auch wenn er manchmal nicht so schön anzusehen war. Doch als irgendwann in den 2000er Jahren erstmals bei einem Spiel von Inter Mailand kein einziger Italiener mehr in der Startformation stand, hätte ich mir doch diese Zeiten vor dem berühmten „Bosman-Urteil", das im Jahr 1995 die Beschränkung der Zahl ausländischer Spieler aufhob, zurückgewünscht.

Die Spieler selbst sehen dies natürlich anders – und manche von ihnen gehen auch erfrischend unverblümt mit ihrer Genugtuung über die ihnen seit damals zugefallene Machtposition im Verhandlungspoker mit den Vereinen um. „Es ist nicht wichtig, ob du für Mannschaft A, B oder C spielst", bekannte beispielsweise der polnische Stürmer in Diensten des FC Bayern, Robert Lewandowski, im Januar 2022 kurz nach seiner Wahl zum Weltfußballer des Jahres. Vielen Dank, Herr Lewandowski, das ist wenigstens ehrlich und mir immer noch lieber als die ganzen Heuchler auf dem Rasen, die nach einem Torerfolg das Vereinslogo auf ihrem Trikot küssen und den Club wenige Monate später doch trotz bestehenden Vertrages verlassen, nachdem sie zuvor wochenlang mit Leistungsverweigerung gedroht haben. Aber vielleicht gehöre ich ja mittlerweile zu einer aussterbenden Spezies von Fußballfans, die sich darüber aufregen und die ein Trikot dieser „Söldner“ eher in die nächste Mülltonne werfen würden, als es jemals überzustreifen. Die Fans der Zukunft ticken möglicherweise tatsächlich ganz anders, und eventuell hat diese Zukunft schon längst begonnen, wie Christian Spiller es gleich in der Einleitung seines bereits erwähnten Buches zum Ausdruck bringt: „Eine neue Generation von Fans nämlich schaut ganz anders auf das Spiel. Sie möchte Stars sehen und große Spiele. (…) Oft sind sie Fan eines Spielers statt eines Vereins – und wechselt der Spieler, wechseln sie mit.“ (Spiller 2022, S. 14)

Für mich wäre dies undenkbar. Ich bin hier eher von meinen Ursprüngen in den 1980er Jahren, der Zeit vor der „Champions League“ und der hemmungslosen Kommerzialisierung, geprägt – und von der italienischen Ultra-Szene und dem in den dortigen Stadien seinerzeit oft zu hörenden Sprechchor „Solo la maglia, tifiamo solo la maglia“. „Wir unterstützen nur das Trikot“ bzw. „den Verein“ – dies war und ist Ausdruck einer schon damals spürbaren und heute noch weiter vorangeschrittenen Entfremdung zwischen den ewig ihren Farben verbundenen Anhängern auf der einen und den problemlos von Milan zu Inter oder von Schalke zu Dortmund wechselnden Spielern auf der anderen Seite.

Die „alten Kämpen“ à la Uwe Seeler vom HSV oder Charly Körbel in Frankfurt, die ihrem Verein auch in schwierigen Zeiten die Treue hielten, obwohl sie anderswo deutlich mehr Geld und Titel hätten erlangen können, sind eben rar geworden. Ebenso wie ein Bernd Franke in Braunschweig, der den BTSV Eintracht gleich zweimal für ein Jahr in die Zweitklassigkeit begleitete, obwohl es seinen Ambitionen als Nationaltorwart sicher nicht förderlich war und ihn zumindest die Chance auf einen Platz im deutschen WM-Aufgebot 1974 im eigenen Land kostete.

Zurück zu den Wurzeln

„Never forget your roots“, sagte mir einmal der ebenfalls als Weltenbummler zu bezeichnende Manchester-United-Fan Paul, den ich 1993 in Buenos Aires kennenlernte und drei Jahre später während der EM in England in seinem Haus in Birmingham besuchte. Auch er hatte schon fast sämtliche Kontinente bereist und wusste, wovon er sprach. Wesentlich eher als viele meiner heimischen Bekannten hatte er auch Verständnis dafür, dass ich seit vielen Jahren einem Verein wie der Braunschweiger Eintracht treu geblieben war, denn auch für ihn bedeutete der Fußballverein in einem ansonsten eher unsteten Leben einen der wenigen festen Bezugspunkte.

Meine fußballerischen Wurzeln liegen, allen späteren weltweiten Groundhopping-Touren zum Trotz, nun mal ganz eindeutig in meiner Heimatstadt Braunschweig und dem Stadion an der Hamburger Straße, das aller auch in der zweiten oder dritten Liga notwendigen Kommerzialisierung zum Trotz noch immer den Namen „Eintracht-Stadion" trägt und hoffentlich auch noch lange tragen wird, anstatt nach einer Biermarke oder gar nach einer Bank oder Versicherung benannt zu werden. Einen kleinen Beitrag dazu habe ich im Mai 2022 auch selbst geleistet, als ich mich gleich am ersten Tag an einer vom Verein zum Zweck des Namenserhalts des Stadions gestarteten Crowdfunding-Aktion beteiligt habe.

Deshalb denke ich, wenn ich bei diesem als „Ausblick" überschriebenen Schlussteil meines Buches so langsam auf die Zielgerade einbiege, zunächst auch mal an zwei wichtige Ereignisse in Braunschweig selbst, bevor ich im Anschluss daran natürlich auch noch die unvermeidliche Frage nach weiteren Wunsch-Reisezielen beantworten werde.

Immerhin stehen in Braunschweig in den beiden kommenden Jahren gleich zwei sehr wichtige Jubiläen an, von denen ich doch stark hoffen will, dass der Verein bzw. die Stadt Braunschweig sie angemessen feiern wird.

Mitte 2023, genau am 17. Juni, wird man hoffentlich der Einweihung des Eintracht-Stadions vor dann genau 100 Jahren gedenken. Vielleicht wird man, so wie damals, wieder den 1. FC Nürnberg als Gast zu diesem Jubiläumsspiel anfragen. Eigentlich könnte man aber sogar ein Vierer-Turnier veranstalten und Werder Bremen und den TSV 1860 München hinzubitten – und somit vier aufeinanderfolgende Deutsche Meister gegeneinander antreten lassen, ohne dafür den FC Bayern einladen zu müssen; das hätte doch mal was!

Und ein Jahr später steht dann ja bereits das eigentlich noch bedeutendere Jubiläum auf der Agenda, insbesondere in der „Mutterstadt des deutschen Fußballs": 150 Jahre Fußball in Deutschland, eingeführt anno 1874 am Braunschweiger Gymnasium Martino-Katharineum durch den Lehrer Konrad Koch und vor einigen Jahren unter dem Titel „Der ganz große Traum" mit Daniel Brühl sogar für das Kino verfilmt. Liebes Braunschweiger Stadtmarketing, das müsst ihr einfach aufgreifen und angemessen inszenieren – noch dazu im Jahr der Europameisterschaft in Deutschland!

Das wäre in der Tat für mich persönlich ein „ganz großer Traum" – aber das soll natürlich nicht heißen, dass es nicht auch noch einige Traum-Reiseziele und einige spezielle Wünsche als Groundhopper für mich gäbe.

Rückkehr der großen Turniere und einige besondere Reiseziele

Die Europameisterschaft 2024 in Deutschland hat für mich eine hohe Bedeutung. Als dieses wichtigste kontinentale Turnier letztmals in unserem Land ausgetragen wurde, war dieses noch geteilt, weshalb das Finale nicht in Berlin stattfinden durfte. Ich selbst war gerade 21 Jahre alt und in der Endphase meiner Berufsausbildung in der Bank – bis hin zu jenem besonderen Erlebnis bei der mündlichen Abschlussprüfung vor einem Abendspiel im Frankfurter Waldstadion. Die „EURO 88" war für mich damals der Beginn einer zwanzig Jahre andauernden Serie von live verfolgten Turnieren mit der deutschen Nationalmannschaft.

Das wird mir sicher nicht noch einmal gelingen und ist auch nicht das Ziel, aber noch einmal für mehrere Wochen Fußballanhänger aus ganz Europa im eigenen Land zu Gast zu haben und mit einem Teil von ihnen in Kontakt zu treten, ist natürlich auch heute noch ein schöner Anreiz und ein Ereignis, dem ich mit großer Vorfreude entgegensehe. Dies umso mehr, als immerhin vier der EM-Stadien in Nordrhein-Westfalen, in einem Radius von lediglich achtzig Kilometern um meinen Wohnort Krefeld herum, angesiedelt sind, und es somit ein Leichtes sein dürfte, eine ganze Reihe von Spielen zu besuchen. Speziell während der Vorrunde des Turniers werde ich wohl versuchen Urlaub zu nehmen, um auch einige der weiter entfernten Spielorte aufzusuchen und insgesamt so viel wie irgend möglich „live" dabei zu sein, sofern die Eintrittspreise auf einem halbwegs erträglichen Niveau liegen.

Neue Grounds wird mir die EM 2024 natürlich nicht mehr einbringen, aber ich bin eben nicht in erster Linie Groundhopper, sondern immer noch zuvorderst Fußballfan und darüber hinaus – das dürfte wohl inzwischen deutlich geworden sein – stets am Austausch mit Fans aus vielen anderen Ländern interessiert. Hierfür bieten Turniere wie eine Europameisterschaft für meine Begriffe noch immer die beste Gelegenheit.

Zwei Jahre später könnte ich dann vielleicht auch erstmals seit dem „Sommermärchen" 2006 und somit nach zwei Jahrzehnten wieder einer Weltmeisterschaft beiwohnen. Auch wenn mir die Gigantomanie der FIFA mit den dann sage und schreibe 48 teilnehmenden Mannschaften extrem gegen den Strich geht, so bietet dies natürlich eine noch größere Auswahl an Spielen und Stadien. Allerdings werden diese sich auf alle drei Länder Nordamerikas verteilen, was enorme Entfernungen zwischen den Spielorten bedeutet. Daher wäre ich auch schon mit einer Woche in Toronto zufrieden, um diese sicherlich faszinierende Stadt kennenzulernen und gleichzeitig den „Länderpunkt" Kanada meiner Sammlung hinzufügen zu können. Immerhin wohnen in Toronto sogar entfernte Verwandte von mir, ebenso wie im schon mehrfach besuchten Südafrika und sogar in zwei verschiedenen Regionen Australiens. Ich habe zwar keinen „Migrationshintergrund", aber eine „internationale Familiengeschichte" kann ich angesichts dieser von zahlreichen Auswanderern der 1950er und 1960er Jahre geprägten Verwandtschaft problemlos für mich reklamieren. Insofern drängt sich damit natürlich noch ein weiteres Traum-Reiseziel geradezu auf, bei dem ohne jeden Zweifel neben der persönlichen Komponente die touristischen Zwecke im Vordergrund stehen würden und der Besuch eines Fußballspiels lediglich die unvermeidliche Ergänzung wäre. Ob dies dann allerdings erneut bei einem großen Turnier sein würde oder eher beim Derby in Sydney oder einem anderen Spiel der „Isuzu A-League" – oder nach welchem Sponsor auch immer die erste australische Liga bis dahin benannt sein mag –, das wird sich zeigen.

Wie es mit der Geschichte der Weltmeisterschaften nach 2026 weitergehen mag? Schwer zu sagen, denn bei 48 Teilnehmerländern und entsprechend vielen Spielen und Stadien werden wohl nur noch ganz wenige Länder in der Lage sein, ein solches Turnier auszurichten. Das kleine Uruguay, das 2030 sicher gern das 100-jährige

Jubiläum des ersten Weltturniers anno 1930 im eigenen Land feiern würde, wird eine solche WM definitiv nicht allein stemmen können, doch selbst im Verbund mit dem dereinst im Finale besiegten Nachbarn Argentinien hätte ich da so meine Zweifel. Vielleicht bedarf es also erneut gleich dreier Gastgeber, und man bezieht den nördlichen Nachbarn Brasilien mit ein. Das würde die Chance eröffnen, auch diesen vielleicht wichtigsten mir noch fehlenden Länderpunkt bei einem Turnier zu erlangen. Doch auch wenn dies nicht klappen sollte, so bliebe die Hoffnung bestehen, einmal das berühmte „Maracana" in Rio zu besuchen, vielleicht sogar beim Derby „Fla" gegen „Flu" – Flamengo gegen Fluminense.

Aber selbst, wenn ich meine Träume geographisch etwas bescheidener halte und auf Europa beschränke, so gibt es durchaus noch einige Dinge nachzuholen und Orte zu besuchen, an die ich es bisher nicht geschafft habe oder wo damals ganz einfach kein Fußballspiel stattfand: Krefelds englische Partnerstadt Leicester beispielsweise, in der ich schon zweimal gewesen bin, und wo in beiden Fällen sogar eine Stadionführung auf dem Programm stand, aber leider jeweils kein Heimspiel des mir so sympathischen englischen Sensationsmeisters von 2016 in den Besuchszeitraum fiel. Überhaupt würde ich nach so vielen Jahren durchaus mal wieder auch ein höherklassiges Spiel auf der Insel besuchen, eventuell auch in der Premier League, zumal ja nach einigen „Pilotprojekten" durchaus eine flächendeckende Wiedereinführung von Stehplätzen dort denkbar erscheint. Aber ich würde sicher neben Leicester City nur einen der kleineren Vereine wie Southampton oder die „Wolves" aufsuchen und nicht einen der Großclubs, deren Stadien nach arabischen Fluglinien benannt sind.

Gern würde ich auch noch einmal ins kroatische Split reisen, diesmal dank Internet mit zuverlässigerer Kenntnis des Spieltermins, um eine Partie im Poljud-Stadion zu erleben und damit auch die „Torcida", die älteste Ultra-Gruppierung Europas, welcher der englische Journalist James Montague nicht umsonst gleich die Einleitung seines Buches „1312: Among the Ultras" gewidmet hat.

Vor allem aber würde es mich noch einmal nach Athen ziehen oder zur Not in eine andere Stadt in Griechenland, die mir auch diesen mir geradezu absurderweise noch fehlenden Länderpunkt einbringen könnte. Auch die Inselstaaten im äußersten Norden und

Süden Europas würden mich noch reizen, nämlich Island (auch wenn bei Ligaspielen in Reykjavik oder Akranes wahrscheinlich niemand „hu-hu-hu“ skandiert …) und Malta. Letztgenanntes Ziel werde ich sicher allein ansteuern müssen, da meine Frau schon dort war und Malta „ganz furchtbar“ fand, aber Island könnte auch sie sich durchaus mal für einen Sommerurlaub vorstellen, weil „es da nicht so schrecklich heiß ist“.

Insofern ist völlig klar, dass mein künftiges Groundhopping-Programm immer auch einen Kompromiss zwischen meinen eigenen Vorstellungen und dem, was sich mit Familie und Beruf in Einklang bringen lässt, darstellen wird. Ich bin eben zumindest innerhalb der Groundhopper-Szene nicht eines der extremsten Beispiele, die dieser Leidenschaft ihr komplettes Leben unterordnen und in einigen Fällen sogar jahrelang auf einen festen Job verzichtet haben, um so viele neue Grounds und Länderpunkte wie möglich zu sammeln – so wie der in diesem Buch schon mehrfach erwähnte „Fari“, der dafür schon vor zwanzig Jahren in einer Spezialausgabe des Magazins „11 Freunde“ völlig zurecht als „König der Groundhopper“ bezeichnet wurde.

Diesen Anspruch habe ich nie gehabt, und auch künftig werde ich sicher nicht den Ehrgeiz entwickeln, die erste ungarische oder zweite portugiesische Liga zu komplettieren. Davon bin ich meilenweit entfernt. Momentan kann ich, anders als dereinst im Frühjahr 1986, nicht einmal hinter jedes Stadion der 1. Bundesliga ein Kreuzchen setzen – allein schon, weil ich es bis heute nicht über mich gebracht habe, mir ein Heimspiel der TSG Hoffenheim anzusehen. Auch die Idee, Ende März 2022 zum Länderspiel gegen Israel nach Sinsheim zu fahren, musste ich wieder fallen lassen, als just für denselben Tag das Nachholspiel meiner Eintracht in Osnabrück angesetzt wurde.

Irgendwann werde ich auch dies aber sicher noch schaffen, spätestens wenn mal wieder auf einem Spielplakat für eine Partie in der „PreZero Arena“ als nächster Gegner der Name „Eintracht Braunschweig“ steht – in welcher Liga auch immer dies dann sein wird.

Zwischen Realismus und Träumen

Das bringt mich zu der letzten noch zu erörternden Frage in diesem Buch, nämlich der nach den weiteren sportlichen Aussichten für meinen eigenen Verein.

Im März 2022 wurde mit Nicole Kumpis erstmals in der Geschichte des BTSV Eintracht eine Frau ins Präsidentenamt des Vereins gewählt, die aktuell einzige Präsidentin hierzulande und zugleich die erste Frau seit über dreißig Jahren an der Spitze eines deutschen Profi-Fußballvereins. In ihrer Bewerbungsrede und auch im ersten großen Fernsehinterview nach ihrer Wahl gab sie als wesentliches Ziel an, den Verein zunächst dauerhaft wieder in der 2. Bundesliga etablieren zu wollen, um dann in nicht allzu ferner Zukunft wieder an das Tor zur Erstklassigkeit anzuklopfen.

Es wäre natürlich sehr schön, wenn es tatsächlich so käme – und noch schöner, wenn man sich dort dann auch endlich wieder etablieren könnte und nicht sofort wieder absteigen würde. Wenngleich im Augenblick noch die Skepsis überwiegt und selbst der genau umgekehrte Weg nicht auszuschließen ist – warum sollte es nicht endlich mal wieder dauerhaft nach oben gehen? Realismus ist gut und richtig, aber Träume sind zumindest für die Fans eines notorisch weniger erfolgreichen Vereins geradezu notwendig, um lange und tiefe Täler der Drittklassigkeit zu überstehen und trotzdem die mit dem Fan-Dasein verbundenen Mühen jahrelang auf sich zu nehmen.

In den späten 1990er Jahren war bei uns im Stadion aus dem Fanblock in der Südkurve heraus – der seit langem andauernden Tristesse der Regionalliga Nord zum Trotz – häufig der Song „2010, Ihr werdet es schon seh´n, wir holen den DFB-Pokal und wir werden Deutscher Meister“ zu hören. Diese Prophezeiung war natürlich nicht ansatzweise realistisch, aber in Anbetracht des weiten zeitlichen Abstands zum Tag der „Erfüllung“ auch nicht gänzlich unmöglich.

Mittlerweile müsste man als zeitlichen Horizont einer solchen Vorhersage schon eher das Jahr 2040 wählen, um sich nicht vollkommen lächerlich zu machen. Den Teil mit der Meisterschaft sollte man trotzdem besser weglassen, weil diese wahrscheinlich auch bis dahin jedes Jahr an den FC Bayern gegangen sein wird, aber der Pokal hat ja bekanntlich „seine eigenen Gesetze“.

Insofern ist der Traum, auch einen Verein wie die Braunschweiger Eintracht wenigstens einmal zum Pokalfinale ins Berliner Olympiastadion begleiten zu können (und nicht, wie früher so oft, zu Zweitligaspielen gegen Hertha oder Blau-Weiß 90…), ja vielleicht nicht total abwegig – und sei es auch wirklich erst in jenem fernen Jahr 2040, genau ein halbes Jahrhundert nach dem im März 1990 mit 0:2 im Bremer Weserstadion verlorenen letzten Halbfinale.

Wenn es so kommen sollte, dann wäre ich zu dem Zeitpunkt schon Anfang siebzig, hätte einige Wochen vor dem Finale Geburtstag, und unsere Tochter Carolin käme zu Besuch, auch schon voller Vorfreude auf das gemeinsame Endspielerlebnis, für das ich dank meiner Lebenslangen Dauerkarte gleich zwei Tickets per Vorkaufsrecht erwerben dürfte. Und dann wäre ich es, der ein verräterisch weiches Päckchen von ihr in die Hand gedrückt bekäme und nach Entfernen des Geschenkpapiers einen blau-gelben Schal ausrollen würde, dessen Aufschrift mich an unseren ersten gemeinsamen Stadionbesuch ein Vierteljahrhundert zuvor, im April 2015, erinnern würde: „Danke Papa, dass du mich damals mitgenommen hast!“

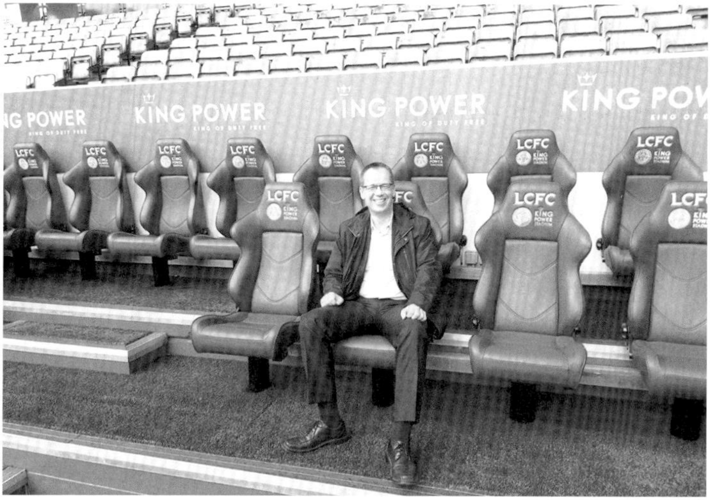

Leicester 2019.

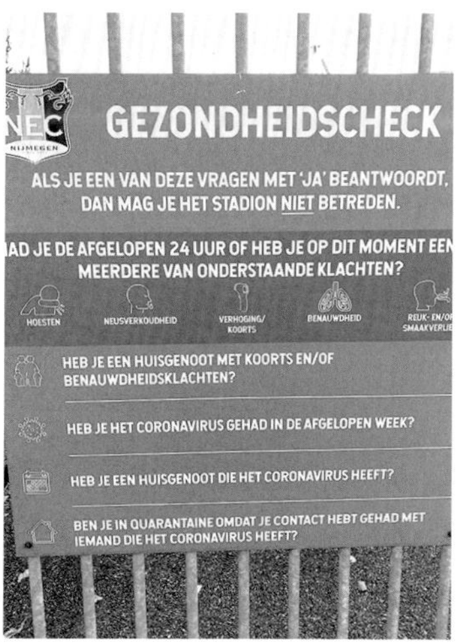

Nijmegen 2022.

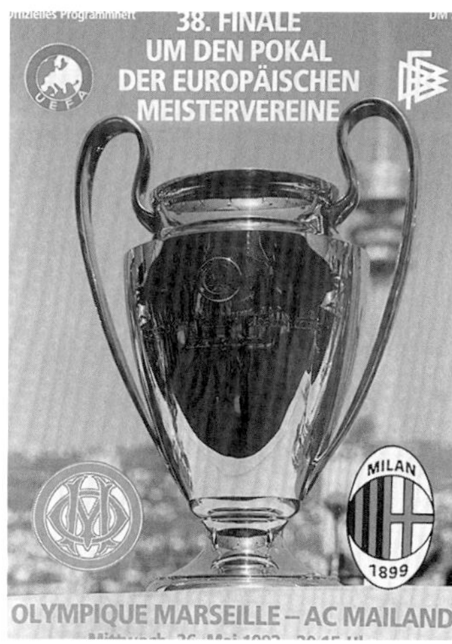

Programmheft CL-Finale 1993.

Ausgewählte Literatur:

Braun Ingo: Von Haifa nach Havanna. Mit Frankfurter Groundhoppern rund um den Globus. Quickborn 2010.

Broussard Philippe: Génération Supporter. Enquête sur les ultras du football, Éditions Robert Laffont Paris, 1990

Bruno Fabio: Vita da Ultrà. Dentro le curve d´ Europa. Conti Editore S. Lazzaro di Savena (BO) 1992.

Heinisch Jörg: Abenteuer Groundhopping. Wenn Fußballfans Stadien sammeln. Kassel 1999.

Krais Jakob: Spielball der Scheichs. Der arabische Fußball und die WM in Katar. Bielefeld 2021.

Montague, James: 1312: Among the Ultras. A Journey with the World´s most extreme Fans. London 2021.

Morris, Desmond: Das Spiel. Faszination und Ritual des Fußballs. München/ Zürich 1981.

Pramann, Ulrich: Das bisschen Freiheit. Die fremde Welt der Fußballfans. Hamburg 1980.

Schwermer, Alina: Futopia. Ideen für eine bessere Fußballwelt. Bielefeld 2022.

Spiller, Christian: Der Fluch der Megaclubs. Wie die reichsten Vereine der Welt den Fußball zerstören. Hamburg 2022.

Stoffl, Michael: In 90 Minuten um die Welt. Fußballfibel. Berlin 2021.

In der Reihe Bibliothek des Deutschen Fußballs sind bereits erschienen:

Bd. 1	1. FC Union Berlin (Jörn Luther)
Bd. 2	SV Babelsberg 03 (Rico Noack)
Bd. 3	BFC Dynamo (Marco Bertram)
Bd. 4	FC Energie Cottbus (Jens Batzdorf)
Bd. 5	1. FC Lokomotive Leipzig (Freundeskreis Probstheida)
Bd. 6	BSG Chemie Leipzig (Alexander Mennicke)
Bd. 7	1. FC Magdeburg (Jente Knibbiche)
Bd. 8	F. C. Hansa Rostock (Marco Bertram)
Bd. 9	1. FC Nürnberg (Benjamin Wolf)
Bd. 10	FC Rot-Weiß Erfurt (Matthias Klaß)
Bd. 11	1. FC Köln (Andreas Merkel)
Bd. 12	SG Dynamo Dresden (Uwe Leuthold)
Bd. 13	FC Sankt Pauli (Fabian Fritz & Gregor Backes)
Bd. 14	SV Waldhof Mannheim (Andi Nowey)
Bd. 15	FC Carl Zeiss Jena (Jörg Dern & Toni Schley)
Bd. 16	FC Bayern München (Marcel Neudeck)
Bd. 17	Borussia Mönchengladbach (Steffen Andritzke)
Bd. 18	Eintracht Braunschweig (Uli Hannemann)
Bd. 19	S. C. Fortuna Köln (Heribert Rösgen & Matthias Langer)
Bd. 20	FSV Frankfurt (Franziska Blendin)
Bd. 21	BSG Wismut Gera (Mario Krüger)
Bd. 22	FSV Zwickau (Norbert Peschke & Dieter Völkel)
Bd. 23	Fußball in der DDR (Frank Willmann)
Bd. 24	TSV 1860 München (Stephanie Dilba)
Bd. 25	VfB Stuttgart (Andreas Zweigle & Sebastian Rose)
Bd. 26	Kickers Offenbach (Steffie Wetzel)
Bd. 27	VfL Bochum (Fabian Budde)
Bd. 28	FC Erzgebirge Aue (Burg)
Bd. 29	1. FC Saarbrücken (Carsten Pilger)
Bd. 30	Karlsruher SC (Peter Dittmann)
Bd. 31	Borussia Dortmund (Eva Kienholz & Nikita Afanasjew)
Bd. 32	Eintracht Frankfurt (Dominik Bardow)
Bd. 33	Fortuna Düsseldorf (Julian Rieck)
Bd. 34	1. FC Kaiserslautern (Eric Scherer)
Bd. 35	SC Paderborn (Stephan Simann)
Bd. 36	SC Preußen Münster (Carsten Schulte)
Bd. 37	SV Darmstadt 98 (Tim Strack)

Bd. 38 SV Werder Bremen (Hannes Köhler)
Bd. 39 SV Eintracht Trier 05 (Fanszene Trier)
Bd. 40 1. FSV Mainz 05 (Oliver Heil & Mara Pfeiffer)
Bd. 41 Flensburg 08 (Frank-Peter Hansen)
Bd. 42 Alemannia Aachen (Paul Arns)
Bd. 43 VfL Wolfsburg (Lars M. Vollmering aka Lenny Nero)
Bd. 44 Rot-Weiss Essen (Andreas Crom)
Bd. 45 SV Meppen (Alexander Bosch & Michael Reckordt)
Bd. 46 Hallescher FC (Michael Bendix)
Bd. 47 SV Stuttgarter Kickers (Frank-Michael Lange, Dieter Beck, Michael Wurst et al)
Bd. 48 VfL Osnabrück (Heiko Schulze & Kalla Wefel)
Bd. 49 FC Würzburger Kickers (Steffen Krapf)
Bd. 50 MSV Duisburg (Ralf Koss alias Kees Jaratz)
Bd. 51 Vorwärts Berlin/Frankfurt (Oder) (Marco Bertram)
Bd. 52 Beim Fananwalt (René Lau)
Bd. 53 DSC Arminia Bielefeld (Jan-Hendrik Grotevent)
Bd. 54 SV Sparta Lichtenberg 1911 (Marco Bertram)
Bd. 55 Tennis Borussia Berlin (Daniel Stolzenbach)
Bd. 56 Hamburger SV (Lars Eddelbüttel & Paula Scholz)
Bd. 57 SG Wattenscheid 09 (Kö & Mucki)
Bd. 58 Wacker 04 (Markus Franz)
Bd. 59 Destination Flutlicht (Eckart Preen)

In der Reihe Bibliothek des Österreichischen Fußballs sind bereits erschienen:

Bd. 1 First Vienna Football Club (Alexander Juraske)
Bd. 2 SK Rapid Wien (Thomas Lanz)
Bd. 3 Wiener Sport-Club (Christian Bunke)
Bd. 4 FK Austria Wien (Clemens Zavarsky)

In der Reihe Bibliothek des Internationalen Fußballs sind bereits erschienen:

Bd. 1 Partizan Belgrad (Boban Lapčević)
Bd. 2 In 90 Minuten um die Welt (Michael Stoffl)
Bd. 3 Buenos Aires (Lukas Lange)